Cultura y cine

Hispanoamérica hoy

Cultura y cine
Hispanoamérica hoy

Mary McVey Gill

Teresa Méndez-Faith
Saint Anselm College

focus an imprint of
Hackett Publishing Company, Inc.
Indianapolis/Cambridge

Cultura y cine Hispanoamérica hoy

© 2012 Mary McVey Gill, Teresa Méndez-Faith

Previously published by Focus Publishing/R. Pullins Company

Focus an imprint of
   Hackett Publishing Company, Inc.
   P.O. Box 44937
   Indianapolis, Indiana 46244-0937

www.hackettpublishing.com

Cover image Shutterstock/Max Blain

ISBN: 978-1-58510-424-6

Printed in the United States of America

20 19 18 17 16   3 4 5 6 7 8

               Library of Congress Cataloging-in-Publication Data

Gill, Mary McVey.
  Cultura y cine : Hispanoamerica hoy / Mary McVey Gill, Teresa
Mendez-Faith. --1st ed.
     p. cm.
In Spanish; preface in English.
ISBN 978-1-58510-424-6
1. Culture in motion pictures. 2. Motion pictures--Latin America.
3. Latin America--Civilization--1948- 4. Spanish language--Study and teaching.
I. Mendez-Faith, Teresa. II. Title.
  PN1995.9.C847G55 2012
  468.6'421--dc23
                              2012008970

Índice

Prefacio

Cultura y cine: Hispanoamérica hoy is a text designed to engage students in the exploration of the fascinating and diverse culture of contemporary Hispanic America.

Today's students are highly visual, so each chapter of the book begins with a film that explores one of eight key themes. The films were chosen for cultural and thematic content but also because they are high-interest and appealing, with memorable scenes and dialog. If a picture is worth a thousand words, the thousands of images in each movie are invaluable as a springboard into the topic and as visual representations of living culture. The films provide an opportunity for listening comprehension, making the book a true four-skills approach, along with reading, writing, and speaking.

Five **Vistazo panorámico** sections give an overview of course fundamentals. These are:

Diversidad geográfica y humana
Política y educación
Migración y exilio
Creencias y costumbres
Estructura económica y familiar

Each of these features information on Hispanic America as a whole rather than on any particular region.

Latin American music is famous for its variety and **sabor**. Rather than giving students written descriptions of musical styles, *Cultura y cine* presents music through the films and suggests YouTube™ searches for additional genres. Students hear in the films examples of the cumbia, tango, guanche, danzón, mambo, etc. and are encouraged to listen to and explore other types of Latin music.

Each chapter includes at least two Google searches so that students can expand on the information on their own and/or see images or videos of some of the topics discussed. Since today's students are less inclined to memorization and more inclined to learn how and where to find information they need or are interested in, these searches will help them learn to navigate in Spanish; instructors can assign additional searches to complement the information depending on the focus of their courses. Our digital-age students should be prepared to stay in touch with a Hispanic America that is continually changing.

Finally, the assignments for each chapter include ideas for on-line projects, such as creating wikis, mashups, and virtual video tours, as well as traditional composition topics. Many of today's students who write insightful blogs and do excellent group projects on line are much less motivated to do academic essays, so this text offers instructors a choice of assignments.

The chapters can be presented in any order, and instructors can choose the readings and activities that fit the particular goals of their courses. If time is a limiting factor, choose among the interviews in the **Perspectivas** section and the readings in **De la prensa** and **Del rincón literario**.

Chapter Organization

Each chapter includes the following components.

Presentación

An introduction to the topic begins the chapter, including a vocabulary list, information about the theme or subject of the chapter, and focus questions.

La película

A preliminary introduction to the film gives some general information about the director, the scriptwriters, the main characters, and the actors.

Vocabulario: A vocabulary list follows. Almost all of the words in the list are used at least twice in the movie. Familiarity with these words will prepare the students to understand the film and the cultural information that follows. The words are grouped thematically and include some that students will already know but that will help facilitate comprehension when heard as dialog in speech that is not artificially slowed for learners.

Exploración: This section guides the students through the movie and emphasizes comprehension of the plot and analysis of the characters. Professors may want to have students read the questions before they view the film. Answers are included in the instructor's manual.

Notas culturales: These notes provide additional information about various aspects of the film: background on the historical context, regional information, language use, and so on.

Temas: In this section, students explore the general themes or topics of the movie. They are asked to think critically about the various subtopics of the movie, develop their own opinions, and make comparisons with their own culture. The **temas** can be assigned in writing or used for class discussion.

Evaluación: These questions encourage students to evaluate the films critically, compare or contrast them to others, examine the issue of stereotyping, and/or make comparisons with their own culture.

Perspectivas

Perspectivas features interviews with Hispanic Americans about the chapter's topics. Interviewees include some of the filmmakers, the president of Paraguay, a Mexican-American artist, a Dominican novelist, a Puerto Rican professor, and many people from a variety of walks of life. They give information and opinions about various aspects of the chapter topic from their particular perspectives and provide authentic voices that illuminate the chapter themes. Students should be encouraged to challenge some of the opinions if they are so inclined.

De la prensa

One or more articles from sources in Hispanic America provide information on the chapter topic.

Actividades

This section of optional activities includes topics for small-group research projects, ideas for preparing timelines, topics for debate, suggestions for creating a video interview or virtual tour, and ideas for the creation of wikis and mash-ups.

Composition topics follow, many of which are based on the previous activities.

Del rincón literario

A short passage, story, or selection of poems provides a literary component to the chapter. These sections are optional, depending on the focus of the course.

Otras películas

This list of film suggestions can be used for extra credit, as topics for composition, for class discussion, or as end-of-unit oral presentations. The films relate to the topic and/or the geographical area of the movie featured at the beginning of the chapter.

Manual del instructor

An instructor's manual accompanies the text and provides answers to certain exercises and additional suggested activities.

The authors hope that *Cultura y cine: Hispanoamérica hoy* will engage students' interest and encourage them to further explore the exciting and constantly changing world of Hispanic America today.

Acknowledgments

We would like to express sincere gratitude to the wonderful people at Focus Publishing:

Ron Pullins, publisher, for his creativity, advice, support, and flexibility
Allen Cooper for his editorial supervision and advice
Cindy Zawalich for her suggestions and help on obtaining permissions and photos
David Horvath for his insights on the marketing of the materials
Jenny Putnam and Ann Droppers for their excellent work on the composition and layout of the book

We owe a large debt of gratitude to Naldo Lombardi for his native reading and many insightful suggestions and comments that helped improve the final manuscript. We also greatly appreciate our Hispanic friends, students, and the many people who granted us interviews: Luis Ramón Altagracia Ortiz, Álvaro Bernal, Carlos Bustillo, Olimpia Estela Cáceres-Brown, Ahída Calderón Pilarski, Humberto Cana, Graciela Canovi, Cristina Cantú-Díaz, Otilia Cortez, Alicia Galeano, Pablo García Loaeza, Polkan García, Gloria Girardin, Carmen Henríquez García, Nubia Isaza Morgenstern, Lourdes Noemí Jiménez, Yolanda Magaña, Epifanio Méndez Vall, María Sánchez, Juan Suárez and Carmen María Torrente Sullivan.

We wish to acknowledge the following reviewers, whose comments (both critical and positive) helped shape the content of the book:

Jennifer Rathbun, Ashland University
Luis Correa-Díaz, University of Georgia
Lee Jongsoo, University of North Texas
Laura Dennis, University of the Cumberlands

Last but not least, we would like to acknowledge our families for their patience and for their invaluable help while we were completing this project: Ray and Eddie Faith (Eddie created the maps for the book) and John, Elizabeth, and Laura Gill.

Vistazo panorámico **I**

Diversidad geográfica y humana

Latinoamérica[1], territorio de las Américas que se encuentra al sur del río Grande, ofrece un panorama físico de grandes contrastes geográficos. Se extiende por todo el continente americano desde México, en América del Norte, a los países de América Central, a la mayoría de los caribeños en el Caribe y a los sudamericanos en América del Sur. Abarca (*It spans*) el hemisferio norte y el hemisferio sur porque la línea del ecuador, que divide al mundo en dos hemisferios, pasa al norte de Quito, la capital de la República de Ecuador en América del Sur. La extensión territorial de Latinoamérica y su situación especial de estar en los dos hemisferios explican su diversidad climática y su gran variedad de fauna y de flora. Y si a esa extensión territorial y diversidad física se agrega el hecho de que las tres Américas fueron cuna (*cradle*) de tres grandes civilizaciones indígenas precolombinas –los aztecas en América del Norte, los mayas en América Central y los incas en América del Sur— se explica igualmente el origen de la gran diversidad humana, étnica y cultural latinoamericana actual.

DIVERSIDAD GEOGRÁFICA

El mapa de la página 2 muestra la variedad y diversidad geográfica latinoamericana, desde México hasta Patagonia. Se describen después algunos elementos significativos o importantes de la geografía de Latinoamérica (montañas, desiertos, selvas, ríos, lagos, etc.), también siguiendo un orden de norte a sur.

 Busque "Aldea latinoamericana – Por la geografía de América Latina" para tener una versión visual y sonora de la geografía de Latinoamérica.

1. **América del Norte** El territorio de México refleja la diversidad geográfica del resto de Latinoamérica; tiene desiertos y semi-desiertos (en el norte), valles, ríos, selva tropical (en la parte sur). Pero, básicamente, predominan las montañas. Casi la mitad de México es montañosa. Las dos cordilleras (o cadenas de montañas) principales de México son la Sierra Madre Oriental y la Sierra

---

1 En general, se usa el término **Latinoamérica** o **América Latina** para referirse a todos los países del continente americano que fueron colonias de España, Portugal y Francia, países cuyas lenguas (español, portugués y francés) provienen del latín. Y se usa **Hispanoamérica** para referirse solo a los países de habla hispana que fueron colonias de España. En el mapa aquí representado, Brasil está incluido y por eso nos referimos en esta sección a la diversidad geográfica latinoamericana y no solo hispanoamericana.

Madre Occidental. Son montañas altas, en general más altas que las de Estados Unidos. Algunos datos de interés y lugares naturales de gran belleza son:

- el Pico de Orizaba, el más alto de México y el volcán más alto de América del Norte, tiene una elevación de 5.636 metros; es también el segundo pico volcánico más prominente del mundo después del Kilimanjaro en África.
- la Biosfera El Cielo, declarada Patrimonio de la Humanidad por la UNESCO, situada en la Sierra Madre Oriental, muy cerca del Trópico de Cáncer. Es una de las áreas naturales más grandes e importantes del país por su diversidad biológica que contiene especies de flora y fauna únicas en el mundo: cuenta con 743 especies de árboles y arbustos, 28 especies diferentes de algas, 92 especies de mamíferos, 430 especies de aves, varias especies de anfibios, reptiles, insectos…

- La Reserva de la Biosfera de la Mariposa Monarca, situada en la zona central de México, también declarada Patrimonio de la Humanidad por la UNESCO, fue creada para proteger el hábitat de la mariposa monarca y tiene una superficie de 56 mil hectáreas.

- Barrancas del Cobre (*Copper Canyon*), en la Sierra Madre Occidental, al noroeste del estado de Chihuahua, es un grupo de seis cañones más extenso y más profundo que el Gran Cañón del Colorado en Estados Unidos. Un gran atractivo turístico es el viaje en tren por la naturaleza espectacular que se atraviesa en su ruta.

Barrancas del Cobre, México

2. **América Central** Las cadenas montañosas y la selva tropical del sur de México continúan en América Central, donde se encuentran lugares de gran belleza natural: bosques tropicales lluviosos, parques nacionales, lagos, volcanes. Algunos lugares representativos—todos declarados "Patrimonio de la Humanidad" por la UNESCO—y hoy día asociados con el ecoturismo son:

- el lago Atitlán, en Guatemala, que tiene aproximadamente 340 metros de profundidad máxima, es uno de los lagos más grandes y hermosos de Centroamérica; está a unos 50 kilómetros al noroeste de Antigua, ciudad histórica y tercera capital de Guatemala; tiene 18 kilómetros de longitud y está al pie de tres volcanes, uno de ellos también llamado Atitlán.

- el Parque Nacional de Isla de Coco, en Costa Rica, muy rico en flora y fauna marina; su extensión es de solo 24 kilómetros cuadrados pero es un territorio oceánico que tiene una rica biodiversidad; allí se han identificado 1.300 especies animales, 235 especies de plantas y 362 especies de insectos.

El lago Atitlán, Guatemala

- el lago de Ilopango en El Salvador, situado a 16 kilómetros de San Salvador, la capital; es de origen volcánico; mide (*it measures*) 8 x 11 kilómetros y es el lago natural más grande del país, ideal para personas interesadas en deportes acuáticos, en particular para buceadores (*divers*), ya que allí se puede observar un volcán subacuático activo, un espectáculo único.

- la Reserva de Biosfera Bosawás, en Nicaragua, de 20 mil kilómetros cuadrados, tiene el bosque tropical más grande de América Central con más de 270 tipos de plantas y unas 200 especies de animales y aves, entre ellos quetzales, guacamayas (*parrots*), águilas, tucanes, pumas, jaguares y otros animales más.

3. **América del Sur** América del Sur también refleja la gran diversidad y los grandes contrastes geográficos que caracterizan el resto de las Américas. La cordillera de los Andes cruza el territorio de norte a sur en la parte oeste, a lo largo de la costa del océano Pacífico. Entre los ríos más importantes están el río Amazonas, que atraviesa el norte de Brasil de oeste a este; los ríos Magdalena en Colombia y Orinoco en Venezuela; y los ríos Paraguay, Paraná y Uruguay, que atraviesan varios países para terminar en el Río de la Plata. También hay selvas, bosques tropicales, regiones agrícolas, desiertos, lagos... En el capítulo 1 se incluyen breves descripciones de dos desiertos impresionantes (el desierto de Atacama y el salar de Uyuni) y del lago Titicaca, el más alto del mundo. Algunos datos de interés y lugares naturales de gran belleza son:

- la cordillera de los Andes, de 7.340 kilómetros de longitud, es la cadena más larga de montañas del continente americano; tiene también las montañas más altas de las Américas y atraviesa siete países: parte de Venezuela, Perú, Ecuador, Colombia, Chile, Bolivia y Argentina; al sur sirve de frontera natural entre Chile y Argentina. Incluye los tres picos más altos del continente americano que son: el Aconcagua, de 6.960 metros, en Argentina; el Nevado Ojos del Salado, de 6.893 metros, en Chile y el volcán Chimborazo, de 6.267 metros, en Ecuador.

- el río Amazonas, de 6.800 kilómetros de longitud, nace en la cordillera de los Andes (sur de Perú) y llega hasta la costa atlántica de Brasil; es el río más largo y caudaloso (*largest by volume*) del mundo; la cuenca (*basin*) del río Amazonas es también la de mayor superficie del planeta y sustenta (*sustains*) la Amazonia que es la selva tropical más extensa (y con mayor biodiversidad) del mundo.

- el Salto Ángel, con una caída de 979 metros, situado en el Parque Nacional Canaima, al suroeste de Venezuela, es el salto de agua más alto del mundo (quince veces más alto que las cataratas del Niágara).

- el Río de la Plata, estuario formado por la unión de los ríos Paraná (en el que desemboca [*flows*] el río Paraguay en el norte argentino) y Uruguay, de 290 kilómetros de largo, tiene forma triangular; su parte más ancha, al desembocar en el océano Atlántico, tiene 219 kilómetros; sirve de frontera natural entre Argentina y Uruguay en todo su recorrido.

- las cataratas del Iguazú, situadas en la provincia de Misiones, en el Parque Nacional Iguazú, Argentina, y en el Parque Nacional do Iguaçu del estado de Paraná, Brasil, están cerca de la frontera entre Paraguay y Argentina; se compone de 275 saltos, la mayor parte del lado argentino, de hasta 80 metros de altura y miden 2.700 metros de ancho; en comparación con las cataratas del Niágara (que tienen 54 metros de altura, 945 metros de ancho y 3 saltos), estas cataratas son más altas, más anchas y tienen muchísimos más saltos.

 Busque "cataratas del Iguazú" para ver esta belleza natural que en noviembre de 2011 fue votada por Internet como una de las siete maravillas del mundo.

- las Pampas, región muy fértil de más de 750.000 kilómetros cuadrados, incluyen las provincias argentinas de Buenos Aires, La Pampa, Sante Fe,

Entre Ríos y Córdoba, gran parte de Uruguay y el estado Rio Grande do Sul de Brasil; es una de las áreas agrícolas más importantes de Latinoamérica y la principal en la cría de vacunos (*cattle raising*) para carne y leche.

DIVERSIDAD HUMANA

La población de Hispanoamérica refleja una gran variedad étnica que varía de región en región, a menudo según factores de carácter histórico, político y/o económico. Refleja, en particular, la influencia de los grupos indígenas que habitaban esas tierras en la época de la conquista y la colonia como se puede deducir del cuadro que sigue ("Población total y porcentaje de población indígena"). Por ejemplo, en México, tierra de los aztecas, la población indígena actual es del 30 por ciento; Guatemala, parte del mundo de los mayas, tiene hoy día un 40.5 por ciento de población indígena; y en la parte andina de América del Sur, región originaria de los incas, la población indígena actual es del 55 por ciento en Bo-

livia, 25 por ciento en Ecuador y 45 por ciento en Perú, respectivamente.

Población total y porcentaje de población indígena

País	Población total	Población indígena (%)
Argentina	41.769.726	< 3
Bolivia	10.118.683	55
Chile	16.888.760	4,6
Colombia	44.725.543	1
Costa Rica	4.576.562	1
Cuba	11.087.330	0
Ecuador	15.007.343	25
El Salvador	6.071.774	1
Guatemala	13.824.463	40,5
Honduras	8.143.564	7
México	113.724.226	30
Nicaragua	5.666.301	5
Panamá	3.460.462	6
Paraguay	6.459.058	< 5
Perú	29.248.943	45
Puerto Rico	3.989.133	0,2
República Dominicana	9.956.648	0
Uruguay	3.308.535	0
Venezuela	27.635.743	sin datos

La herencia (*inheritance*) cultural de las civilizaciones maya, azteca e inca es muy rica y variada, y está presente no solo en las ruinas que quedaron de sus ciudades y centros religiosos —reflejo de sus conocimientos de arquitectura, ingeniería, matemáticas y arte— sino también en las costumbres, la comida, la lengua, la religión, la música, el carácter, la forma de ser y de pensar y, en general, en la vida hispanoamericana de todos los días. En el capítulo 1 se verán aspectos de la herencia inca en la realidad cotidiana (*daily*) de algunos países andinos y también referencias a ciudades de origen inca como Cuzco, Machu Picchu y Quito. Referencias similares, pero con respecto a los mayas, y mención de ciudades como Antigua, Tikal, Chichén Itzá, se encontrarán en el capítulo 3. Y en el capítulo 6 se verá la influencia de algunos rituales aztecas en costumbres y fiestas mexicanas de hoy día, como las Posadas y el Día de los Muertos.

Otro grupo étnico que contribuye a la diversidad humana actual de Hispanoamérica es el de los negros africanos que originalmente llegan como esclavos poco tiempo después de la conquista. En el siglo XVII aumenta la llegada de esclavos a regiones donde se necesita mano de obra para trabajar en explotaciones agrícolas de gran extensión, lo que para las colonias españolas significa, en particular, las islas del Caribe y las costas tropicales de América del Sur. Esto explica que el porcentaje étnico africano sea hoy día mayor en dichos lugares que en otras partes de Hispanoamérica. Por ejemplo, el porcentaje de origen africano en Cuba es del 10.1 por ciento, en República Dominicana del 11 por ciento y en Venezuela del 13 por ciento. Posteriormente a la época colonial y desde fines del siglo XIX hasta mediados del siglo XX, llegan a Hispanoamérica, por razones diversas, inmigrantes europeos, especialmente italianos y españoles, y en menor escala orientales (chinos y japoneses), que también influyen en la composición étnica de la población hispanoamericana actual. El mapa que se ve aquí revela la gran variedad étnica de los más de 375 millones de personas que constituyen la población total actual de los 19 países de Hispanoamérica.

Distribución étnica en Hispanoamérica

Según los datos estadísticos de las fuentes usadas (*CIA World Factbook* y *UNESCO Institute for Statistics*) reflejados en este mapa de distribución étnica, del total de la población de Hispanoamérica: el 3 por ciento es de origen africano; el 19 por ciento, indígena; el 29 por ciento, europeo y la mayor parte, el 46 por ciento, mestizo, resultado de la unión de indígenas y europeos.

Análisis

1. ¿Cómo se explica la diversidad climática y la gran variedad de fauna y flora de Latinoamérica?

2. ¿Cómo se explica la diversidad humana, étnica y cultural latinoamericana actual? ¿Cuáles son las tres grandes civilizaciones indígenas nativas de las tres Américas?

3. ¿Qué proporción de México es montañosa? ¿Cuáles son las dos cordilleras principales de México? ¿Cómo son?

4. ¿Dónde se encuentra, y para qué fue creada, la Reserva de la Biosfera de la Mariposa Monarca? ¿Qué son las Barrancas del Cobre y qué atractivo turístico tienen? ¿Por qué?

5. ¿Dónde está el lago Atitlán? ¿Qué características tiene? Y el lago de Ilopango, ¿dónde está? ¿Qué características tiene?

6. ¿Dónde está el Parque Nacional de Isla de Coco? ¿Qué tiene de especial? ¿Y dónde está la Reserva de Biosfera Bosawás? ¿Qué características tiene?

7. ¿Qué es y dónde está situada la cordillera de los Andes? ¿Cuántos y qué países atraviesa? ¿Cuál es el pico más alto de los Andes, dónde está y cuánto mide?

8. ¿Dónde está el río Amazonas? ¿Qué características tiene?

9. ¿Qué es el Salto Ángel? ¿En qué país está? ¿Dónde están situadas las cataratas del Iguazú? ¿Qué características tienen? ¿Cómo se comparan con las cataratas del Niágara tanto el Salto Ángel como las cataratas del Iguazú?

10. ¿Dónde están las Pampas? ¿Qué características tienen?

11. Según el cuadro de "Población total y porcentaje de población indígena", ¿cuáles son los cuatro países con más población indígena? ¿Y cuáles son los cuatro países con menos del 1 por ciento de población indígena?

12. Según el mapa de "Distribución étnica en Hispanoamérica", ¿en qué región hay más población de origen africano: América del Sur, América Central o el Caribe? ¿Y en qué región hay menos? Explique.

13. Según el mismo mapa, ¿en qué tres países de América del Sur la mayoría de la población es de origen europeo? ¿Y en qué cuatro países más del 50 por ciento de la población es mestiza?

14. ¿Cuál es la población total de Hispanoamérica? De ese total, ¿qué porcentaje es de origen africano? ¿de origen indígena? ¿de origen europeo? ¿Qué porcentaje es mestizo?

Capítulo 1

Sudamérica por tierra: de sur a norte

Diarios de motocicleta

Presentación

Viajar y conocer mundo es algo que muchos quieren hacer pero que no todos pueden por falta de tiempo y/o dinero. Según Francis Bacon, un filósofo inglés: "Los viajes, en la juventud, son una parte de la educación, y en la vejez, una parte de la experiencia". ¿En qué sentido son educativos los viajes? ¿Qué se aprende o qué se puede aprender de un viaje? ¿Se aprende más viajando por tierra (en moto, en auto, en tren…) o en avión? ¿Por qué?

En la película *Diarios de motocicleta* dos jóvenes argentinos, Ernesto Guevara de la Serna y

su amigo Alberto Granado, hacen un largo viaje por Sudamérica en el año 1952. Salen de Buenos Aires en una vieja motocicleta. Van primero al sur del continente y luego continúan hacia el norte. En ese viaje, que los lleva por cinco países, descubren la gran diversidad geográfica y humana de América del Sur.

SUDAMÉRICA POR TIERRA

Vocabulario

el altiplano	*high plateau*
la altura	*height*
andino(a)	*Andean*
la cordillera	*mountain range*
dar con	*to come across, stumble upon*
el desierto	*desert*
los ingresos	*income*
la isla	*island*
el lago	*lake*
el límite	*border; limit*
la maravilla	*wonder*
los negocios	*business*
el nivel del mar	*sea level*
poblado(a)	*populated*
la rana	*frog*
rodeado(a)	*surrounded*
el salar	*salt flat*

Ruta de viaje de Ernesto Guevara
y Alberto Granado

Breve catálogo de lugares de interés en la región andina (de sur a norte):

1. **Santiago de Chile.** Capital de Chile, fundada en 1541 por Pedro de Valdivia. En Latinoamérica, ocupa el segundo lugar como ciudad conveniente para hacer negocios y el tercero en cuanto a mejor calidad de vida (después de Montevideo y de Buenos Aires). Santiago está entre las ciudades con mayores ingresos del mundo (en posición número 53). En Estados Unidos tiene dos ciudades hermanas: Miami y Mineápolis.

2. **Desierto de Atacama.** Situado en el norte de Chile, entre la cordillera de los Andes y la costa, es el desierto más árido del planeta. Tiene salares, géisers, minas de cobre y otros minerales; en el altiplano hay varios observatorios astronómicos importantes. En este desierto se realizan carreras automovilísticas y campeonatos de Rally. Las dunas del desierto de Atacama son ideales para ese tipo de deporte.

3. **Salar de Uyuni.** Es el desierto de sal más grande del mundo. Situado en la cordillera de los Andes, está a una altura de 3.650 metros (11.975 pies) sobre el nivel del mar, en el suroeste de Bolivia, cerca del límite con Chile. Tiene un hotel construido totalmente de sal, cosa única en el mundo.

4. **Lago Titicaca.** Es el lago navegable más alto del mundo y el segundo más grande de Sudamérica (después del lago de Maracaibo en Venezuela). Está situado en el altiplano andino, entre Bolivia y Perú, a 3.812 metros (12.500 pies) sobre el nivel del mar. El lago tiene 36 islas y algunas están densamente pobladas. En 1978 se creó la Reserva Nacional del Lago Titicaca para conservar su flora y fauna. Allí se han encontrado 60 variedades de aves, 14 especies de peces originarios del lago y 18 especies de anfibios. Entre esos anfibios se encuentra la rana gigante del Titicaca que puede llegar a pesar hasta tres kilos.

5. **Cuzco.** Designada "capital histórica de Perú" por la Constitución de ese país, Cuzco fue la capital del imperio de los incas y declarada Patrimonio de la Humanidad por la UNESCO en 1983. Situada en la región sureste de Perú, en la cordillera de los Andes, cerca del valle Urubamba, está a una altura de unos 3.400 metros (11.200 pies) sobre el nivel del

mar. Actualmente es uno de los lugares más frecuentados por los turistas: recibe casi un millón y medio de visitantes por año.

6. **Machu Picchu.** Antigua ciudad de los incas, situada en el sureste de Perú, cerca de Cuzco, Machu Picchu (que en quechua significa "montaña vieja") está a una altura de 2.350 me-

tros (7.700 pies) sobre el nivel del mar. Considerada obra maestra de la arquitectura y la ingeniería de los incas, permaneció desconocida por los españoles durante la época de la conquista y la colonia hasta que en una expedición a Perú, explorando ruinas incas en 1911, el profesor norteamericano Hiram Bingham dio con Machu Picchu, la ciudad perdida de los incas. Fue declarada Patrimonio de la Humanidad por la UNESCO en 1983, y proclamada en Lisboa, por votación universal por Internet y mensajes telefónicos de texto, una de las siete nuevas maravillas del mundo el 7 de julio de 2007.

7. **Guayaquil.** Fundada en 1537, es la ciudad más poblada y grande de Ecuador y también su puerto más importante. Conocida como "la Perla del Pacífico" y la "capital económica del país" por su posición de centro económico y comercial, Guayaquil tiene además relevancia histórica. El 26 de julio de 1822 allí se reunieron los libertadores de América, Simón Bolívar y José de San Martín, para decidir el destino de América del Sur.

8. **Quito.** Es la capital de Ecuador y está situada a 2.800 metros (9.200 pies) sobre el nivel del mar. Rodeada de montes y montañas, fue fundada por los incas en el siglo XV y fue una de las ciudades más importantes del imperio inca. A unos 20 minutos al norte de Quito se encuentra el Museo Etnográfico Mitad del Mundo, donde hay un monumento de 30 metros de altura que marca el punto por el que pasa la línea imaginaria del ecuador que divide los hemisferios norte y sur. Allí uno puede pararse y tener al mismo tiempo un pie en el hemisferio norte y el otro en el hemisferio sur.

9. **Cali**. Fundada en 1536 y situada en un valle, es uno de los principales centros industriales y culturales de Colombia. Conocida como "la ciudad deportiva de América", Cali ha sido sede *(site)* de varias juntas deportivas nacionales e internacionales. En 1971 allí tuvieron lugar los Juegos Panamericanos y, posteriormente, varios campeonatos más por estar equipada con una infraestructura deportiva excepcional.

10. **Bogotá**. Fundada en 1538, es la capital y la ciudad más grande de Colombia. Situada en el centro del país, a 2.625 metros (8.612 pies) sobre el nivel del mar, Bogotá es la tercera capital más alta de América del Sur (después de La Paz y Quito). Es también el centro cultural, industrial, económico y turístico más importante. Conocida como "la Atenas

de Sudamérica" por la gran cantidad de museos, teatros, bibliotecas y universidades que tiene, en 2007 fue además distinguida con el título de "capital mundial del libro" por la UNESCO.

Análisis

1. ¿En qué siglo se fundó Santiago de Chile? ¿Guayaquil? ¿Cali? ¿Bogotá? Y Quito, ¿se fundó antes o después? ¿Por qué?

2. ¿Cuáles son las tres ciudades latinoamericanas con mejor calidad de vida? ¿De qué países son capitales esas tres ciudades?

3. ¿Dónde está situado el desierto de Atacama? ¿Qué tiene de particular este desierto? ¿Qué deporte se hace allí? ¿Por qué?

4. ¿Dónde está situado el salar de Uyuni? ¿Qué tiene de particular este desierto? ¿Qué se ha construido allí? Comente.

5. ¿Dónde está el lago Titicaca y qué características tiene? ¿Vive gente en las islas del lago? ¿Para qué se creó la Reserva Nacional del Lago Titicaca? Explique.

6. ¿Dónde está Cuzco y qué importancia tuvo en la época del imperio de los incas? ¿Cuándo fue declarada Patrimonio de la Humanidad por la UNESCO? ¿Qué otra ciudad de esta lista fue también declarada Patrimonio de la Humanidad por la UNESCO el mismo año?

7. ¿Qué es y dónde está situada Machu Picchu? ¿Qué significa en quechua «Machu Picchu»? ¿Cuándo fue descubierta y por quién? ¿Qué pasó el 7 de julio de 2007?

8. ¿Qué ciudad es conocida como «la Perla del Pacífico» y dónde está situada? ¿Por qué tiene relevancia histórica esta ciudad? Explique.

9. ¿Qué importancia tuvo Quito en el pasado y qué importancia tiene en la actualidad? ¿Dónde está el Museo Etnográfico Mitad del Mundo y qué monumento se encuentra allí? Comente.

10. ¿Dónde está situada Cali y qué importancia tiene en la vida de Colombia? ¿Por qué se la conoce como «la ciudad deportiva de América»? Explique.

11. ¿Dónde está situada Bogotá? ¿Cuál es la capital más alta de América del Sur? ¿Y la segunda más alta? ¿Y la tercera? ¿Por qué es Bogotá considerada «la Atenas de Sudamérica»? ¿Y qué otra distinción similar recibió en 2007?

g *Busque «Machu Picchu» para ver fotos y videos de este sitio, una de las siete nuevas maravillas del mundo.*

Diarios de motocicleta

Director: Walter Salles nació en Río de Janeiro, Brasil, en 1956. Sus películas incluyen *Central do Brasil (Central Station,* 1998), *Abril Despedaçado (Behind the Sun,* 2001), Linha de Passe (2008) y *On the Road* (2011).

Guionista: José Rivera hizo el guión, basado en los libros *Notas de viaje* de Ernesto Guevara y *Con el Che por Sudamérica* de Alberto Granado; ganó el premio Goya 2005 al mejor guión adaptado.

Personajes principales:

Ernesto Guevara: estudiante de medicina

Alberto Granado: joven bioquímico

Chichina: novia de Ernesto

el doctor Hugo Pesce: médico peruano

Papá Carlito: paciente en una clínica peruana

Silvia: paciente en la clínica peruana

Actores principales:

Gabriel García Bernal (Ernesto) nació en Guadalajara, México, en 1978; entre sus películas están *Amores perros* (2000), *Y tu mamá también* (2001), *El crimen del padre Amaro* (2002), *La mala educación* (2004) y *También la lluvia* (2010).

Rodrigo de la Serna (Alberto) es primo segundo de Ernesto Guevara de la Serna; ha actuado en varias series de televisión y en las películas *Nueces para el amor* (2000), *Gallito ciego* (2001) y *Tetro* (2009)

Vocabulario

De viaje

arreglar los frenos	*to fix the brakes*
la balsa	*raft*
el barco	*ship*
el camión	*truck*
cruzar una frontera (un río, un lago)	*to cross a border (a river, a lake)*
embarcar	*to embark, set out*
extrañar	*to miss*
la lancha	*(small) boat*
el/la mecánico	*mechanic*
la motocicleta	*motorcycle*
partir	*to leave, depart*
el pasaje	*ticket (for a train, bus, plane, etc.)*

El plan: recorrer ocho mil kilómetros en cuatro meses.

La medicina

el asma *f*	*asthma*
el/la bioquímico(a)	*biochemist*
contagioso(a)	*contagious*
la enfermedad	*disease*
el/la enfermero(a)	*nurse*
la inyección	*injection, shot*
la lepra	*leprosy (Hansen's disease)*
el/la leprólogo(a)	*specialist in leprosy*
el leprosario	*treatment center for lepers*
el tratamiento	*treatment*
tratar	*to treat*

Otras palabras

agradecer	*to thank*
agradecido(a)	*grateful*
botar	*to kick out*
brindar	*to toast*

el brindis	*toast*
el/la campesino(a)	*someone who works the land*
el/la dueño(a)	*owner*
flaco(a)	*thin, skinny*
gordo(a)	*fat*
el guante	*glove*
indígena	*native, indigenous*
la malla, mallita	*(Argentina) bathing suit*
mentir (ie)	*to lie*
la mentira	*lie*
merecer	*to deserve*
el muro	*wall*
el partido	*party (as in politics); game, match*
peligroso(a)	*dangerous*
el perro	*dog*
la plata	*(colloquial) money*
poderoso(a)	*powerful*
la prueba de campo	*field test*
la regla	*rule*
la sorpresa	*surprise*
el terreno	*piece of land*

NB: This vocabulary list will help you understand and also discuss the film. All but a few of the words occur at least twice in the film.

Exploración

Antes de ver *Diarios de motocicleta*, se recomienda leer las siguientes preguntas como guía del argumento y para una mejor comprensión de la película. Su profesor(a) puede asignarle como tarea que prepare las respuestas a todas las preguntas o solo a algunas de ellas.

1. Describa a Ernesto antes de que salga de viaje. ¿Qué deporte le gusta? ¿Qué enfermedad tiene?

2. Describa a Alberto antes de que salga de viaje. ¿Cuál es su profesión? ¿Qué deporte juega? ¿Qué es "la Poderosa"?

3. ¿Qué le lleva Ernesto a Chichina? ¿De qué clase social es ella? ¿Está contenta la madre de Chichina con la relación entre Ernesto y su hija?

4. ¿Cuál de los dos jóvenes sabe hablar bien para conseguir comida y otras cosas sin pagar? ¿Siempre dice la verdad? Dé un ejemplo. ¿Cuál de los dos es más franco y a veces ofende a la gente? Dé un ejemplo.

5. Según el artículo en el periódico de Temuco (el *Diario Austral*), ¿quiénes son Ernesto y Alberto, y por qué son famosos? ¿Por qué tienen que salir corriendo del baile?

6. ¿Qué hace Ernesto mientras Alberto sale con las dos chilenas?

7. ¿Por qué dice Alberto "¡Cómo te quiero Celia de la Serna!" en el correo de Valparaíso? ¿Qué noticia recibe Ernesto allí?

8. ¿A quiénes conocen los muchachos en el desierto de Atacama, Chile? ¿Por qué tuvieron que irse de su pueblo y por qué los busca la policía? ¿Por qué no importa el partido político de la gente que busca trabajo en las minas, según ellos?

9. ¿Quién es don Néstor? ¿Qué aprenden los jóvenes de él y de las dos mujeres indígenas de Cuzco?

10. Los dos viajeros conocen a un campesino en el camino. Dice que estaba cultivando un terreno pero que cuando empezó a producir, el dueño lo "botó" sin darle su porcentaje del producto. ¿Por qué no llamó a la policía?

11. ¿Qué idea tiene Alberto para reactivar la revolución de Túpac Amaru? ¿Qué dice Ernesto de esta "revolución sin tiros *(gunshots)*"?

12. ¿Quién es el doctor Hugo Pesce? ¿En qué campo se especializa? ¿En qué forma ayuda a los jóvenes? ¿Cuál es la "sorpresa" que les da?

13. En el leprosario de San Pablo, Perú, hay muchas reglas. ¿Qué regla deciden los jóvenes no seguir y por qué? ¿Cómo reacciona la madre superiora, la Madre San Alberto? ¿Qué separa a los pacientes de los doctores, enfermeras y monjas *(nuns)*?

14. ¿Qué problema tiene Silvia, una de las pacientes? Ernesto le dice que la primera palabra que aprendió a decir fue "inyección" pero que el hecho de que nació con asma también le dio algunas ventajas. ¿Qué ventajas menciona?

15. La balsa en que se van Ernesto y Alberto de San Pablo se llama "Mambo Tango". ¿Por qué? ¿De qué país es el tango el baile nacional? ¿Por qué es apropiado este nombre?

Busque "el mambo" para escuchar otros ejemplos de este género de música.

16. ¿Por qué nada Ernesto hasta el otro lado del río aunque sea muy peligroso hacerlo?

17. ¿Qué hizo Alberto en el año 1960 (un año después de la Revolución Cubana)?

Notas culturales

1. Los nombres: Cuando Ernesto le habla a Alberto, a veces lo llama "Mial" (**mi Al**berto). Alberto le dice "Fuser" (**Fu**ribundo **Ser**na) a Ernesto porque juega muy bien el rugby. Las chicas chilenas saben que los dos jóvenes son de Argentina por su acento y por su uso frecuente de **che** para dirigirse a alguien. En Chile los llaman "el Che gordo" (Alberto) y

"el Che flaco" (Ernesto). Y el perro que Ernesto le regala a Chichina se llama "Comeback", una promesa que va a volver.

2. En la película se ven escenas de Cuzco, de Machu Picchu y de Lima, Perú. Francisco Pizarro conquistó a los incas y mudó la capital de Cuzco a Lima, donde hicieron un puerto grande para los barcos que venían de España. En Cuzco, se ven muros y monumentos que hicieron los indígenas; todos se construyeron sin usar la rueda *(wheel)*, que los incas no conocían.

3. Una de las mujeres de Cuzco habla quechua, la lengua indígena: las palabras **papa** *(potato)*, **charqui** *(jerky)*, **llama, cóndor** y **quinina** *(quinine)* son de origen quechua. Se ven en esta escena las hojas de coca que los indígenas usan hoy día para aliviar los efectos del frío y del hambre.

4. Alberto habla de Túpac Amaru, un nombre muy famoso en la historia latinoamericana. Túpac Amaru, sobrino del emperador de los incas, Atahualpa, y Túpac Amaru II lideraron rebeliones contra los españoles; los dos fueron ejecutados de manera muy brutal, el primero en 1572 y el segundo en 1780.

> 🄶 *Busque "Túpac Amaru" para saber más sobre este líder de los incas (1545-1572).*

5. El campesino peruano que perdió su terreno les dice a los jóvenes que están organizados, que trabajan sus **chacras**, o tierras. Se refiere al sistema indígena del **ayllú**, una comunidad de personas que trabajan juntas y comparten tierras y animales. El **ayllú** fue la base de la sociedad inca.

6. El "voseo": En varios países de Hispanoamérica (e.g., Guatemala, Honduras, Nicaragua, El Salvador, Paraguay, Argentina, Uruguay) se usa el "voseo" en vez del "tuteo" para la conversación informal. Eso significa que se usa el pronombre sujeto **vos** en vez del **tú**. En estos casos, el verbo se conjuga de forma similar a la de **vosotros**, aunque varía la acentuación y puede tener otros cambios particulares según el país. En *Diarios de motocicleta*, se oye, por ejemplo, "si vos querés", "vos tenés", "cuidate (vos)", etc.

Temas de discusión, comentario o análisis

Discuta, comente o analice los siguientes temas con sus compañeros; su profesor(a) puede asignarle como tarea que escriba un párrafo sobre alguno(s) de ellos.

1. ¿Son religiosos los dos jóvenes? ¿Cómo se sabe? ¿Por qué dicen que el comportamiento *(behavior)* de la madre superiora cuando no les da comida es "poco cristiano"? ¿Está usted de acuerdo? ¿Cómo definen los jóvenes el cristianismo? ¿Qué ejemplos de generosidad vemos en la película?

2. El doctor Pesce habla de José Carlos Mariátegui [1894-1930], fundador del Partido Socialista de Perú y autor de *Siete ensayos de interpretación de la realidad peruana*; dice que según Mariátegui el problema principal de Latinoamérica es la tierra. ¿Cómo trata la película este tema? ¿Qué le pasó a la pareja chilena? ¿Qué compañía o empresa tiene el control de la mina? ¿Qué le pasó al campesino peruano?

3. ¿Qué quiere Chichina que Ernesto compre con el dinero que le da? ¿Qué quiere hacer Alberto con ese dinero? ¿Qué le dice Ernesto? ¿A quién le da el dinero Ernesto al final? Si Ernesto se hubiera casado con Chichina, ¿cómo habría sido su vida, según su opinión?

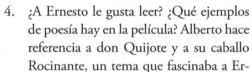

4. ¿A Ernesto le gusta leer? ¿Qué ejemplos de poesía hay en la película? Alberto hace referencia a don Quijote y a su caballo Rocinante, un tema que fascinaba a Ernesto. Muchos han dicho que "el Che flaco" y "el Che gordo" tienen mucho en común con don Quijote y Sancho Panza. ¿Está usted de acuerdo? ¿Hay otras referencias literarias en la película?

5. ¿Cómo cambian los jóvenes a lo largo del viaje? ¿Qué dice Ernesto acerca del tema del nacionalismo en un brindis en San Pablo? ¿Cree usted que los jóvenes de hoy tienen una perspectiva más global o internacional del mundo que la generación de sus padres? ¿Por qué sí o por qué no? ¿Ha hecho usted algún viaje que le haya hecho cambiar de idea u opinión sobre algo o que le haya dado una forma diferente de ver el mundo?

6. Teniendo en cuenta el mapa del itinerario de viaje de Ernesto y Alberto en 1952, los lugares por donde pasaron y las personas que conocieron, ¿podemos decir que esa experiencia los puso en contacto con la diversidad geográfica y humana de Latinoamérica? ¿De qué manera? Explique y dé ejemplos específicos para apoyar su respuesta.

Evaluación

1. ¿Cree que el director intentó pintar un retrato realista de Ernesto? Si no lo hizo, ¿por qué motivo fue?

2. ¿Qué elementos cómicos hay en la película? ¿Qué función tiene el humor?

3. ¿Cuáles son los momentos más tristes del filme? ¿Más memorables?

4. En general, ¿le gustó la película? ¿Por qué sí o por qué no?

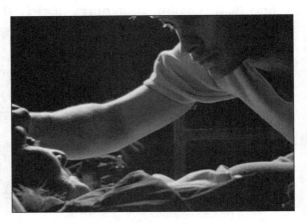

PERSPECTIVAS
Colombia, ¿microcosmos de Hispanoamérica...?

Entrevista con Álvaro Bernal, profesor colombiano; enseña lengua, literatura y cultura hispánicas en una universidad de Estados Unidos.

En Diarios *de motocicleta (y también en "El Día de San Guevara», en* Notas de viaje, *reproducida en la sección que sigue), Ernesto dice que brinda "por Perú y por América Unida" luego de expresar lo siguiente: "Constituimos una sola raza mestiza que desde México hasta el estrecho de Magallanes presenta notables similitudes etnográficas". ¿Qué piensas de esto y estás o no de acuerdo con la idea de que somos "una sola raza mestiza" de norte a sur?*

La idea expresada por el Che Guevara de unidad latinoamericana es un concepto político inspirado particularmente durante el siglo XIX en América del Sur después de las guerras independentistas. Varios fueron los intelectuales que pensaron e imaginaron una Latinoamérica unida y fortalecida° por todas las características raciales y culturales que nos articulan° desde nuestros orígenes prehispánicos e hispánicos. Simón Bolívar y José de San Martín, por ejemplo, tuvieron en mente tal proyecto° antes y durante las guerras de independencia de España. Posteriormente, José Enrique Rodó, José Martí y algunos otros continuaron tal idea adaptando esta postura desde sus diferentes posiciones políticas. Incluso en el siglo XX, pensadores como José Carlos Mariátegui mantuvieron ecos de tal pensamiento que obviamente intenta vernos como un inmenso continente unido por una gran variedad de características comunes en pos de° una gran y unificada nación.

Desde el punto de vista de un colombiano, tiene que ser evidente que a pesar de las aparentes diferencias culturales dentro del mismo país (por ejemplo los habitantes del Caribe colombiano podrían diferir mucho de los habitantes del centro o del sur), nosotros los colombianos podemos encontrar claras y concretas similitudes de orígenes, costumbres, rasgos° físicos, cosmovisiones° y en general amplias semejanzas° en otras latitudes de América Latina. En consecuencia, un colombiano se sentirá siempre en casa viviendo en cualquier

strengthened
join

tal... such a plan (i.e., unification of South America)

en... in search of

traits / worldviews
similarities

país caribeño o centroamericano. A su vez°, encontrará todo un mundo por compartir que no le será ajeno° en cualquier país de América del Sur.

A manera de anécdota, como bogotano, he descubierto que al caminar por mi ciudad camino imaginariamente también por Buenos Aires, por Ciudad de México o Santiago. En San Juan de Puerto Rico me siento en Barranquilla, La Habana, Cartagena o Guayaquil. Muchas ciudades intermedias colombianas se me representan a Asunción, Montevideo o Quito. Las festividades populares no me resultan extrañas ni exóticas ya sea que esté en Bolivia, República Dominicana o Guatemala. De esta manera comparto plenamente° lo expresado por el Che Guevara y agregaría° que una de las grandes debilidades de nuestra América Latina ha sido la de hacernos creer, a través de muchos de nuestros gobernantes, que somos diferentes, con el objetivo de confrontarnos y dividirnos. La meta° de estas políticas ha sido la de mantenernos desunidos, en conflicto y muchas veces en plan de enemigos para beneficio de otros. Basta documentarse un poco y ver la gran cantidad de enfrentamientos bélicos° durante los siglos XIX y XX entre países hermanos, muchas veces estimulados y patrocinados° por intereses muy distantes a nuestra realidad.

Algunos críticos interpretan Cien años de soledad *con su Macondo y su gente como un "microcosmos" de América Latina. Haciendo un paralelo con la ficción, pero teniendo en cuenta° la realidad de tu país, ¿crees que se podría considerar también a Colombia como un microcosmos geográfico y humano de Latinoamérica?*

Una de las grandes cualidades de la prosa de García Márquez es su universalidad. En el caso de *Cien años de soledad* se contempla la conexión entre la saga de los Buendía con la creación del legendario Macondo. En principio, García Márquez recrea, asume y desarrolla los mitos universales posibles a partir de una gran gama° de situaciones, personajes y relaciones. En la novela se regresa al mito del padre fundador (José Arcadio Buendía), es decir el patriarca que logra fundar un núcleo familiar, una civilización y establece una cultura determinada°. Igualmente, aparece el mito de la mujer como compañera de travesías en la vida° (Úrsula). Al recrear esos mitos, el autor también da rasgos particulares a sus personajes permitiendo de esta forma identificar perfiles de la vida colombiana y si se quiere° latinoamericana.

Esta universalidad literaria de García Márquez en su narrativa pinta personajes "locales" muy emparentados° dentro de la realidad colombiana que se pueden expandir al contexto latinoamericano; por ejemplo: el cacique°, el dictador, el militar "todopoderoso", la matrona... Hablar entonces de considerar a Colombia como un microcosmos geográfico, cultural y humano de toda Latinoamérica a través de la ficción de García Márquez no suena descabellado° pues si existe un país mestizo y marcado por diferentes vertientes° raciales y culturales en América Latina bien podría ser Colombia. El componente indígena presente en nuestra cultura, el africano mayoritariamente° establecido en las costas Caribe y Pacífica, la influencia europea representada en el elemento español, todos estos componentes mezclados a sangre y fuego° hacen del país una sociedad plural e intercultural que históricamente se ha inclinado

se... *has been*
inclined to mix

in jest

a fusionarse° a pesar de tanto prejuicio y una continua discriminación hacia ciertos sectores de la población.

Alguien decía jocosamente° que si un europeo, un estadounidense o un asiático deseara visitar las ruinas y los vestigios precolombinos en América Latina, tendría que ir a México, Guatemala o Perú. Si ese mismo tipo de turista quisiera ver una parte de África en América Latina debería visitar Brasil o todos los países de la cuenca° del Caribe. Si ese personaje quisiera conocer y evidenciar° una parte de Europa en América Latina tendría que viajar a Argentina o Uruguay. Pero, si ese turista deseara ver todo lo anterior en un solo país tendría que irremediablemente° visitar y/o vivir en Colombia.

basin
see, experience

inevitably, surely

Busque "Colombia tierra querida" para ver y apreciar en menos de tres minutos lo que expresa aquí el profesor Bernal: la idea de que Colombia es realmente un microcosmos de Hispanoamérica.

Ernesto dice, en las primeras páginas de Notas de viaje, *que ese "vagar sin rumbo por nuestra 'Mayúscula América' me ha cambiado más de lo que creí". ¿Has tenido tú una reacción o percepción similar después de un viaje (o de más de uno): sentir o darte cuenta que esa experiencia te ha cambiado, que ya no eres el mismo de antes?*

social climbing
deny

se... *they seem*
distant

Yo fui educado en un contexto de clase media con aspiraciones materialistas y muy consumistas. La clase media colombiana generalmente tiende a un tipo de elitismo y arribismo° excesivo. Una de las características fundamentales dentro de ese contexto es obviar° nuestras raíces e ignorar a nuestros países hermanos. En este ambiente se mira siempre a modelos externos que aunque pueden estar relacionados con nuestra realidad se antojan lejanos°. Europa y Estados Unidos en particular son los moldes a seguir. La influencia de Estados Unidos en ese contexto es profunda. El sueño de mi generación durante mi adolescencia era viajar a Miami y/o estudiar o trabajar en Estados Unidos. Aprender inglés, conocer la música de este país, comer hamburguesas y vestir marcas° extranjeras eran, y siguen siendo, desafortunadamente, sinónimos de estatus y de distinción. Aunque posteriormente yo estudié en una universidad pública en Bogotá y allí esta forma de ver el mundo se cuestiona bastante, siempre estuve influenciado por el omnipresente "American Way of Life".

brands (of clothing)

widespread

Tristemente, el desconocimiento de nuestra América Latina que veía en ese entonces y que sigo viendo en la actualidad es amplio°. Solamente unas cuantas generalidades, muchas de ellas basadas en estereotipos, son el único conocimiento que se tiene acerca de algunos países de América Latina. Para el colombiano promedio° sin mayor educación, Argentina, Brasil, Paraguay y Uruguay son países de futbolistas, sobresaliendo° dentro del imaginario° colombiano la Argentina por la influencia del tango (Gardel murió en Medellín) y por la construcción ideológica de pensarlo como una nación blanca y europea. A su vez, México aparece con inmenso arraigo° dentro de nuestra idiosincrasia gracias a sus mariachis y su música, particularmente dentro de las clases populares. El Caribe se conoce por la música salsa y el merengue que siempre se han bailado en toda Colombia, y que se asemejan° a la mayoría de nuestros ritmos costeros°. Venezuela se percibe como el eterno rival y compe-

average
excelling / popular imagination

con... *deeply rooted*

se... *are similar*
coastal

tidor, siempre sobredimensionado° y visto como el enemigo que nos "roba" terreno limítrofe°. Perú, Ecuador y Bolivia nos los enseñan como países exclusivamente indígenas, presentes en el imaginario colombiano como naciones "inferiores" y mucho menos desarrolladas. Por otro lado, a los colombianos se les identifica° superficialmente fuera de sus fronteras como personajes violentos y narcotraficantes. En verdad, nuestro conocimiento de nosotros mismos (de nuestra "Mayúscula América") es y ha sido muy pobre. De esta manera, seguimos aislados° navegando en nuestra propia ignorancia y desconociendo a nuestros vecinos.

oversized
neighboring

se... are identified

isolated

Cuando inicié mis viajes por América Latina me sentí infinitamente feliz al ver la gran cantidad de lazos° que nos une. Pensé y pienso aún en el sueño que tuvo Bolívar, aquel de la Gran Colombia. Reflexiono en todo lo que podríamos llegar a realizar° si estuviéramos verdaderamente unidos. Como educador sueño con contar al menos con un programa de intercambio universitario en el que estudiantes de nuestros países pudieran pasar mínimo un semestre en algún país latinoamericano de su gusto. Pero al igual que me sentí feliz también me suele embargar la tristeza° al observar nuestras carencias° y limitaciones que son comunes desde México hasta la Argentina. Estos viajes que he tenido la suerte de realizar me han cambiado. Ahora pienso en América Latina como en un todo, no quiero caer en nacionalismos vacíos° y volver a pensar el mundo desde la perspectiva del "American Way of Life" o en aquel eurocentrismo que nos inculcaron desde niños. Lo curioso es que para descubrir todo esto tuve que viajar y estudiar en Estados Unidos primero. Mis últimos doce años viviendo, estudiando y trabajando fuera de América Latina me han servido para tomar distancia y de esta manera tratar de entender objetivamente nuestra muy compleja realidad.

ties

achieve

me... I'm often overcome with sadness / deficiencies

meaningless

Preguntas

1. ¿Cuándo y dónde se originó la idea de unidad latinoamericana? ¿Quiénes fueron algunos de los intelectuales que imaginaron una Latinoamérica unida?

2. Según el profesor Bernal, ¿hay diferencias culturales significativas entre los colombianos y el resto de los latinoamericanos? ¿Cuáles son algunas de las similitudes que existen, según él, entre unos y otros? ¿Qué está expresando cuando dice que un colombiano "encontrará todo un mundo por compartir que no le será ajeno en cualquier país de América del Sur"? Explique.

3. ¿Qué casos de la experiencia personal del profesor Bernal hacen que comparta la idea del Che de que somos "una sola raza mestiza" de norte a sur? Y, si es así, ¿cómo se explican los "enfrentamientos bélicos durante los siglos XIX y XX entre países hermanos"? ¿Conoce usted alguno(s) de esos conflictos o guerras? ¿Cuál(es) y cuándo?

4. ¿Qué mitos se recrean en *Cien años de soledad* (1967), la famosa novela del escritor colombiano Gabriel García Márquez? ¿Se pueden percibir características específicas relacionadas con la vida colombiana o latinoamericana en la recreación de estos mitos? En particular, ¿cuáles son algunos de los personajes "locales" relacionados con la realidad colombiana que también son parte de la realidad latinoamericana en general?

5. ¿Cree el profesor Bernal que se puede considerar a Colombia como un microcosmos geográfico, cultural y humano de toda Latinoamérica? ¿Por qué? ¿Confirma o niega esa idea el chiste de los turistas interesados en conocer diversos aspectos de Latinoamérica? ¿Cómo? Explique.

6. ¿Dónde fue educado el profesor Bernal? ¿Con qué clase social se identifica? ¿Cuáles eran los modelos externos que seguían o imitaban los miembros de su generación? ¿Era importante la influencia de Estados Unidos? Comente.

7. ¿Qué comenta el profesor Bernal sobre los conocimientos que tiene el latinoamericano promedio sobre Latinoamérica? ¿Qué ejemplos de generalidades da para ilustrar su punto? Mencione algunos de esos ejemplos y dé su opinión al respecto.

8. En sus viajes por América Latina, ¿qué cosas le han hecho feliz al profesor Bernal y qué cosas le han llenado de tristeza? ¿Le han cambiado, de alguna manera, esos viajes? ¿Para qué le gustaría tener un programa de intercambio universitario? ¿Qué piensa usted de esa idea? ¿Cree que sería útil "pasar mínimo un semestre en algún país latinoamericano de su gusto"? Explique por qué.

Ecuador, síntesis de diversidad geográfica y humana

Entrevista con Juan Suárez, estudiante ecuatoriano, recientemente graduado –con título de *B.A.* en ciencias políticas— de una universidad norteamericana. Aquí contesta y comenta las mismas preguntas que le hicimos al profesor Álvaro Bernal.

En Diarios de motocicleta *(y también en "El Día de San Guevara", de* Notas de viaje*), Ernesto dice que brinda "por Perú y por América Unida" luego de expresar lo siguiente: "Constituimos una sola raza mestiza que desde México hasta el estrecho de Magallanes presenta notables similitudes etnográficas". ¿Qué piensas de esto y estás o no de acuerdo con la idea de que somos "una sola raza mestiza" de norte a sur?*

scars

Estas palabras del Che me hicieron acordar de lo que dice Carlos Fuentes en su novela *Gringo viejo* cuando compara las fronteras con cicatrices°. Está expresando en esa comparación que lo que divide a los países es el sufrimiento de muchas vidas para construir una línea en el mapa. Ernesto se da cuenta que lo aprendido en las clases de geografía, en la escuela o la universidad puede ser relativo, y que los mapas no dividen tanto como las injusticias sociales. En la escena del desierto en Chile, cuando el autor de *Notas de viaje* conoce a la pareja de mineros, es posible ver a un Ernesto que siente real solidaridad hacia un grupo humano que no tiene que ver directamente con su nacionalidad. Y

crossed
de... wherever he goes

después, con cada frontera atravesada°, el Che se vuelve ciudadano de donde pisa°. Ernesto puede brindar por una América unida porque ha visto que las divisiones son más burocráticas que humanas.

travels
hosts

Al haber tenido yo la oportunidad de viajar por Latinoamérica, puedo sentir que lo dicho por el Che no es solamente un juego de palabras. Bajando a Perú o subiendo a Colombia, mis recorridos° han sido enriquecidos por la posibilidad de conversar con mis anfitriones°, y disfrutar de tanta historia y cultura compartida. Los rasgos característicos de cada país son fundamentales y muy ricos. Ernesto lo sabe y realmente no busca homogeneizar todo el continente, sino acortar las distancias entre indios, negros, mulatos, mestizos y blancos.

Haciendo eco de la canción de Jorge Drexler para *Diarios de motocicleta*, siento que esas "notables similitudes etnográficas" son la "luz al otro lado del río". El protagonista de la película encuentra esperanza en todo lo que aparentemente divide: la tierra.

 Busque "Al otro lado del río" para escuchar toda la canción a la que aquí alude Juan Suárez y que fue compuesta por Jorge Drexler para Diarios de motocicleta.

Algunos críticos interpretan Cien años de soledad *con su Macondo y su gente como un "microcosmos" de América Latina. Haciendo un paralelo con la ficción, pero teniendo en cuenta la realidad de tu país, ¿crees que se podría considerar también a Ecuador como un microcosmos geográfico y humano de Latinoamérica?*

Un país como Ecuador tiene una ventaja en términos de recorrido; su tamaño relativamente pequeño permite conocer una gran diversidad de pueblos sin desplazarse° demasiado. Pero creo que sería tal vez erróneo decir que mi país es un microcosmos de Latinoamérica, pues se dejarían de lado° los detalles culturales que en conjunto ayudan a formar la identidad de un país. Lo que sí sería posible, creo yo, es comprender diferentes procesos sociales que existen en todo el continente. Un ejemplo sería la tragedia del Huasipungo (explotación esclavista a grupos indígenas a través del dueño de la tierra), como lo narran Jorge Icaza (en su novela *Huasipungo*) en Ecuador, o Ciro Alegría (en su novela *El mundo es ancho y ajeno*) en Perú. De una manera similar, una ciudad como Medellín tiene muchos puntos en común con Quito, en particular la difícil geografía de montaña, sobre la cual están construidas ambas ciudades. En pueblos de menor tamaño, las similitudes con otros países pueden ser aún mayores, pues el desarrollo rural de muchos países latinoamericanos tiene un condimento muy familiar donde quiera que uno vaya.

moving, traveling

se… would be set aside, disregarded

Ernesto dice, en las primeras páginas de Notas de viaje, *que ese "vagar sin rumbo por nuestra 'Mayúscula América' me ha cambiado más de lo que creí". ¿Has tenido tú una reacción o percepción similar después de un viaje (o de más de uno): sentir o darte cuenta que esa experiencia te ha cambiado, que ya no eres el mismo de antes?*

Más allá de la importancia icónica del Che, una de las razones por las cuales *Diarios de motocicleta* se ha vuelto un clásico tiene que ver con la estructura del relato: un *road movie*. Desde niño he viajado a lo largo y a lo ancho° de mi país. Sin embargo, y de manera irónica, una de las experiencias que más me ha ayudado a descubrir mi propio país ha sido vivir fuera de Ecuador. Las rutas transitadas° por Ernesto Guevara no son solo de la periferia° de Argentina al centro de Latinoamérica, sino que también lo llevan en un viaje personal de autoconocimiento. Es clave pensar en la distancia como una posible catarsis saludable, que lejos de lograr la apatía hacia el país de uno, revive el interés y hace que uno valore y aprecie más su propia tierra. El Che deja claro una noción que a mí me parece fundamental, y es la de que andar sin rumbo° no significa estar perdido.

a… the length and breadth

traveled / circumference, periphery

direction

Preguntas

1. ¿Qué está expresando Carlos Fuentes en su novela *Gringo viejo* cuando compara las fronteras con cicatrices? ¿Qué piensa usted de la idea de que "los mapas no dividen tanto como las injusticias sociales"? Explique.

2. Según Juan Suárez, cuando Ernesto se encuentra con la pareja de mineros en el desierto, "siente real solidaridad hacia un grupo humano que no tiene que ver directamente con su nacionalidad". ¿Tuvo usted la misma impresión cuando vio esa escena? Comente.

3. ¿Ha viajado Juan Suárez a algunos de los países que cubre la ruta del Che en *Diarios de motocicleta*? ¿A cuáles? ¿Qué ha aprendido de sus viajes por esas tierras?

4. ¿Cree él que se puede considerar a Ecuador como un microcosmos de Latinoamérica? ¿Por qué? Explique.

5. ¿Qué similitudes se pueden encontrar entre algunos países (Ecuador y Perú, por ejemplo), entre ciudades (Quito en Ecuador y Medellín en Colombia) y entre pueblos pequeños de Latinoamérica?

6. Afirma Juan Suárez que aunque parezca irónico, una de las experiencias que más le ha ayudado a descubrir su propio país "ha sido vivir fuera de Ecuador". ¿Cómo se podría explicar o comprender eso? ¿Piensa usted que si viviera fuera de su país, descubriría o conocería más su país natal?

7. ¿Cómo interpreta usted la idea de que "andar sin rumbo no significa estar perdido"? Comente.

DE LA PRENSA
El Día de San Guevara

a regular guy / unimportant on the eve

bodas... *silver wedding, i.e., 25 years*

El día sábado 14 de junio de 1952, yo, fulano°, exiguo°, cumplí 24 años, vísperas° del trascendental cuarto de siglo, bodas de plata° con la vida, que no me ha tratado tan mal, después de todo. Tempranito me fui al río a repetir suerte con los pescados, pero este deporte es como el juego: el que empieza ganando va perdido. Por la tarde jugamos un partido de fútbol en el que ocupé mi habitual plaza de arquero° con mejor resultado que las veces anteriores.

goalkeeper

Por la noche, después de pasar por la casa del doctor Bresani que nos invitó con una rica y abundante comida, nos agasajaron° en el comedor nuestro con el licor nacional, el pisco, del cual Alberto tiene precisa experiencia por sus efectos sobre el sistema nervioso central. Ya picaditos todos los ánimos°, el director de la colonia brindó por nosotros en una manera muy simpática y yo, "pisqueado", elaboré más o menos lo que sigue:

°*celebrated, feted*

°picaditos… *with spirits raised*

Bueno, es una obligación para mí el agradecer con algo más que con un gesto convencional, el brindis que me ofrece el Dr. Bresani. En las precarias condiciones en que viajamos, sólo queda como recurso de la expresión afectiva la palabra, y es empleándola que quiero expresar mi agradecimiento, y el de mi compañero de viaje, a todo el personal de la colonia, que, casi sin conocernos, nos ha dado esta magnífica demostración de afecto que significa para nosotros la deferencia de festejar nuestro cumpleaños, como si fuera la fiesta íntima de alguno de ustedes. Pero hay algo más; dentro de pocos días dejaremos el territorio peruano, y por ello estas palabras toman la significación secundaria de una despedida, en la cual pongo todo mi empeño° en expresar nuestro reconocimiento a todo el pueblo de este país, que en forma ininterrumpida nos ha colmado de agasajos°, desde nuestra entrada por Tacna. Quiero recalcar° algo más, un poco al margen del tema de este brindis: aunque lo exiguo° de nuestras personalidades nos impidan° ser voceros de su causa, creemos, y

°*efforts*

°nos… *has showered us with attention*
°*emphasize /* lo… *the lack of importance*
°*prohibit*

después de este viaje más firmemente que antes, que la división de América en nacionalidades inciertas e ilusorias es completamente ficticia. Constituimos una sola raza mestiza que desde México hasta el estrecho de Magallanes presenta notables similitudes etnográficas.

Por eso, tratando de quitarme toda carga de provincianismos exiguos, brindo por Perú y por América Unida.

Grandes aplausos coronaron° mi pieza oratoria. La fiesta, que en estas regiones consiste en tomar la mayor cantidad posible de alcohol, continuó hasta las tres de la mañana, hora en que plantamos banderas°.

°*crowned*

°plantamos… *we settled down*

Ernesto "Che" Guevara: "El día de San Guevara", *Diarios de motocicleta. Notas de viaje por América Latina* (Melbourne, Australia: Ocean Press, 2009), pp. 133-134.

Preguntas

1. ¿Cuándo es el cumpleaños de Ernesto Guevara? ¿Cuántos años cumplió en 1952?

2. ¿Qué hizo ese día tempranito en la mañana? ¿Y por la tarde? ¿y por la noche?

3. ¿Dónde y quiénes agasajaron a Ernesto y Alberto? ¿Qué celebraban ese día?

4. ¿Cómo se llama la bebida alcohólica típica (el licor nacional) de Perú? ¿Quién brindó por los dos amigos?

5. ¿A quiénes agradece Ernesto en su respuesta al brindis del Dr. Bresani? ¿Qué les agradece en particular? ¿Por qué?

6. ¿Qué está expresando Ernesto cuando dice que cree, "y después de este viaje más firmemente que antes, que la división de América en nacionalidades inciertas e ilusorias es completamente ficticia". Comente.

Venezuela y Colombia o dos proyectos en pugna°

en… *at odds with each other*

Escribe Luis Fernando Beraza, historiador y profesor argentino.

La historia es testigo° de los encuentros y desencuentros que a lo largo del tiempo han tenido estas dos naciones vecinas, las cuales fueron junto con el Ecuador "La Gran Colombia", parte del sueño de unidad continental de Francisco de Miranda y Simón Bolívar. Justamente este último esperaba que, concretada° la independencia de América del dominio español, se pudiera completar la unidad de todo el continente en un solo estado. En tal sentido° participaba de este proyecto el general José de San Martín. Por supuesto, a ambos se les opusieron intereses políticos y económicos de las oligarquías criollas° locales, auspiciadas° por intereses foráneos°, que primero sabotearon las reuniones bolivarianas y después tomaron decisiones políticas en sentido contrario. Así no fue de extrañar° que "la Gran Colombia"—creada por el Congreso de Cúcuta en 1821—durara apenas diez años.

witness

once final

En… *In such a direction (i.e., toward unity)*

of European descent / fostered / foreign

no… *it was not surprising*

Con el correr de los años esas oligarquías criollas antibolivarianas°, moldeadas por los intereses británicos, se transformaron en burguesías°, las cuales se apoderaron del excedente económico y pugnaron° por expandir sus intereses hacia los países vecinos. Así el golfo de Venezuela fue el centro de las disputas regionales entre ambas naciones, incrementadas° aún más por la aparición de las compañías petrolíferas°. Para hacer más explosiva la situación, en la segunda mitad del siglo XX los Estados Unidos se interesaron mucho más por Venezuela y Colombia como consecuencia de sus cuantiosas necesidades de energía, y del fenómeno guerrillero que se expandió en los años sesenta en Venezuela y que persiste hasta hoy en Colombia. Los carteles de la droga pusieron también la cuota de violencia y locura necesaria para generar un clima de tensión entre los dos países.

opposed to Bolívar's ideas

bourgeois societies

se… *took possession of the economic surplus and struggled*

increased

oil

La guerrilla y el narcotráfico fueron la excusa perfecta para toda la derecha colombiana, la cual enquistada° en la administración pública y en los medios de comunicación pudieron imponer en el imaginario ciudadano° la idea de que la única posible solución para resolver todos los conflictos era fortalecer los vínculos° con Washington a fin de ganar la guerra. En tal sentido el ex

embedded

imaginario… *popular imagination of the citizens*

bonds

presidente Ernesto Samper y sobre todo Álvaro Uribe Vélez han sido la punta del iceberg de dichos factores de poder.

El otro elemento importante del conflicto ha sido el fenómeno de la revolución bolivariana de Hugo Chávez en Venezuela. Más allá de la florida verba° del caudillo° venezolano, es cierto que con contradicciones, ha intentado retomar las banderas de Bolívar y de los grandes líderes latinoamericanos. En otras palabras, Chávez representa el viejo ideal de muchos sectores progresistas de Latinoamérica de un futuro sin la tutela° de los Estados Unidos. No es el antiimperialismo de los años sesenta y setenta, pero sí es un intento de aprovechar el precio de las materias primas° en el mercado mundial a efectos de generar un nuevo escenario político. Venezuela, Bolivia, Ecuador y la Argentina parecen querer ir, no sin tropiezos°, por ese camino.

Por otra parte, Chávez sabe que con un gobierno de derecha en Colombia, lleno de bases norteamericanas por el Plan Colombia°, tiene la espada° de Damocles. La seguridad de Venezuela y del continente está amenazada°. Y que algo hay que hacer. El camino elegido por el caudillo venezolano ha sido impulsar° una solución política dentro de la guerra civil que se viene desarrollando° en su vecino, tratando de que la izquierda en Colombia deje las armas, y de esa manera incorporada al campo político pueda neutralizar a los sectores más retrógrados de ese país. Obviamente esta estrategia de Caracas es inaceptable para dichos sectores, ya que son los principales beneficiados del actual escenario, puesto que así con la violencia de uno y otro lado ganan las elecciones, se quedan con el excedente económico del país, y aprovechan la corrupción para seguir acumulando riquezas.

Llegados a este punto la pregunta es: ¿Cuál es el futuro de este complejo panorama? Y la respuesta no es sencilla, y mucho menos posible de dar con precisión en estos momentos. A la distancia parecería que el nuevo presidente de Colombia, hombre del riñón de° Uribe Vélez, como una manera de tener juego propio, buscará bajar la tensión entre los dos países hasta tanto pueda consolidarse en el poder. Las señales dadas hasta ahora es que debe dedicarse a este tema y que por ello no le resulta funcional una disputa con Venezuela, y mucho menos una guerra. Por su parte, Chávez tampoco quiere pasar por país agresor en la medida que sabe que esa política significaría una posible caída de su gobierno (ya que Colombia cuenta con el aval° norteamericano). En definitiva, aparentemente por cuestiones políticas domésticas de Colombia y por la correlación de fuerzas, la guerra no será posible. De todas maneras, es esperable también que por las contradicciones señaladas en el mediano plazo se produzcan nuevos roces° entre ambos países. En el fondo° no va a cambiar nada, justamente esta estabilización de lo malo promete un largo plazo incierto.

Luis Fernando Beraza, *Revista Ñe-engatu*, número 168, agosto/septiembre de 2010.

florida… *flowery speech*
leader

tutelage, guidance

raw

obstacles, stumbling blocks
Plan… *agreement between Colombia and the US /*
sword
threatened

promote
se… *has been developing*

del… *closely associated with*

backing

scrapes, problems /
En…
fundamentally

Preguntas

1. ¿Cuándo y dónde se creó "la Gran Colombia"? ¿Qué países fueron parte de "la Gran Colombia"? ¿Cuántos años duró? ¿Qué líderes de la historia hispanoamericana asociamos con el sueño de unidad continental? ¿Por qué no fue posible la realización de ese sueño? Comente.

2. ¿Por qué aumentó el interés de Estados Unidos por Venezuela y Colombia en la segunda mitad del siglo XX?

3. ¿Qué influencia han tenido la guerrilla y el narcotráfico en Colombia en las relaciones entre ese país y Estados Unidos? Explique.

4. ¿En qué sentido el presidente venezolano Hugo Chávez, según el artículo, "ha intentado retomar las banderas de Bolívar y de los grandes líderes latinoamericanos"? Comente.

5. Con un gobierno de derecha en Colombia y otro de izquierda en Venezuela, ¿piensa Beraza que el futuro de las relaciones entre ambos países es algo fácil o difícil de predecir? ¿Y qué piensa usted? Explique.

Busque «relación Colombia y Venezuela» para informarse sobre la situación actual entre estos dos países.

Actividades

A. **En la ruta de Ernesto y Alberto.** Revisite virtualmente <u>uno</u> de los lugares identificados en el itinerario de ambos (ver el mapa de ruta incluido al principio del capítulo) que le haya interesado más o al que le gustaría viajar alguna vez. Busque información actual sobre ese lugar y haga un breve reporte oral en clase comparando la realidad del lugar en 1952-3 y ahora, sesenta años después.

B. **Investigación.** Busque información sobre la geografía y/o la gente (los grupos humanos) de un país hispano y prepare un informe oral para la clase. (Alternativa: en grupos pequeños, preparen el informe en clase.)

C. **Entrevista.** Entreviste a alguien de origen hispanoamericano sobre <u>dos</u> lugares de su país que él/ella recomendaría visitar por razones geográficas, climáticas, ecológicas, humanas, históricas, etc. (Ejemplos: de Ecuador: Galápagos y Quito; de Perú: Machu Picchu y Cuzco; de Costa Rica: San José y un bosque tropical, etc.). Pídale que describa esos lugares y el porqué de su recomendación. Haga un resumen de su entrevista para presentarla en clase. Si es posible, complemente su resumen ilustrando los lugares con una presentación en PowerPoint u otro programa de presentación.

D. **Comentarios.** En grupos pequeños, lean y comenten las siguientes citas de Simón Bolívar, expresadas en su "Carta de Jamaica" (6 de septiembre de 1815), y luego presenten un resumen de sus ideas a la clase.

"Quiero formar de América la más grande Nación del Mundo, no tanto por su extensión y Riqueza, sino por su Libertad y Gloria" y "Es una idea grandiosa pretender formar de todo el Mundo Nuevo una sola Nación con un solo vínculo, que ligue sus partes entre sí como un todo".

De Ricardo A. Martínez Escudero, "El pensamiento integracionista de Simón Bolívar" http://www.thegoatblog.com.br /cadenafraternal/planchas/Plancha%20N.00746%20-%20INTEGRACIONISMO%20DE%20BOLIVAR.pdf

Composición

Escriba una composición sobre uno de los siguientes temas:

1. La información que recogió al hacer las actividades A o B.
2. Un viaje virtual. Por Internet, visite los dos lugares recomendados por su entrevistado(a) en la actividad C y describa ambos lugares.
3. Las palabras del Che en su brindis de despedida: "Constituimos una sola raza mestiza que desde México hasta el estrecho de Magallanes presenta notables similitudes etnográficas" (ver "El día de San Guevara").

DEL RINCÓN LITERARIO

César Vallejo (1892-1938), poeta, cuentista, novelista y ensayista peruano, empezó desde muy joven a actuar activamente en política para tratar de mejorar

El río Urubamba

la situación de los indígenas de su país. En 1920 pasó tres meses y medio en prisión por razones políticas y en 1923 se autoexilió en París, donde vivió hasta su muerte. Su cuento "Los dos soras" está incluido en *Novelas y cuentos completos* (1967), libro que reúne todas sus obras narrativas y que apareció póstumamente.

Los dos soras

Vagando° sin rumbo, Juncio y Analquer, de la tribu de los soras, arribaron° a valles y altiplanos situados a la margen del Urubamba, donde aparecen las primeras poblaciones civilizadas de Perú.

En Piquillacta, aldea° marginal del gran río, los dos jóvenes salvajes permanecieron° toda una tarde. Se sentaron en las tapias de una rúa°, a ver pasar a las gentes que iban y venían de la aldea. Después, se lanzaron a caminar por las calles, al azar°. Sentían un bienestar inefable, en presencia de las cosas nuevas y desconocidas que se les revelaban: las casas blanqueadas, con sus enrejadas° ventanas y sus tejados rojos: la charla de dos mujeres, que movían las manos

Wandering / reached

small town

stayed / tapias... walls by a street

al... aimlessly

grilled, with railings

were digging
bent over /
doorjamb

alegando o escarbaban° en el suelo con la punta del pie completamente absorbidas: un viejecito encorvado°, calentándose al sol, sentado en el quicio° de una puerta, junto a un gran perrazo blanco que abría la boca, tratando de cazar moscas... Los dos seres palpitaban de jubilosa curiosidad, como fascinados por el espectáculo de la vida de pueblo, que nunca habían visto. Singularmente Juncio experimentaba un deleite indecible. Analquer estaba mucho más sorprendido. A medida que penetraban al corazón de la aldea empezó a azorarse, presa de un pasmo que le aplastaba por entero°. Las numerosas calles, entrecruzadas en varias direcciones, le hacían perder la cabeza. No sabía caminar este Analquer. Iba por en medio de la calzada y sesgueaba al acaso°, por todo el ancho de la calle, chocando con las paredes y aún con los transeúntes°.

azorarse...
get flustered,
seized by an
overwhelming
astonishment
por... in the
middle of the
street, zigzagging
haphazardly
people passing by

-¿Qué cosa? – exclamaban las gentes-. Qué indios tan estúpidos. Parecen unos animales.

fuera... beside
himself

Analquer no les hacía caso. No se daba cuenta de nada. Estaba completamente fuera de sí°. Al llegar a una esquina, seguía de frente siempre, sin detenerse a escoger la dirección más conveniente. A menudo, se paraba ante una puerta abierta, a mirar una tienda de comercio o lo que pasaba en el patio de una casa. Juncio lo llamaba y lo sacudía por el brazo, haciéndole volver de su confusión y aturdimiento°. Las gentes, llamadas a sorpresa, se reunían en grupos a verlos:

bewilderment

-¿Quiénes son?
-Son salvajes del Amazonas.
-Son dos criminales, escapados de una cárcel.
-Son curanderos del mal del sueño.
-Son dos brujos.
-Son descendientes de los Incas.

Los niños empezaron a seguirles.

astonishment

-Mamá-referían los pequeños con asombro-°, tienen unos brazos muy fuertes y están siempre alegres y riéndose.

services

Al cruzar por la plaza, Juncio y Analquer penetraron a la iglesia, donde tenían lugar unos oficios° religiosos. El templo aparecía profundamente iluminado y gran número de fieles llenaban la nave. Los soras y los niños que les seguían, avanzaron descubiertos, por el lado de la pila° de agua bendita, deteniéndose junto a una hornacina de yeso°.

font
hornacina...
plaster alcove
Tratábase... It
was a funeral
service
paños... draperies
and (black) crepe
cloths
priest's garment

cabeza... bald
head, one-
twentieth of
which was covered
by a skullcap
facistol... tin
lectern

Tratábase de un servicio de difuntos°. El altar mayor se hallaba cubierto de paños y crespones° salpicados de letreros, cruces y dolorosas alegorías en plata. En el centro de la nave aparecía el sacerdote, revestido de casulla° de plata y negro, mostrando una gran cabeza calva, cubierta en su vigésima parte por el solideo°. Lo rodeaban varios acólitos, ante un improvisado altar, donde leía con mística unción los responsos, en un facistol de hojalata°. Desde un coro invisible, le respondía un maestro cantor, con voz de bajo profundo, monótona y llorosa.

Apenas sonó el canto sagrado, poblando de confusas resonancias el templo, Juncio se echó a reír, poseído de un júbilo irresistible. Los niños, que no apartaban un instante los ojos de los soras, pusieron una cara de asombro. Una aversión repentina° sintieron por ellos, aunque Analquer, en verdad, no se había reído y, antes bien, se mostraba estupefacto ante aquel espectáculo que, en su alma de salvaje, tocaba los límites de lo maravilloso. Mas Juncio seguía riendo. El canto sagrado, las luces en los altares, el recogimiento° profundo de los fieles, la claridad del sol penetrando por los ventanales a dejar chispas, halos y colores en los vidrios y en el metal de las molduras y de las efigies, todo había cobrado ante sus sentidos una gracia adorable°, un encanto tan fresco y hechizador°, que le colmaba de bienestar, elevándolo y haciéndolo ligero, ingrávido° y alado°, sacudiéndole, haciéndole cosquillas° y despertando una vibración incontenible en sus nervios. Los niños, contagiados, por fin, de la alegría candorosa° y radiante de Juncio, acabaron también por reír, sin saber por qué.

Vino el sacristán y, persiguiéndoles con un carrizo, los arrojó° del templo. Un individuo del pueblo, indignado por las risas de los niños y los soras, se acercó enfurecido.

-Imbéciles. ¿De qué se ríen? Blasfemos. Oye – le dijo a uno de los pequeños '¿de qué te ríes, animal?

El niño no supo qué responder. El hombre le cogió por un brazo y se lo oprimió brutalmente, rechinando los dientes de rabia°, hasta hacerle crujir° los huesos. A la puerta de la iglesia se formó un tumulto popular contra Juncio y Analquer.

-Se han reído- exclamaba iracundo el pueblo-°. Se han reído en el templo. Eso es insoportable. Una blasfemia sin nombre…

Y entonces vino un gendarme y se llevó a la cárcel a los dos soras.

César Vallejo, *Paco Yunque y otros cuentos (1931)* (Fundación El Libro Total, Proyecto Cultural de SYC S.A., 2010), pp. 89-95.

sudden

devotion

todo… *everything had begun to make him feel a charming amusement bewitching*

weightless, light / *as if he had wings* / haciéndole… *tickling him innocent*

persiguiéndolos… *chasing them with a cane, threw them out*

rechinando… *clenching his teeth in rage* / *crack*

iracundo… *the irate townspeople*

Preguntas

1. ¿Quiénes son "los dos soras" del título?
2. ¿Dónde sucede la acción del cuento?
3. ¿Cómo se sentían en ese lugar Juncio y Analquer? ¿Por qué?
4. ¿Cómo reaccionaba la gente al verlos? ¿Qué pensaban que podrían ser?
5. ¿Qué características de los dos soras les llamaba la atención a los niños?
6. ¿Había gente en la iglesia cuando entraron los dos soras? ¿Qué tipo de servicio religioso se estaba realizando en ese momento?
7. ¿Cómo reaccionó Juncio cuando sonó el canto sagrado? ¿Y Analquer? ¿y los niños? ¿Por qué?
8. ¿Qué hizo el sacristán con los soras y los niños?
9. ¿Por qué la gente del pueblo estaba tan furiosa contra los soras?
10. ¿Adónde llevó el gendarme a Juncio y Analquer? ¿Por qué?

Temas para pensar, comentar, comparar...

1. Las formas en que se manifiesta la discriminación contra los dos soras en el cuento.

2. Similitudes y diferencias entre la presentación de la pareja de indígenas en *Diarios de motocicleta* y los dos soras en el cuento de Vallejo.

3. Posibles finales alternativos para "Los dos soras". Si usted fuera el autor (o la autora) de este cuento y quisiera agregarle un párrafo más a la historia, ¿qué haría con Juncio y Analquer? ¿Los dejaría en la cárcel o los sacaría de allí? Describa y explique cómo terminaría usted "Los dos soras".

OTRAS PELÍCULAS

Mire una de las siguientes películas y escriba una reacción personal. ¿Cómo se compara con *Diarios de motocicleta?*

Che: Part One
2008
Dirección: Steven Soderbergh
Guión: Peter Buchman, Ernesto "Che" Guevara
Actuación: Demián Bichir, Rodrigo Santoro, Benicio Del Toro

Che: Part Two
2008
Dirección: Steven Soderbergh
Guión: Peter Buchman, Benjamin A. van der Veen, Ernesto "Che" Guevara
Actuación: Julia Ormond, Benicio Del Toro, Oscar Isaac

También la lluvia
2010
Dirección: Icíar Bollaín
Guión: Paul Laverty
Actuación: Gael García Bernal, Luis Tosar, Karra Elejalde

Los viajes del viento
2009
Dirección y guión: Ciro Guerra
Actuación: Marciano Martínez, Yull Núñez, Agustín Nieves

Vistazo panorámico **II**

Política y educación

La historia política de Hispanoamérica en el siglo XX revela, hasta principios de los años ochenta, un panorama saturado de revoluciones, guerras, violencia, golpes de estado (*coups d'état*) y conflictos diversos. Solo en las últimas dos décadas empieza un proceso de democratización paulatina (*gradual*) que llega hasta el presente.

DE LA REVOLUCIÓN MEXICANA A PRINCIPIOS DE LOS AÑOS OCHENTA

La Revolución Mexicana (c. 1910-1920), primera revolución del siglo XX en tierras americanas, marca el inicio de una serie de conflictos políticos que continúan hasta principios de los años ochenta. Durante ese período de más de sesenta años se registran numerosos acontecimientos históricos y políticos de gran impacto y consecuencias, tanto regionales como internacionales; entre ellos, y para mencionar solo los hechos más significativos:

- la Guerra del Chaco entre Bolivia y Paraguay (1932-1935)
- el asesinato de Augusto César Sandino en Nicaragua (1934)
- la década de violencia en Colombia (c. 1939-1949) y el asesinato del líder Jorge E. Gaitán en 1948
- la Revolución Boliviana (1952)
- el derrocamiento (*overthrow*) —con intervención de la CIA— de Jacobo Árbenz, presidente de Guatemala, en 1954
- la guerra civil en Guatemala (1960-1996)
- la muerte de Evita Perón (1952) y la caída de su esposo, el presidente Juan Domingo Perón (1955)
- el golpe de estado e inicio de la dictadura del General Alfredo Stroessner en Paraguay (1954-1989)
- la dictadura de Rafael Trujillo en República Dominicana (1930-1961)
- el derrocamiento del dictador venezolano Marcos Pérez Jiménez (1958)
- la Revolución Cubana liderada por Fidel Castro en 1959, con la instalación del primer gobierno dictatorial comunista en América Latina (Fidel Castro, 1959-2008; y su hermano Raúl Castro, 2008-presente)

- la dictadura de los tres Somoza (padre y dos de sus hijos) en Nicaragua: Anastasio Somoza García (1936-1956), su hijo Luis Somoza Debayle (1956-1967) y otro hijo, Anastasio Somoza Debayle (1967-1979)
- el triunfo en las elecciones presidenciales (de 1970 en Chile) de Salvador Allende, primer presidente marxista democráticamente electo en Latinoamérica
- la muerte del Presidente Salvador Allende en 1973 durante el golpe militar del General Augusto Pinochet
- los golpes militares en Chile, Argentina y Uruguay, y los posteriores gobiernos militares: en Chile, Augusto Pinochet (1973-1990); en Argentina, junta militar (Jorge Rafael Videla, Eduardo Emilio Massera y Orlando R. Agosti, 1976-1983); y en Uruguay, dictadura cívico-militar (varios líderes, civiles y militares, 1973-1985)
- la Revolución Sandinista en Nicaragua (1979-1990)
- la guerra civil en El Salvador (1980-1992)
- la guerra entre Argentina e Inglaterra por el derecho a las Islas Malvinas en 1982

En los capítulos 2 y 3 se verá el impacto y algunas de las consecuencias culturales, sociales y familiares que tuvieron: (a) los gobiernos militares de los años setenta en Argentina, en el capítulo 2; y (b) el derrocamiento del Presidente Jacobo Árbenz en 1954 en Guatemala, en el capítulo 3. El mapa político que sigue, situado en el año 1980, refleja el predominio de gobiernos militares y dictatoriales aproximadamente desde los años cincuenta hasta principios de los años ochenta en la mayoría de los países latinoamericanos.

Líderes de Latinoamérica en 1980

Honduras
Policarpo Paz García
1978 - 1982
Cuba
Fidel Castro
1959 - 2008
Rep. Dominicana
Antonio Guzmán Fernández
1978 - 1982
Nicaragua
Junta Sandinista
1979 - 1985
Costa Rica
Rodrigo Carazo Odio
1978 - 1982
Venezuela
Luis Herrera Campins
1979 - 1984
México
José López Portillo
1976 - 1982
Guatemala
Fernando Romeo Lucas García
1978 - 1982
El Salvador
Revolutionary Government Junta
1979 - 1982
Panamá
Omar Torrijos
1969 - 1981
Ecuador
Jaime Roldós Aguilera
1979 - 1981
Colombia
Julio César Turbay Ayala
1978 - 1982
Perú
Fernando Belaúnde Terry
1980 - 1985
Bolivia
Luis García Meza Tejada
1980 - 1981
Chile
Augusto Pinochet
1973 - 1990
Brasil
João Figueiredo
1979 - 1985
Paraguay
Alfredo Stroessner
1954 - 1989
Uruguay
Dictadura Cívico-Militar
1973 - 1985
Argentina
Junta Militar
1976 - 1983

Líderes ▮ militares, dictatoriales ☐ democráticos

DE LOS AÑOS OCHENTA AL PRESENTE

El contexto histórico-político de los años ochenta es diametralmente opuesto al de la década precedente. A la violencia, arbitrariedad y censura (*censorship*) asociadas con los gobiernos represivos de los años setenta, sigue una década caracterizada por la búsqueda de soluciones democráticas a los problemas políticos, económicos y sociales del mundo hispanoamericano. Poco a poco, casi todas las dictaduras y regímenes militares van siendo sustituidos por gobiernos electos en condiciones de relativa democracia. Si bien es verdad que la década de los ochenta se inicia con la intensificación de la lucha guerrillera en Centroamérica (1980) y con la desastrosa guerra entre Argentina e Inglaterra por la disputa de las Islas Malvinas (1982), también es cierto que en 1983 empieza en Hispanoamérica un proceso de democratización que todavía continúa en el presente. En efecto, en 1983 los militares dejan el poder en Argentina y en las elecciones presidenciales de ese año triunfa Raúl Alfonsín, el candidato de la Unión Cívica Radical. Entre los acontecimientos significativos posteriores están:

- En 1984 hay dos campañas electorales significativas: en Uruguay asume el poder un presidente civil, después de once años de control militar (1973-1984), y en Panamá tienen lugar las primeras elecciones directas en dieciséis años (1968-1984).

- En 1989 un golpe de estado en Paraguay derroca al General Alfredo Stroessner, cuya dictadura había durado más de tres décadas (1955-1989); y ese mismo año, en Chile, gana la presidencia Patricio Aylwin, el candidato civil que derrota al General Augusto Pinochet después de dieciséis años de gobierno militar (1973-1989).

- En 1990 triunfa Violeta Barrios de Chamorro en las elecciones presidenciales de Nicaragua; es la primera mujer del continente americano que gana el poder por voto popular y en elecciones libres. Posteriormente, otras mujeres que ganan elecciones presidenciales en Hispanoamérica son: en 1999, Mireya Moscoso en Panamá; en 2006, Michelle Bachelet en Chile; en 2007 y 2011, Cristina Fernández de Kirchner en Argentina; y en 2010, Laura Chinchilla Miranda en Costa Rica.

Hoy día, ya en el siglo XXI, sigue el proceso de democratización y en la actualidad prácticamente todos los países latinoamericanos (con excepción de Cuba) tienen gobiernos democráticos. El mapa político que sigue, situado en el año 2012, refleja el proceso de democratización que se ha iniciado en Latinoamérica a principios de los años ochenta.

Líderes de Latinoamérica en 2012

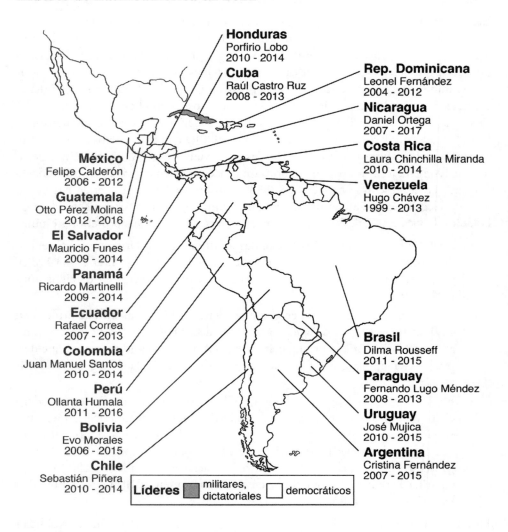

Honduras
Porfirio Lobo
2010 - 2014

Cuba
Raúl Castro Ruz
2008 - 2013

Rep. Dominicana
Leonel Fernández
2004 - 2012

Nicaragua
Daniel Ortega
2007 - 2017

Costa Rica
Laura Chinchilla Miranda
2010 - 2014

Venezuela
Hugo Chávez
1999 - 2013

México
Felipe Calderón
2006 - 2012

Guatemala
Otto Pérez Molina
2012 - 2016

El Salvador
Mauricio Funes
2009 - 2014

Panamá
Ricardo Martinelli
2009 - 2014

Ecuador
Rafael Correa
2007 - 2013

Colombia
Juan Manuel Santos
2010 - 2014

Perú
Ollanta Humala
2011 - 2016

Bolivia
Evo Morales
2006 - 2015

Chile
Sebastián Piñera
2010 - 2014

Brasil
Dilma Rousseff
2011 - 2015

Paraguay
Fernando Lugo Méndez
2008 - 2013

Uruguay
José Mujica
2010 - 2015

Argentina
Cristina Fernández
2007 - 2015

Líderes ▮ militares, dictatoriales □ democráticos

EDUCACIÓN Y ALFABETISMO EN HISPANOAMÉRICA

La violencia, el ambiente de miedo, la inseguridad general, las censuras y autocensuras que se experimentan bajo gobiernos militares y dictatoriales influyen necesariamente en la educación escolar de la población, tanto a nivel primario como secundario y universitario. El impacto positivo o negativo de dichos gobiernos en la educación nacional depende del país y también, lógicamente, de los programas que se implementen. En un país de larga tradición democrática como Uruguay, por ejemplo, la dictadura cívico-militar (1973-1985) afectó más los niveles superiores de educación, es decir, la educación universitaria, ya que muchos profesionales (profesores, estudiantes, escritores, artistas) dejaron el país y se fueron al exilio para evitar persecuciones, censuras y para vivir en libertad. Similar fue la situación de un gran número de chilenos (durante la dictadura de Pinochet: 1973-1990) y de argentinos (durante los gobiernos militares: 1976-1983) que salieron de sus respectivos países por las mismas razones. Un ejemplo del impacto positivo de políticas gubernamentales de un gobierno dictatorial en la educación es el caso de Cuba. Según datos del censo de 1953 en Cuba, el 24 por ciento de la población (mayores de 10 años) era analfabeta (citado en United Nations Statistical Yearbook 1957, pp. 600-602). Hoy día, según datos de la *UNESCO Institute for Statistics* y del *CIA World Factbook*, Cuba tiene el porcentaje más bajo de analfabetismo (0,2 por ciento), el más alto de alfabetismo (99,8 por ciento) y cuenta con el promedio de educación escolar también más alto (16,2 años) de toda Hispanoamérica. El cuadro que sigue refleja el porcentaje de alfabetismo actual (mayores de 15 años) y el promedio de educación escolar (en número de años) de todos los países hispanoamericanos, excepto Ecuador (por falta de datos en la fuente consultada).

Alfabetismo y promedio de educación escolar[1]

País	Alfabetismo (15+) (en porcentaje)	Promedio de educación escolar (en número de años)
Argentina	97,7	15,7
Bolivia	90,7	13,8
Chile	98,6	14,7
Colombia	93,2	13,6
Costa Rica	96,1	11,9
Cuba	99,8	16,2
Ecuador	84,2	sin datos
El Salvador	84,1	11,8
Guatemala	74,5	10,7
Honduras	83,6	11,4
México	93,4	13,6
Nicaragua	78	10,8
Panamá	93,6	13,2
Paraguay	94,6	12,1
Perú	89,6	13
Puerto Rico	90,5	14,8
República Dominicana	88,2	12,3
Uruguay	98,3	15,3
Venezuela	95,2	14,4

Análisis

1. ¿Cuál fue la primera revolución del siglo XX en Hispanoamérica? ¿Hubo otra(s) revolución(es) después? ¿Cuál(es)?

2. ¿Cuándo tuvo lugar la Guerra del Chaco? ¿Entre qué países?

3. ¿Qué años se asocian con la década de la violencia en Colombia? ¿Cuándo asesinaron al líder Jorge Gaitán?

4. ¿Con qué país se asocia la dictadura del General Alfredo Stroessner? ¿de Rafael Trujillo?

---

1 *UNESCO Institute for Statistics* http://stats.uis.unesco.org/unesco/tableviewer/document.aspx?ReportId=143

5. ¿Quién fue el líder de la Revolución Cubana? ¿Cuándo triunfó esa revolución y hasta qué año se mantuvo en el poder su líder original?

6. ¿De qué país son los tres Somoza? ¿Quiénes son ellos y cuánto tiempo duró la dictadura de los tres en su país?

7. ¿Quién fue Salvador Allende? ¿En qué año tuvo lugar el golpe militar del General Augusto Pinochet?

8. ¿Qué años se asocian con la Revolución Sandinista? ¿con la guerra civil en El Salvador? ¿con la guerra civil en Guatemala?

9. Según el mapa de líderes de Latinoamérica en 1980, ¿qué países tienen líderes militares o dictatoriales ese año? ¿Qué países tienen líderes democráticos?

10. ¿Qué pasa en 1983 en Argentina? ¿en Uruguay y en Panamá en 1984? ¿y en Paraguay en 1989?

11. Según el mapa de líderes de Latinoamérica en 2012: ¿cuál es el único país sin líder democrático ese año? ¿Qué cambio significativo se ve al comparar los dos mapas políticos: el de 1980 y el de 2012? Comente.

12. ¿Qué nivel de educación (primaria, secundaria o universitaria) afectó más la dictadura cívico-militar (1973-1985) de Uruguay? ¿Por qué?

13. ¿Por qué es Cuba un ejemplo positivo de políticas educativas gubernamentales de una dictadura? Explique.

14. Según el cuadro de alfabetismo y promedio de educación escolar: ¿cuáles son los dos países, después de Cuba, que tienen el porcentaje de alfabetismo más alto de Hispanoamérica? ¿y el promedio de educación escolar más alto? ¿Y cuáles son los dos países que tienen el porcentaje de alfabetismo más bajo? ¿y el promedio de educación escolar más bajo? ¿Sabe usted cuál es el porcentaje de alfabetismo en su país? ¿y el promedio de educación escolar?

Capítulo 2

Dictadura y democracia

Cautiva

PRESENTACIÓN

Muchos países de Hispanoamérica, a pesar de tener constituciones y funcionarios *(government officials)* elegidos, han sufrido golpes de estado. ¿Qué pasa cuando un país pierde sus instituciones democráticas? ¿Qué se puede hacer para defender estas instituciones? ¿Qué factores pueden causar la polarización entre los ciudadanos de una nación?

La película *Cautiva* tiene lugar en Argentina durante un período de democracia, años después de la dictadura de una junta militar. Cristina Quadri es una chica de la clase media que va a un colegio privado y tiene una familia que la quiere mucho. Parece que lo tiene todo: un "lugar en el mundo". Sin embargo, un día se entera de *(learns, finds out)* un terrible secreto que la hace dudar de su familia, de las instituciones políticas de su país y hasta de su propia identidad.

DICTADURA Y DEMOCRACIA

Vocabulario

asesinar	*to assassinate*
la cárcel	*jail*
condenar	*to condemn*

los derechos humanos	*human rights*
la dictadura	*dictatorship*
elegir (i)	*to elect*
el gobierno	*government*
el golpe de estado, golpe militar	*coup d'état, military coup*
la guerra	*war*
el indulto	*amnesty, pardon*
el juicio	*judgment*
la junta militar	*military junta or ruling group*
el/la militar	*soldier*
la prisión perpetua	*life in prison*
renunciar	*to resign*
salir en libertad	*to go free*
secuestrar	*to kidnap*
sentenciar	*to sentence*
la sustracción y apropiación	*theft and appropriation*
el tribunal	*court*

Breve cronología de Argentina desde Juan Perón

Juan Perón sosteniendo a su carismática esposa Evita en un acto público en 1950; Evita murió de cáncer en 1952 a la edad de 33 años.

1946-55 Gobierno del general Juan Perón, seguido por una serie de golpes militares y violencia política.

1973 Perón vuelve al poder, pero muere en 1974. Su segunda esposa, María Estela (Isabel) Martínez de Perón, lo sucede.

1976 Golpe de estado y gobierno de una junta militar; presidentes de facto: Jorge Videla (1976-1980), Roberto Viola (1980-81), Leopoldo Galtieri (1981-82), Reynaldo Bignone (1982-83).

1982 Crisis económica. Bajo Leopoldo Galtiere, Argentina invade las islas Malvinas *(Falkland);* guerra con Gran Bretaña. Gran Bretaña declara la victoria; Galtiere renuncia.

1983 Fin de la "guerra sucia" (1976-83), una campaña de terror en que miles de personas fueron secuestradas, torturadas y asesinadas por las juntas militares. Raúl Alfonsín es elegido presidente en elecciones democráticas.

1985 Jorge Videla es condenado por violaciones a los derechos humanos en un juicio a las juntas militares, junto con otros que participaron en el golpe de estado de 1976 y la represión que lo siguió.

1990 Videla y otros militares de la anterior dictadura salen en libertad por un indulto del presidente Carlos Menem.

2005 La Corte Suprema de Argentina declara inconstitucional el indulto de Videla y de otros militares.

2010 Un tribunal federal sentencia a Videla a prisión perpetua en una cárcel común mientras el grito de "asesino" se oye dentro y fuera de la sala del tribunal.

2011 Un tribunal federal considera el caso de Videla y de otras ocho personas también acusadas de la sustracción y apropiación de menores.

Análisis

1. ¿Cómo se caracterizan los gobiernos de Argentina entre 1955 y 1983?

2. ¿Qué fue la "guerra sucia" y cuándo ocurrió?

3. ¿Contra qué país luchó Argentina en la guerra de las Malvinas? ¿Salió victoriosa Argentina?

4. ¿Qué pasó en Argentina en 1983?

5. ¿Qué pasó en un juicio muy importante en los tribunales argentinos en 1985?

6. ¿Qué hizo el presidente Carlos Menem en 1990?

7. ¿Qué decisión tomó la Corte Suprema de Argentina en 2005?

 Busque "Jorge Videla". ¿Dónde y cuándo murió?

Cautiva

Director y guionista: Gastón Biraben nació en la ciudad de Mar del Plata, Argentina. Estudió en la Escuela de Arte Cinematográfico (EDAC) y dirigió varios cortometrajes antes de ir a Hollywood, donde ha trabajado como supervisor y editor de sonido en unas ochenta películas. *Cautiva* es su primer largometraje.

Personajes principales: Cristina Quadri: estudiante de colegio

Pablo y Adela Quadri: padres adoptivos de Cristina

Elisa Domenich: abuela biológica de Cristina

Doctor Miguel Barrenechea: juez federal

Angélica Arguedas: amiga de Cristina cuyo padre es un "desaparecido"

Ana Domenich: hija menor de Elisa

la licenciada Bernstein: psicóloga

Martha: una enfermera

Actores principales:	Bárbara Lombardo hace el papel de Cristina; era estudiante de teatro cuando el director la escogió para este rol. Susana Campos interpreta a Elisa; ya estaba enferma de un tumor cerebral cuando hizo la película y falleció en 2004 (por eso, al final de la película, se lee: "A la memoria de nuestra querida Susana Campos"). Hugo Arana interpreta al doctor Barrenechea, Mercedes Funes a Angélica, Osvaldo Santoro a Pablo Quadri, Silvia Baylé a Adela de Quadri, Roxana Berco a Ana, Lidia Catalano a Martha y Noemí Frenkel a la licenciada Bernstein.

Vocabulario

El gobierno y la dictadura

el campo de concentración	*concentration camp*
el centro clandestino	*secret underground center*
cumplir órdenes	*to carry out orders*
"desaparecido(a)"	*disappeared (person)*
la desaparición	*disappearance*
el/la dictador(a)	*dictator*
las fuerzas armadas, fuerzas de seguridad	*armed forces, security forces*
el golpe; golpe de estado	*blow; coup d'etat*
la guerra	*war*
huir	*to flee*
el partido	*birth certificate; game*
picanear	*(Argentina) to administer electric shock treatment*
el poder irrestricto	*unrestricted power*
secuestrar	*to kidnap*
subversivo(a)	*subversive*
la sustracción y apropiación de un menor	*theft and appropriation of a minor*
el/la tirano(a)	*tyrant*
torturar	*to torture*
vendido(a)	*sold out*
vetar	*to veto*

La justicia

el/la abogado(a)	*lawyer, attorney*
la cárcel	*jail*
el/la cautivo(a)	*captive*
la comisaría	*(police) station*
culpable	*guilty*
el/la detenido(a)	*person under arrest or in custody, detainee*
la evidencia	*evidence*
el indulto	*amnesty, pardon*
el/la juez (*also,* la jueza)	*judge*
el juzgado	*court*
la órden de detención	*order for arrest or detainment*
proteger	*to protect*
reclamar	*to claim*

tener el derecho de (hacer algo)	*to have the right to (do something)*
el/la testigo(a)	*witness*
el tribunal de justicia	*court of justice*

Otras palabras y expresiones

abandonar	*to abandon*
adoptar	*to adopt*
armar un lío	*to create a mess or problem*
averiguar	*to find out, ascertain*
la bomba	*bomb*
concordar (ue) con	*to agree with, correspond to, match*
confundir	*to confuse*
la Copa Mundial	*World Cup*
criar (e.g., a un niño)	*to bring up, raise (e.g., a child)*
el documento de identidad	*I.D.*
el/la enfermero(a)	*nurse*
enterarse	*to find out, learn, become aware*
estar metido(s)	*to be mixed up*
expulsar (e.g., de un colegio)	*to expell (e.g., from a school)*
la luz	*light*
mis viejos	*(colloquial) my parents*
el nacimiento	*birth*
la nena	*(colloquial) girl*
la prueba/el análisis de sangre	*blood test*
la quinceañera	*"coming out" party on a girl's fifteenth birthday*

NB: This vocabulary list will help you understand and also discuss the film. All but a few of the words occur at least twice in the film. Words that occur at least twice in the film but that were also in the **Dictadura y democracia** vocabulary are included again here.

Exploración

Antes de ver *Cautiva*, se recomienda leer las siguientes preguntas como guía del argumento y para una mejor comprensión del contenido de la película. Su profesor(a) puede asignarle como tarea que prepare las respuestas a todas las preguntas o solo a algunas de ellas.

1. ¿Qué pasa en las primeras secuencias de la película, filmadas en 1978? ¿Qué personas famosas se ven?

2. ¿Qué celebra la familia Quadri en la escena después de las primeras secuencias? Describa la celebración.

3. En el colegio de Cristina, una maestra les dice a los estudiantes que el presidente puede dictar una ley en condiciones especiales sin que participe el Congreso. ¿Qué ejemplo de este poder especial da Angélica, una de los estudiantes? ¿Qué dice ella sobre el presidente? ¿y sobre los políticos del país?

4. ¿Qué le pasa a Angélica después de la clase?

5. Susana, la hija de los padrinos de Cristina, le dice a Cristina que no sabe nada sobre la historia reciente de Argentina. ¿Qué le dice Susana a Cristina sobre los padres de Angélica y los "subversivos" en general? ¿Cree Susana que los padres de Angélica murieron en las Malvinas? ¿que fueron "desaparecidos"? ¿Por qué se refiere a la guerra sucia como "la guerra de los comunistas"?

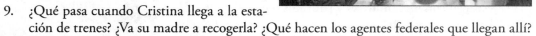

6. Al día siguiente, ¿por qué llaman a Cristina a la oficina de la madre superiora? ¿Qué le dicen allí? ¿Qué no le permiten a Cristina?

7. El doctor Barrenechea le pide el documento de identidad a Cristina. Después de examinarlo, ¿qué le dice? ¿Le cree Cristina?

8. ¿A quién conoce Cristina por primera vez en la oficina del juez (además del juez)? ¿Cuál es la reacción de Cristina ante esta persona y qué hace poco después?

9. ¿Qué pasa cuando Cristina llega a la estación de trenes? ¿Va su madre a recogerla? ¿Qué hacen los agentes federales que llegan allí?

10. ¿Por qué no quería el juez que los Quadri se enteraran de la investigación? ¿Qué le había pasado antes?

11. ¿Por qué dice Elisa que no le hace falta un análisis de sangre para saber que Cristina es su nieta?

12. Cuando Cristina va a casa de los Quadri, ¿qué le cuentan ellos?

13. Ana le muestra a Cristina una foto de Agustín y Leticia, de marzo de 1978, cuando Leticia estaba embarazada. ¿Cómo reacciona Cristina al verla? ¿Qué le dice Ana para explicar la diferencia entre las fechas?

14. ¿Qué le cuenta Angélica a Cristina sobre su propia situación, la de su padre y la de su madre, que todavía vive? Cuando Cristina pregunta, "¿Qué hacían tus padres?", ¿qué le responde Angélica?

15. ¿Qué le cuenta a Cristina la enfermera que trabajaba en el Hospital de Olmos, la penitenciaría *(penetenciary)*?

16. ¿Quién es "el Tuco"? ¿Qué dice la enfermera de él?

17. Cuando Cristina se enfrenta a sus padres adoptivos y les dice lo que sabe, ¿cómo reaccionan ellos? ¿Qué le dice Pablo de la "guerra"? ¿de sus padres biológicos? Y Adela, ¿qué le dice?

18. ¿Cómo termina la película?

Notas culturales

1. La película empieza con un partido de fútbol en el que Argentina gana la Copa Mundial. Más tarde, el hijo de Ana le pregunta a Cristina qué equipo apoya (Boca o Los Ríos) y su padre le dice que "es un equipo, no es una guerra". Se ve en estas escenas la gran importancia del fútbol en Argentina. La película *Argentina Fútbol Club* (2010) trata el tema de la pasión argentina por este deporte. Hay muchos futbolistas argentinos famosos, y un gran número de argentinos juegan en los equipos de otros países.

2. Al principio de la película Cristina celebra su fiesta de quince años. En Hispanoamérica, la celebración de los quince años es muy importante. Muchas veces, primero hay una misa de acción de gracias y una **bendición** *(blessing)* especial con los familiares y padrinos presentes. Después, hay una recepción, que puede ser una pequeña fiesta familiar o una celebración tan grande que casi parece una boda. La joven que cumple años tiene un vestido elegante y muchas veces lleva zapatos con **tacones** *(heels)* altos por primera vez. Puede haber una "corte de honor" de sus amigos, chicas y chicos vestidos formalmente. El baile empieza con la quinceañera bailando con su padre, como se ve en la película. En general, se sirve comida y hay un pastel especial.

3. Cristina ve una manifestación de las Madres de la Plaza de Mayo. Estas mujeres se dedican a buscar a sus hijos "desaparecidos". Usan **pañuelos** *(kerchiefs)* blancos con los nombres de sus familiares, como se ve en la película.

4. En varias partes de la película, se ven escenas de Buenos Aires, la capital de Argentina y sede del gobierno federal. Esta ciudad se llama "la París de Sudamérica" y es famosa por sus museos y teatros, su arquitectura y la gran variedad de actividades culturales que ofrece.

5. Orletti (el nombre de un garaje en el centro de Buenos Aires) y "la Cacha" eran dos centros clandestinos durante la guerra sucia. La mayor parte de las víctimas eran jóvenes de 21 a 35 años. Además, desaparecieron unos cuatrocientos niños que nacieron mientras sus madres estaban detenidas.

6. Argentina es famosa por los asados de carne a la parrilla, larga tradición entre los **gauchos**, o vaqueros de las **pampas** *(grasslands),* donde el ganado introducido por los conquistadores se reprodujo rápidamente. En la película, el esposo de Ana está haciendo un asado para darle la bienvenida a Cristina, y Elisa se refiere a un asado que le hicieron a Agustín cuando recién empezaba a salir con Leticia. La industria del ganado es muy importante en Argentina, y se exporta mucha carne de vaca de muy alta calidad.

Busque "gaucho argentino" para saber más sobre el vaquero argentino, su estilo de vida y las pampas del país.

7. En la pared del cuarto de Leticia, en la casa de Elisa, se ven la palabra "Neruda" y su "Oda al presente". El gran poeta chileno Pablo Neruda participó en el gobierno socialista de Salvador Allende. Ganó el Premio Nobel de Literatura en 1971.

8. La película contiene muchas palabras coloquiales de Argentina; por ejemplo, **el/la boludo(a)** *dope,* **la mina (minita)** *girl or chick,* **el bochinche** *fuss or uproar,* **el/la cana** *cop,* **los milicos** *soldiers,* **el pibe (la piba)** *kid.*

9. El "voseo": En varios países de Hispanoamérica (e.g., Guatemala, Honduras, Nicaragua, El Salvador, Paraguay, Argentina, Uruguay) se usa el "voseo" en vez del "tuteo" para la conversación informal. Eso significa que se usa el pronombre sujeto **vos** en vez del **tú**. En estos casos, el verbo se conjuga de forma similar a la de **vosotros**, aunque varía la acentuación y puede tener otros cambios particulares según el país. En *Cautiva*, se oye, por ejemplo, "Vos todavía sos chica", "Vos podés cambiarlos si querés", "Yo te quiero a vos, a vos, y a vos".

Temas de discusión, comentario o análisis

Discuta, comente o analice los siguientes temas con sus compañeros; su profesor(a) puede asignarle como tarea que escriba un párrafo sobre alguno(s) de ellos.

1. Note que el juez se refiere a los padres biológicos de Cristina como "padres verdaderos", mientras Pablo los llama "padres originales" o "los que te engendraron" y le pregunta a Cristina "¿No fuimos tus padres toda la vida?" Cristina los llama "mis padres padres" para clarificarse. Al referirse a sus padres adoptivos, el juez y Ana dicen "los Quadri" (y el juez le dice a Cristina que no son sus "padres reales"). El abogado de los Quadri se refiere a sus clientes como "los padres legítimos" de Cristina, pero el juez le contradice. Cristina sigue llamando a Pablo y Adela "mis padres" hasta que ve a Angélica después del partido

de vólibol. Entonces le dice, "Mis padres también están desaparecidos". Describa esta escena. ¿Cree que en ese momento Cristina acepta la realidad de su situación? ¿Por qué

etapas pasó Cristina antes de llegar a este punto? ¿Alguna vez usted ha pasado por varias etapas antes de llegar a cierta conclusión o estado de resignación? Explique.

2. ¿Cree usted que Pablo y Adela Quadri quieren a Cristina? ¿Han sido buenos padres? ¿Cree que, de alguna manera, son culpables de "habérsela robado" a su familia biológica? ¿Por qué sí o por qué no? Si Pablo no trabajara en la comisaría, si fuera una persona sin ninguna conexión con los dictadores, ¿su respuesta sería la misma?

3. ¿Tiene usted algún amigo o alguna amiga adoptado(a)? Si es así, describa la situación. ¿Cómo es su familia adoptiva?

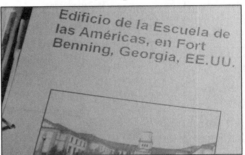

4. Cristina le dice a Adela, "No quisiste saber". ¿Tenemos la responsabilidad moral de "querer saber"? Dé algunos ejemplos. ¿Por qué cree que el director incluye una escena con Henry Kissinger en la película? ¿Por qué habrá incluido un par de artículos sobre la "Escuela de las Américas" (en Fort Benning, Georgia)?

5. ¿Qué significa el título de la película? Dé varias interpretaciones.

6. ¿Qué hará Cristina en el futuro, según su opinión?

Evaluación

1. ¿Son realistas los personajes? ¿Son claros sus motivos?

2. ¿Habría querido usted ver a otros parientes de los Quadri, por ejemplo, a primos o abuelos de Cristina? ¿Por qué no aparecen en esta película?

3. En general, ¿le gustó la película? ¿Por qué sí o por qué no?

4. ¿Conoce películas en inglés que traten el tema de la adopción? ¿Cuáles?

Perspectivas

"Quise unir lo individual con lo colectivo"

Entrevista con Gastón Biraben, director de cine

¿Cómo surgió la idea de Cautiva*?*

Estaba haciendo mi máster en dirección cinematográfica en el American Film Institute de Los Ángeles buscando una temática para mi tesis cuando la periodista Cecilia Vaisman, que había visto una película mía previa, se acercó° para desarrollar° una historia diferente pero que también trataba del tema de la identidad. Cecilia estaba trabajando sobre casos de hijos de desaparecidos en Argentina que estaban surgiendo a la luz.° Hizo una muy interesante serie que apareció en la National Public Radio de los Estados Unidos.

se... she approached (me) explain, develop

surgiendo... coming to light

Me envió las transcripciones radiales,° que me impresionaron. Viajé inmediatamente a la Argentina y me entrevisté con bastantes personas directamente vinculadas° a lo que estaba ocurriendo: o bien eran los mismos jóvenes, o abuelos, familiares, o profesionales que estaban activamente trabajando en el tema. Lo estudié bastante; me empapé de° mucha información antes de escribir el guión.

radio

connected

me... I steeped myself in

Pero lo que me interesaba no era un documental sino una película de ficción basada en hechos reales. Intenté retratar el espíritu de lo que sentí que había pasado con este personaje fícticio. Por lo que *Cautiva* se convirtió en° película habiendo partido inicialmente de transcripciones radiales.

se... turned into a

¿Cómo definiría a la película?

Es la historia de una adolescente que repentinamente° se entera de que tiene una realidad muy diferente a la que ella conocía y en el proceso aprende a redescubrirse.

suddenly

Me interesaba analizar esta situación como nudo° de la historia: ¿qué pasa cuando te dicen que sos una persona diferente de la que pensabas que eras?

crux, heart

 Que tenés otro nombre, del cual nunca te habían dicho, que tenés una familia que jamás te habías enterado que existía, y de cuya trágica historia tu destino estaba íntimamente entrelazado.° Y que tu concepto de la realidad circundante,° de la vida, ha sido marcado por aspectos ficticios.

intertwined

surrounding

¿Cuál es su interés en el tema de los derechos humanos y la última dictadura militar argentina?

Me interesan temas que afectan al ser humano en su relación con la sociedad y no solo los referentes a la dictadura militar. Ahora estoy elaborando otras historias de conflictos sociales de los inmigrantes en los Estados Unidos y otra con el tema de la pena de muerte,° lo que hace la muerte de un ciudadano, en algunos casos absolutamente inocentes, una verdadera atrocidad, peor aún al ser planificada° por el mismísimo Estado y apoyado por leyes con la Corte Suprema de por medio.° Y esto es moneda corriente° en Estados Unidos. Un verdadero espanto.°

Y millones de ciudadanos ni se alteran° al respecto. No considero que *Cautiva* se pueda circunscribir° exclusivamente bajo la bandera de "derechos humanos y la última dictadura militar" aunque las circunstancias de la historia nos lo hagan identificarlo con la tragedia y la profunda marca que ha dejado en Sudamérica. Es un drama psicológico enmarcado en una tragedia política.

¿Qué le interesa especialmente del tema de la identidad?

¿Cuáles son nuestros preceptos de lo que creemos que somos y que nunca cuestionamos y qué es lo que sucede cuando toda esa estructura que nos armamos° y que nos define se desvanece?° ¿Cuáles son las bases de la formación de nuestra identidad? Unas de las primeras cosas que aprendemos a creer de muy chicos es nuestro nombre y nuestros primeros vínculos° con nuestros padres y hermanos. Por lo general no lo desafiamos.° Son nombres que nuestros padres nos han asignado y pasan a ser rápidamente equivalentes a lo que entendemos que es nuestro mundo primario, inmediato.

Muchos de estas acepciones las mantenemos toda la vida. Estamos convencidos de ciertas verdades porque no tenemos evidencias de lo contrario y porque en esas ideas que tienen una base emocional más que racional, nos construimos. Vivimos en una perenne° ilusión, convencidos de lo que creemos que somos como así también de lo que define nuestra apreciación del mundo que nos rodea.°

¿Cuánto de todo esto es real o ficticio? Esto, me parece que va incluso mucho más allá de una sociedad y cultura en particular sino también es entrar en un conflicto humano universal. También hay un aspecto social. Creo que Argentina, a diferencia de otros países mucho más autodefinidos,° tiene una difícil aceptación de su identidad como país, como sociedad. ¿Qué somos? ¿Adónde pertenecemos? ¿En qué dirección vamos? ¿Cuán dependiente o independiente somos? Son muchas las razones por la que tenemos esta indagación° y eso forma parte de nuestro ser nacional. En el trasfondo° de *Cautiva*, también quise unir lo individual con lo colectivo. Lo que le sucede a una adolescente y, paralelamente, lo que le ha ocurrido a la sociedad.

¿Por qué decidió volver sobre una temática social, que ya fue tratada por otras películas?

Yo solo sé de varios documentales, y muy pocas películas de ficción que tratan sobre el tema y no conozco absolutamente ninguna desde el punto de vista tratado por *Cautiva*. La tragedia argentina en conexión directa con la estructura básica de nuestra identidad y con la construcción social.

Creo que este concepto de que esto es algo tratado por muchas películas es un mito° que lamentablemente está bastante arraigado° en la sociedad y que está basado en el miedo social de que se piense sobre el tema que causa mucho dolor *(sic)*. Pero la única forma de que la sociedad pueda avanzar es enfrentándolo. Es una realidad que no se puede obviar° especialmente si no quieres que se repita.

Esta pregunta misma es un ejemplo de cómo nos sigue afectando. Se han hecho infinidad de° películas enmarcadas, por ejemplo, en la Segunda Guerra Mundial. Recientemente vi una excelente de Schlöndorff, *El noveno día*, con una muy interesante temática que no recuerdo haber visto anteriormente, y que yo sepa, esto de volver a otra película en la época aun después de sesenta años no es cuestionado. La historia en sí° de la película lo trasciende absolutamente.

¿Cómo fue el trabajo con los actores, especialmente con la protagonista?

Para hablar del trabajo con los actores tenemos que tener presentes la situación que se vivía en aquel momento. Las condiciones de trabajo fueron lejos de lo ideal para todos nosotros. *Cautiva* se filmó antes, durante y luego del llamado "corralito", la gran crisis económica del 2001 y 2002.

Empezamos a filmarla unas semanas antes de que se cayera el gobierno de Fernando De la Rúa. La empresa° con quien habíamos armado una co-producción se alejó° del proyecto en medio de la filmación y nos quedamos solo con el premio del Instituto Nacional de Ciencias Audiovisuales por mejor guión hasta que tuvimos que conseguir fondos extras independientemente para poder seguir filmando. Hubieron varias interrupciones durante el rodaje, debido especialmente a la carencia° de la continuidad de fondos para mantener la producción.

En este contexto, los actores nos apoyaron sin reservas, creo que fundamentalmente porque había un gran amor por lo que estábamos contando. Esto no era un trabajo "normal", por lo que algunos actores seguían haciendo sus otros proyectos. Pero para ellos esto estaba en otro plano.° El ideal vs. la realidad. Eso fue el sello° de la película del principio al fin.

Es claro que las presiones,° las interrupciones de la filmación y las grandes limitaciones horarias dificultaron el trabajo. En muchas situaciones no había tiempo para más que unas pocas tomas.° Y encima había mucha desesperación porque no se sabía qué iba a pasar ni con la película ni con el país. Nosotros filmábamos mientras afuera la gente se mataba y destrozaba los bancos por el robo que se había producido.° Tambien la plata° del premio quedó congelada° y no la podíamos sacar. Y encima, luego el banco se fundió° también con los fondos de la película.

El guión requería una importante y extensa participación actoral. Pero fue esencial la activa participación de la directora de casting, Norma Angeleri, en el proceso. En Argentina tenemos la suerte de contar con excelente nivel de actores. Me encanta trabajar con ellos, y también ver cómo se transformaba lo que había imaginado cuando escribí las escenas y los diálogos, en la concreción° en imágenes y sonidos definidos. Era como combinar distintos colores ante una pintura. Intentar esto o aquello y determinar qué era lo que funcionaba o no funcionaba y el porqué. En eso la interacción con los actores fue fundamental.

Margin glosses:
- *avoid*
- *infinidad... countless*
- *itself*
- *company*
- *se... walked away*
- *lack*
- *en... on another plane, level*
- *hallmark*
- *pressure*
- *takes*
- *destrozaba... were destroying the banks because of the theft that had occurred / (colloquial, L. Am.) money / frozen*
- *se... went bust*
- *realization*

Ensayamos,° pero también nos dejamos iluminar° por la improvisación. Hubo mucho intercambio allí y participación de todos. Cuando algo no era convincente,° lo trabajábamos, tratando de indagar° de donde venía el problema.

Habíamos perdido a la actríz que había pensado para el rol principal y Norma me presentó un video de una estudiante de teatro, sin experiencia en cine. Luego de ver el material, la convoqué° a un casting con quien había elegido para hacer de amiga de ella (Mercedes Funes) y me gustó mucho la energía que ocurría entre las dos. Había algo muy primario° y natural. Y también teníamos la urgencia del rodaje que empezaba inmediatamente, antes que la crisis ocurriera.

Aun sabiendo que toda la película iba a depender en gran parte de una actriz sin experiencia, percibí que el personaje Cristina/Sofía iba en esa dirección. Me tiré a la pileta° y contratamos a Bárbara Lombardo. Me gustó su mirada, su conexión con el mundo que la rodeaba, la interioridad de su expresión y su forma natural de expresar el dolor que me había imaginado de la chica. Con ella también ensayamos las escenas al principio en conjunto con° otros actores y después nos dejamos llevar° por la intuición. No lo queríamos sobreelaborar° para no romper la respuesta natural de lo que la escena pedía.

También tuve en cuenta° que los mejores momentos en el caso de ella se producían en las primeras tomas, y en el caso de los otros actores con mucha experiencia lo opuesto, en las tomas posteriores, por lo que tuve que tomar una actitud opuesta de como dirigir a cada uno, en algunos casos en base al trabajo elaborado,° en otros casos en base a la improvisación. A veces tenía que cambiar la información que le decía a cada uno para obtener respuestas diferentes en base a lo que buscaba de cada personaje.

¿Por qué se demoró el estreno de la película?°

Especialmente dos razones. Uno es que por la difícil temática y al ser una película independiente quise que tenga inicialmente una importante participación en festivales antes de su estreno comercial. Ese plan nos dio bastante buen resultado ya que *Cautiva* superó° las expectativas que nos habíamos creado y sacó premios importantes con una importante presencia en festivales internacionales.

Por otro lado, la dificultad de la salida comercial tiene que ver con el funcionamiento del mercado cinematográfico. Muchas películas nunca llegan al público, en gran parte por decisiones de muchas distribuidoras que creen saber lo que "el público realmente quiere".

Es decir, básicamente, cuales son los productos que más plata les proveerán. En este panorama, muchas películas producidas independientemente tienen que entrar en el terreno de la distribución como tales.° Los mercaderes° de la industria cinematográfica generalmente tienen bastante control de la salida a los cines con mayor o menor grado de acuerdo al poder económico que cada una posee y que porción de la torta se llevarán.° En este contexto, el cine es meramente un producto más.

que... what portion of the cake (profits) they'll get

Es interesante mencionar que *Cautiva* en Estados Unidos fue adquirida° también por una distribuidora independiente (Laemmle/Zeller) no solo porque a los distribuidores les encantó la película y les parecía de muy importante temática, sino también porque le veían reales potenciales en el mercado. Es decir, el amor y pasión por el cine de calidad fueron los ingredientes esenciales en la elección, a diferencia de algunos de los grandes especuladores que se dejan llevar solo por el signo peso° y una absoluta falta de imaginación.

acquired

se... let themselves be led by the peso sign (like the dollar sign)

Entrevista con Gastón Biraben, director", *Cómo hacer cine,* 16 septiembre de 2005, http://www.comohacercine.com/articulo.php?id_art=1398&id_cat=2

Preguntas

1. ¿Quién le sugirió a Gastón Biraben la idea de hacer una película sobre casos de hijos de "desaparecidos" en Argentina? ¿Dónde estaba él en aquel entonces?

2. ¿Qué piensa el director de la pena de muerte, tema de otra película suya? ¿Está usted de acuerdo con él? ¿Por qué sí o por qué no?

3. ¿Cuál es la "perenne ilusión" en que vivimos, según Biraben?

4. ¿Cree Biraban que los argentinos tienen una clara idea de su identidad?

5. ¿Qué fue el "corralito" y cómo afectó la filmación de *Cautiva*?

6. ¿Por qué había manifestaciones o protestas en las calles? ¿Por qué no pudo Biraben sacar dinero del banco para pagar sus gastos?

7. ¿Por qué contrató a Bárbara Lombardo, aunque no tenía experiencia?

8. ¿Cuál fue la diferencia entre Bárbara Lombardo y los actores con más experiencia en cuanto al número de tomas que hicieron? ¿Cómo intentó Biraben resolver este problema?

9. Según el director, muchas películas no llegan al público (aunque sean buenas). ¿Por qué? ¿Se ven películas "independientes" en el área donde usted vive? ¿películas de otros países? ¿Le gustaría tener más opciones en los cines locales?

Hacia una democracia más inclusiva

Entrevista con Alicia Bárcena, bióloga mexicana y secretaria ejecutiva de la Comisión Económica para América Latina y el Caribe (CEPAL)

¿Considera que los cambios políticos y sociales de los últimos años en la región han ayudado a consolidar la democracia? ¿En qué forma han ayudado?

Sí, definitivamente, ha habido cambios muy importantes. En primer lugar, la salida° de las dictaduras ha sido un factor sobresaliente.° También tenemos pruebas de movilidad social en la región, que nos muestran avances: es la primera vez que llega un trabajador, un representante de los sindicatos° obreros de la metalurgia a la presidencia en Brasil; la primera vez que tenemos un presidente indígena en Bolivia y creo que es la primera vez que tenemos mujeres fuertes encabezando su país.[1] Todos estos son cambios positivos y son fruto de una mayor democracia.

Todo esto nos va dando una nueva visión de que, en primer lugar, cada país está buscando su propio modelo. Yo no creo que haya modelos únicos, pero la democracia se va consolidando en la medida en que hay dirigentes con un gran compromiso social°, y a partir de esta última década ha habido un mayor compromiso de todos los dirigentes políticos de la región hacia la disminución° de la pobreza y, sobre todo, para confrontar el gran tema de la disminución de la desigualdad.

Eso para mí es muy importante para la consolidación de la democracia, porque está en el origen de la solución de los problemas sociales que tanto afectan a la comunidad latinoamericana.

¿Por qué Latinoamérica sigue manteniendo niveles altos de desigualdad y pobreza? ¿Cómo puede la cultura democrática contribuir a este problema?

Para empezar, venimos de 500 años de una gran desigualdad étnica, con ganadores y perdedores, donde los pueblos indígenas, las etnias° originarias, no tenían derecho al voto, ni a votar ni a ser votados; no podían participar en la democracia.

El caso de Bolivia es uno de los más claros; fue gobernada por una élite con grandes recursos°. Este es el tema, que seguimos todavía muy dominados por una élite pudiente° que tiene acceso a la tecnología, al dinero, al poder, a los medios.

¿Cómo confrontar esta desigualdad?

A trabajar muy duro en reducir la brecha productiva.° Es fundamental que las pequeñas y medianas empresas,° y el trabajador por cuenta propia,° tengan

departure, end
very significant

unions

en... to the degree that there are leaders with a great social commitment
decrease, reduction

ethnic groups

resources
powerful

brecha... gap in productivity
pequeñas... small and medium-sized companies / por... self-employed

---

1   Luiz Ignacio Lula da Silva en Brasil (2003-2011); Evo Morales en Bolivia; Michelle Bachelet en Chile (2006-2010), Cristina Fernández de Kirchner en Argentina, Laura Chinchilla en Costa Rica, Dilma Rousseff en Brasil.

acceso al financiamiento, al derecho y a la tecnología y que se puedan co- *networks*
nectar a cadenas° de valor y de productividad. Cerrar las brechas productivas *fitting, worthy /*
significa acceso a empleo digno,° que es la gran llave maestra° para combatir *llave… master key*
la desigualdad.

Y desde luego eso tiene que ir acompañado de políticas muy activas en materia
industrial, en desarrollo tecnológico, en innovación y también en el ámbito° *sphere*
social. En tanto se adquiere capacidad de convergencia productiva,° el Estado *En… As a capacity for convergence in productivity is acquired*
tiene que intervenir para poder redistribuir recursos equitativamente° entre los
más pobres y los más ricos. *equitably*

¿Qué políticas económicas, independientes de los diversos modelos políticos, le gus-
taría ver replicadas en más países de América Latina?

En primer lugar, la región ha aprendido lecciones muy importantes del pasado; la política macroeconómica ahora se maneja° con mayor prudencia y esto *se… is handled*
significa menor deuda° pública, menor inflación, mayores reservas internacio- *debt*
nales.

Creo que debemos tender° hacia una economía con mayor ahorro° y mayor *tend, move /*
inversión,° tanto pública como privada. También son necesarias políticas eco- *savings*
nómicas que nos permitan graduar° la entrada de capitales, para evitar los *investment*
adjust
capitales golondrinos° o efímeros y realmente incentivar los capitales produc- *temporary*
tivos; y en la parte económica debemos vigilar que haya un mercado laboral
justo y equitativo, es decir que haya instituciones laborales que permitan garantizar el empleo pleno.° *full*

Desde el punto de vista económico y político, ¿cuáles considera que son los princi-
pales peligros que pueden presentarse en la región, para la democracia?

Los principales peligros estriban° en la falta de participación ciudadana. Hay *lie*
un desencuentro° con la juventud, que está cada vez más desencantada con la *lack of communication*
política y con lo público. Ha habido mucha confusión por parte de los me- *por… on the part of the media*
dios,° y de todos nosotros; somos responsables de no haber entusiasmado más *de… for not having made the young people more enthusiastic*
a la juventud° en el trabajo de lo público, de lo social y de lo político. Es un
gran riesgo.° Veo a la juventud desencantada, desanimada,° sin identidad. *risk / discouraged*

El segundo es el narcotráfico, el crimen internacional, que está tratando de
imponer° sus propias reglas, y debemos fortalecer lo comunitario para poder *impose*
contrapesar° esto. *offset*

¿Cómo definiría usted, en breve síntesis, las características principales de la cultu-
ra democrática latinoamericana de hoy?

Creo que la cultura latinoamericana democrática no es una sola cultura. Cada
país está encontrando su propio camino democrático. Teníamos una visión
democrática exógena° y hemos ido encontrando nuestra propia interpretación *coming from the outside*
de lo democrático. Creo que sí sabemos lo que no es. No es las dictaduras,
sabemos que la democracia está identificada con la participación y con eleccio-
nes, con transparencia, con rendición de cuentas,° con un Estado fuerte que *rendición… accountability*
pueda regular y en cierta medida equilibrar° las fuerzas con la sociedad y el *balance*
mercado. Esas son nuestras características.

pending,
unresolved

¿Dónde creo que tenemos una tarea pendiente?° En la diversidad cultural. No hemos sido capaces de resolver realmente nuestra historia para poder encontrar un camino más apropiado. Yo no diría para asimilar a los pueblos indígenas, porque ellos ya estaban antes aquí, sino para encontrar fórmulas de convivencia° en donde todos podamos ganar. En este sentido Bolivia es hoy un faro° al que debemos mirar.

de... to live
  together
beacon

Ney Villamil, "Hacia una democracia más inclusiva" (entrevista con Alicia Bárcena), *Américas*, volumen 63, número 2, marzo-abril 2011, pp. 48-49. Reprinted from *Américas*, official publication of the Organization of American States (OAS). www.americas.oas.org

Preguntas

1. ¿Cuáles son algunos de los cambios importantes que Alicia Bárcena menciona al principio de la entrevista? ¿A qué presidentes se refiere?

2. ¿Por qué hay tanta pobreza y desigualdad en Latinoamérica, según ella?

3. ¿Qué se puede hacer para combatir la desigualdad? ¿Se debe invertir dinero público en la economía, o sea, deben los gobiernos latinoamericanos gastar dinero para estimular las economías locales, como ella sugiere? ¿Cree usted que el gobierno de este país debe invertir dinero en proyectos para estimular la economía o crear empleos? Si es así, dé un ejemplo: ¿qué proyecto, en qué sector?

4. Para ella, ¿cuáles son los principales peligros para la democracia en Hispanoamérica?

5. Aunque la secretaria ejecutiva de CEPAL dice que cada país tiene su propio camino democrático, ¿con qué factores está identificada la democracia, según ella?

6. Según Bárcena, ¿es cuestión de "asimilar a los pueblos indígenas"?

Conversando con Fernando Lugo Méndez

Teresa Méndez-Faith entrevistando a su primo Fernando Lugo Méndez en la Casa Presidencial.

Antes de ser electo presidente de Paraguay en 2008, Fernando Lugo Méndez era sacerdote (ordenado en 1977) y después obispo (1994). Conocido como "obispo de los pobres", en 2007 fue elegido candidato de la Alianza Patriótica para el Cambio y al año siguiente ganó las elecciones presidenciales.

¿Cómo ve el Presidente Lugo, mi primo Nono, el consenso del electorado después de un año del triunfo en las urnas° de la Alianza Patriótica para el Cambio? ¿Notás que hay cierto grado de desilusión entre algunos sectores que te votaron el 20 de abril del 2008? ⟶ polls, elections

Yo creo que el electorado que ha votado por la Alianza Patriótica para el Cambio, en su gran mayoría, se mantiene intacto, por el contacto directo que tenemos con ellos semanalmente, en algunos casos cotidianamente.° Esa ilusión, confianza y esperanza se mantienen inalterables. Creo que el descontento que quieren pintar es una cuestión mediática° y al mismo tiempo de la oposición, de quienes han perdido las elecciones y se resisten a aceptar que el proceso de cambio ha comenzado y no se detiene. ⟶ daily / of the media

Pero también hay gente que piensa que todo va demasiado lento, que todavía no se ven los cambios, que tu gobierno no está cumpliendo lo prometido. ¿No habrá forma de acelerar un poco ese proceso?

Yo siento que este gobierno está haciendo lo imposible por cumplir cabalmente° todo lo que ha prometido. Pero la realidad es que nos sentimos prisioneros de la burocracia que hace el proceso mucho más lento. Y hay que sumar° a eso la gran crisis económica que se nos ha venido encima° después de haber asumido el poder. Independientemente de eso, yo creo que hemos hecho avances significativos en la cuestión de salud, de asistencia social, en la cuestión de obras de infraestructura y sobre todo, acompañando a todo esto, la transparencia y la honestidad en la gestión° pública que se evidencia por la gran aceptación incluso de los organismos internacionales. ⟶ exactly / add / se... has befallen or hit us / administration

Para calificar más concretamente algunos de estos cambios, ¿qué instancias de "avances significativos" se han dado° ya, por ejemplo, en lo relacionado específicamente con la salud y la asistencia social? ⟶ se... have been produced

En salud, el acceso gratuito a la atención médica. Esto es algo que se da por primera vez en la historia de nuestro país. En lo referente a asistencia social, se ha mejorado cualitativa y cuantitativamente el servicio de asistencia a los sectores carenciados.° En lo que va del año° ya se ha más que duplicado el ⟶ in need / En... So far this year

*those who
benefitted*

number

speech

*commitments
awarding
  supporters with
  favors, jobs, etc.
moved*

*maletines…
  reference to
  corruption in the
  Administración
  Nacional de
  Navegación y
  Puertos / penalty*

clean-up operation

*clean-up,
  reorganization*

achieve

Treaty

signing
concretar…
  *achieve energy
  independence*
alternancia…
  *alternate
  binational
  [Brazil-Paraguay]
  management and
  availability*

*tanto…in the short
  as well as the long
  run*

que… *that we
  have set, proposed*

prevail

número de beneficiados° durante el proceso anterior que era de unos 20 mil. Hasta la fecha ese número ha llegado a 48 mil y se calcula que en lo que resta del año la cifra° llegará a un total de 120 mil beneficiados.

Hace un ratito mencionaste la idea de transparencia y honestidad en la gestión pública y eso me hizo recordar la última parte de tu discurso° de aceptación del 20 de abril del año pasado cuando cerraste con una serie de promesas, más bien compromisos° que tratarías de cumplir bajo tu gobierno, esa serie de varios "No a…" (No a la corrupción, No al favoritismo, No al clientelismo,° No al nepotismo, etc., etc.) que nos conmovió° a todos los que te escuchamos, muchos desde muy lejos gracias a la transmisión de CNN en español. En particular, ¿creés que ya has ganado alguna batalla en relación a ese tan importante "No a la corrupción"?

Sí y más de una. Entre ellas, el descubrimiento de corrupción relacionado con los maletines de la ANNP° y sanción° correspondiente, el de la corrupción interna de la Policía Nacional con la exclusión de más de cuarenta jefes, también el descubrimiento de robos significativos en el servicio exterior y limpieza° respectiva, y en general el saneamiento° de las instituciones públicas. En realidad, mucha gente nos votó porque sabe que Lugo no va a robar y eso es así. Yo no voy a robar.

Y… ¿qué pasa con la problemática de Itaipú?[2] ¿Qué quiere lograr° tu gobierno respecto al Tratado° de Itaipú?

Que el Paraguay recupere su dignidad nacional. Después de treinta y seis años de la firma° del Tratado de Itaipú, este gobierno se propone concretar la soberanía energética.° Nuestras demandas principales incluyen precio justo, alternancia en la dirección del ente binacional y disponibilidad° de la energía que nos corresponde para poder venderla a quien queramos.

Y además de todo esto que están haciendo y en algunos casos, los que me mencionaste, ya son logros concretos, ¿qué más queda por hacer, tanto a corto como a largo plazo?°

La verdad es que queda mucho por hacer. Hay un proceso que hemos iniciado, como la reforma agraria, la recuperación de la soberanía energética, la independencia del poder judicial que tenemos que seguir trabajando para cristalizar en los objetivos que nos hemos propuesto.°

Sin embargo y a pesar de todos estos cambios y avances que ya se han logrado en relativamente poco tiempo, se te critica que no podés o no sabés gobernar porque todavía no has logrado construir una alianza con otros sectores para asegurarte la gobernabilidad del país. ¿Cómo contestás o qué podés comentar al respecto?

Yo he tratado e intentado el diálogo, he invitado y seguiremos invitando a los diferentes sectores de la sociedad paraguaya porque hemos dicho también que íbamos a gobernar para todos los paraguayos sin exclusiones. Pero lastimosamente muchas veces priman° los intereses particulares o sectoriales frente a

---

2 Itaipú: nombre de la represa hidroeléctrica entre Paraguay y Brasil; provee el 90 por ciento de la electricidad consumida por Paraguay y el 19 por ciento de la consumida por Brasil. Es la central hidroeléctrica más grande de los hemisferios sur y occidental y la segunda más grande del mundo. El presidente Lugo logró renegociar el tratado con Brasil, con términos más favorables para Paraguay.

los intereses nacionales. Cada uno de los grupos o sectores, y algunos casos legítimos, quieren llevar los beneficios a sus propios sectores. Pero creo que me hace falta dar ese paso° en que los intereses nacionales puedan primar, estar en primer lugar.

me... I need to take this step

Ojalá pronto consigas la alianza con gente que ponga los intereses nacionales por encima de los particulares o sectoriales. Tengo entendido de que hay quien quiere que se te haga juicio político.° ¿Estás haciendo algo para neutralizar esa amenaza?°

se... put you on trial politically / threat

Lo que más hacemos es no dar ninguna oportunidad ni motivos para que se pueda ni siquiera pensar en un juicio político. Por eso gobernamos con la constitución nacional y con todos los criterios y principios democráticos.

En realidad, creo que los ataques y críticas que se te hacen son predominantemente a nivel interno, ya que en el exterior, según lo que yo veo, tu popularidad no ha decaído,° sigue intacta. Parecería que el objetivo de quienes usaron la prensa para sacar a luz° tu vida privada era destruir el consenso que tenías y seguís teniendo a nivel internacional para hacerte perder legitimidad y en último término para forzar tu renuncia.° ¿Cómo ves vos la situación? ¿Ese ataque a tu vida privada ha dañado tu imagen o la de nuestro país en el foro internacional?

declined

sacar... bring to light

resignation

No es ningún secreto que desde el inicio de nuestro gobierno hemos trabajado especialmente en los foros internacionales. Allí hemos puesto en su lugar a nuestro país, recuperando su dignidad como nación. Y creo que lo que hemos instalado a nivel internacional, especialmente en las naciones de América Latina, ha logrado que la campaña de minar en° mi vida privada no haya hecho el efecto que ellos esperaban.

minar... dig into

¿Hasta qué punto creés vos que la vida privada de un gobernante, como es tu caso, debe permanecer privada, y desde qué punto lo privado es también de incumbencia° pública?

concern

Eso depende mucho del desarrollo de cada país y de cada cultura. Porque lo que en un país puede ser de vital importancia, en otro país puede ser un hecho anecdótico, insignificante. Pero creo importante que la vida privada no debe influir en el normal desarrollo y compromiso que se tenga con la vida pública. Es decir, creo que lo que la ciudadanía debe de tomar como prioritario o importante es el gerenciamiento,° la gestión, el compromiso que el político ha asumido con su pueblo. Y en ese sentido, creo que el compromiso que he asumido con este pueblo, en este momento histórico del país, lo estamos cumpliendo así como lo hemos prometido.

management

Teresa Méndez-Faith, "Conversando con Fernando Lugo Méndez", *Revista Ñe'engatu*, año XXVII, número 160, julio/agosto 2009, pp. 12-14.

 Para información más reciente, busque "Paraguay, presidente actual".

Preguntas

1. ¿En qué año fue elegido Fernando Lugo presidente de Paraguay?
2. ¿Qué factores impiden el progreso del programa que Lugo quiere implementar, o hacen que sea más lento este proceso?
3. ¿Qué avances se han hecho en la salud y la asistencia social, según el presidente?
4. El presidente dice que mucha gente votó por él porque sabía que él "no iba a robar". ¿Qué ha hecho en la batalla contra la corrupción?
5. Según Lugo, ¿qué queda por hacer?
6. ¿Qué problema hay con varios grupos o sectores con quienes Lugo todavía no ha establecido alianzas políticas? ¿Existe en este país el problema de la influencia de los intereses particulares? Comente.
7. Según el presidente, ¿han tenido mucho efecto los ataques de la oposición a su vida privada? ¿Cree él que su vida privada ha afectado su gobierno? ¿Qué ejemplos hay en este país de esta clase de ataques personales? ¿Qué opina usted sobre esta cuestión?

DE LA PRENSA

"Cuando Guido encuentre su verdad…"

Habla Estela Barnes de Carlotto, presidenta de las Abuelas de Plaza de Mayo, Argentina.

"Mi nieto, a quien todavía no encontré, se llama Guido, así le puso mi hija Laura, como mi marido".

Guido nació el 26 de junio de 1978 en el centro clandestino de detención La Cacha de la Plata y Estela lo busca "desde antes de que naciera porque Laura, en su primer matrimonio, cuando estaba en libertad, perdió dos embarazos".

births, labors / se… would arrive early

"Estando secuestrada, sin ningún tipo de atención, y con la experiencia de los partos° anteriores, se me ocurría que éste quizás se le adelantara.° Entonces empecé a buscarlos a ambos, a Laura y a Guido, antes de tiempo. Pero mi nieto finalmente nació en término, lo cual demuestra cómo Laura, al igual que muchas otras detenidas embarazadas, se aferró a° esa vida que llevaba en el vientre".

se… held tightly to

doorbell

"Sueño con que mi nieto algún día toque el timbre° de la Casa de las Abuelas. Me lo imagino con los ojos de Laura, con su hermoso cabello y tal vez bajito porque tanto su mamá como su papá no eran altos. Y seguramente, en su interior, sin darse cuenta, lleva muchas cosas de ellos".

Estela sueña con el momento de contarle a Guido sobre sus papás. "Para saber quiénes fueron, no sólo contamos con el Archivo Biográfico Familiar sino que además estamos sus familiares esperándolo: mis otros tres hijos, mis doce nietos. Cuando Guido encuentre su verdad, también va a encontrarse con sus tres tíos y sus parejas, con sus doce primos, que ya lo conocen sin haberlo visto, con una familia muy tana° y dicharachera.”°

°*(colloquial, Argentina) Italian / chatty, using lots of sayings or dichos*

“¿Con qué plato lo vamos a recibir? Pienso en los tallarines° de los domingos, con toda la familia reunida. Tengo un montón de fotos y otras cosas que he ido juntando para mostrarle el camino que significó su búsqueda. Guardo una caja con llaveros° que me fueron regalando en distintos lugares de la Argentina y del mundo. Conservo también una plaquita esmaltada° que dice ‘Guido’, para poner en la puerta de su habitación... Son símbolos de cariño y de nuestra lucha. En realidad, como el resto de las Abuelas, yo había tejido un ajuar,° porque al principio pensábamos que nos iban a entregar a los nietos enseguida. Pero el ajuar se lo regalé a mis otros nietos que fueron naciendo y me di cuenta que Guido ya no tendría edad para ponerse una batita.”°

°*noodles, pasta*

°*key rings*

°*enameled*

°*collection of things for the baby*

°*loose garment for a baby*

“Es tanto el amor que tengo guardado que, pobrecito, espero que no se asuste”. Hoy, mientras busca a Guido, Estela disfruta de los 101[3] nietos encontrados. “Son parte de mi vida y son como propios”.

Estela Barnes de Carlotto, “Cuando Guido encuentre su verdad se va a encontrar con una familia muy tana y dicharachera”, sitio web de las Abuelas de Plaza de Mayo, http://www.abuelas.org.ar/material/testimonios/t019.htm

Preguntas

1. ¿Quién es Estela Barnes de Carlotto?
2. ¿Quién es Guido? ¿Dónde nació?
3. ¿Con qué sueña Estela? ¿Con qué plato piensa recibir a Guido?
4. ¿Qué hizo Estela con las cosas que tejió para Guido? Mientras tanto, ¿con quiénes está ella disfrutando?

 Busque “Alberto Rodas ¿Dónde están los desaparecidos?” para escuchar una canción de este cantautor paraguayo sobre la gente desaparecida durante las dictaduras en el Cono Sur.

Actividades

A. **Comparaciones.** Vaya al sitio web de las Abuelas de Plaza de Mayo y lea algunas afirmaciones de parte de los nietos que se han encontrado (o mire videos de ellos). En grupos pequeños, escojan por lo menos tres narraciones y hagan una comparación entre las personas entrevistadas. (Alternativamente, escojan por lo menos tres afirmaciones de las abuelas para comparar.)

B. **Investigación.** En grupos pequeños, busquen información sobre el gobierno de un país hispanoamericano y preparen un informe oral para la clase. Incluyan información acerca del presidente (de la presidenta) y de su programa político.

---

3 Desde agosto de 2011, han encontrado a 103 hijos de desaparecidos.

C. **Cronología**. Prepare una breve cronología de los principales eventos políticos en la historia moderna de un país hispanoamericano, similar a la "breve cronología de Argentina desde Perón" al principio de este capítulo.

D. **Wiki.** En grupos pequeños, escojan una mujer relacionada con la política en Hispanoamérica y hagan un wiki. Ideas: Evita Perón, Cristina Fernández, Ingrid Betancourt, Michelle Bachelet, Laura Chinchilla, Lucía Topolansky. (Si necesita instrucciones para crear un wiki, vaya a wikispaces.com o a otro sitio wiki.) Un miembro del grupo va al sitio wiki y escribe una entrada. El segundo edita lo que se escribió y hace otra entrada. Sigan hasta que todos hayan contribuido y estén contentos con el wiki. Pueden añadir fotos, videos, etc. Compartan sus wikis con la clase.

E. **Debate.** Los "intereses particulares". Fernando Lugo habló de los intereses de varios grupos o sectores de su país y de la necesidad que él ve de fijarse en los intereses de la nación, de todos los ciudadanos. Si los grupos con intereses particulares tienen mucha influencia en el gobierno o si los medios de comunicación son "comprados" por intereses particulares (si ahogan las voces de otros ciudadanos que no pueden comunicar efectivamente su mensaje), ¿es un sistema democrático? Para muchas personas, es cuestión del derecho a la libertad de expresión y no se debe poner límites ni en las contribuciones políticas ni en el derecho de pagar a grupos que presionan el gobierno a hacer lo que les interese.

Tema: ¿Se debe reducir la influencia de los intereses particulares en la política? La clase se divide en dos. Un grupo representa el punto de vista que se debe reducir la influencia de los intereses particulares y el otro representa la idea del derecho a libertad de expresión. Den por lo menos un ejemplo de Hispanoamérica. Su profesor(a) les dará instrucciones para moderar el debate y resumir las ideas presentadas.

Composición

Escriba una composición sobre:

1. La información que recogió al hacer las actividades B o C.
2. La "guerra sucia" de Argentina. Describa las causas y consecuencias.
3. La participación en la democracia. Alicia Bárcena habló de la falta de participación de los ciudadanos en la democracia, especialmente de parte de la juventud; dice que ve a la juventud desanimada, o desencantada con la política. Si la gente de un país no participa en el gobierno (por ejemplo, si la mayoría no vota), ¿es una democracia ese gobierno? ¿Por qué no votan muchos jóvenes? ¿Está cambiando esta situación con el uso de los medios sociales como Twitter y Facebook para organizar a la gente joven e informarles de nuevas maneras de expresarse? Dé su punto de vista y dé por lo menos un ejemplo de Hispanoamérica.

Del rincón literario

Miguel Ángel Olivera es poeta y profesor uruguayo; pasó trece años en prisión durante la dictadura militar en Uruguay. Los siguientes poemas son de su obra *CL / AMOR POR LOS DESAPAREC / IDOS...*

La vieja foto mía

la vieja foto mía
del cumpleaños familiar
del casamiento
del carné de estudiante
del pasaporte sin usar
la ya antigua foto
que mamá atesoró° como reliquia macabra   *treasured*
-yo / tesoro escondido
que me buscan
a gritos
y
a lágrimas-

No hay olvido

no hay olvido
no hay tregua°   *truce*
no hay perdón
la historia es un campo de batalla
entre la victoria y la derrota°   *defeat*
y olvidar sería darnos por vencidos°...   *darnos... to give up*

mientras quede memoria
mientras se lucha y se recuerda
mientras se descansa entre pelea y pelea
y se recobra aliento para seguir la lucha

ellos
y
todos nuestros idos nuestros ca / ídos
sostienen la hoguera° del campamento   *fire*
arden en cada llama
claman°   *cry out, clamor*
por el fuego de luz de la justicia...

Miguel Ángel Olivera, *CL / AMOR POR LOS DESAPAREC / IDOS,* Montevideo, Uruguay

Preguntas

1. ¿Qué quiere decir el título *CL / AMOR POR LOS DESAPAREC / IDOS?* (NB: Acuérdese que **ido** es un participio pasado.)

2. ¿Quién es el narrador del primer poema, el "tesoro escondido"?

3. En el segundo poema, ¿quiénes son "nuestros idos nuestros ca / ídos"? ¿Por qué es importante acordarse de ellos, según el poeta?

4. ¿Qué quiere decir "la historia es un campo de batalla"? (NB: José Mujica, elegido presidente de Uruguay en 2010, también pasó los años de dictadura en prisión, igual que el poeta. Mucha gente luchó y sufrió para cambiar el gobierno del país.)

OTRAS PELÍCULAS

Mire una de las siguientes películas y escriba una reacción personal. ¿Cómo se compara con *Cautiva?*

Garage Olimpo
1999
Dirección: Marco Bechis
Guión: Marco Bechis, Lara Fremder
Actuación: Antonella Costa, Carlos Echevarría, Enrique Piñeyro

Hermanas
2005
Dirección y guión: Julia Solomonoff
Actuación: Valerie Bertuccelli, Ingrid Rubio, Adrián Navarro

La historia oficial
1985
Dirección: Luis Puenzo
Guión: Aída Bortnik, Luis Puenzo
Actuación: Norma Aleandro, Héctor Alterio

Ilusión de movimiento
2003
Dirección y guión: Héctor Molina
Actuación: Mónica Alfonso, Raúl Calandra, Gabriel De Lourdes

Kamchatka
2002
Dirección: Marcel Piñeyro
Guión: Marcelo Figueras, Marcelo Piñeyro
Actuación: Ricardo Darín, Cecilia Roth, Héctor Alterio

Un lugar en el mundo
1992
Dirección y guión: Adolfo Aristarain
Actuación: José Sacristán, Federico Luppi, Cecilia Roth

Ni vivo, ni muerto
2002
Dirección y guión: Víctor Jorge Ruiz
Actuación: Edgardo Nieva, Alejandra Aristegui, Roberto Vallejos

La noche de los lápices
1986
Dirección: Héctor Olivera
Guión: Daniel Kon, Héctor Olivera
Actuación: Alejo García Pintos, Vita Escardó, Pablo Novak

Sur
1988
Dirección y guión: Fernando E. Solanas
Actuación: Susú Pecoraro, Miguel Ángel Solá, Philippe Léotard

Capítulo 3

Inestabilidad política y educación

El silencio de Neto

PRESENTACIÓN

El fin de la Segunda Guerra Mundial (1945) marca también el principio de la "Guerra Fría", período de casi medio siglo (1945-1991) en que el mundo se ve dividido en dos bloques ideológicos fuertes: el occidental-capitalista, con centro en Estados Unidos, y el oriental-comunista, liderado por la Unión Soviética. Para varios países de Hispanoamérica la Guerra Fría significó la intervención del gobierno estadounidense en sus asuntos internos. ¿Qué pasa cuando un país extranjero interviene en el gobierno y en la vida de otra nación? ¿Cómo afecta o puede afectar eso a la población? ¿Y a las instituciones públicas, la educación, la economía, la rutina diaria? ¿Qué consecuencias, a corto y a largo plazo, puede tener en un país la intervención extranjera? ¿Puede fomentar, por ejemplo, la aparición de gobiernos militares, de guerras civiles; un aumento de la violencia, de la inestabilidad política, de la emigración?

La película *El silencio de Neto* tiene lugar en Guatemala en 1954. Cuenta la historia de Neto, su familia, su tío Ernesto y sus amigos durante la época de la intervención estadounidense en su país. En octubre de ese año muere el tío Ernesto, con quien Neto siempre había mantenido una

relación muy especial. Mientras él y su familia asisten al funeral, Neto recuerda y revive momentos del pasado en compañía de su tío. A través de un *flashback* —situado seis meses antes de la muerte del tío— que sigue los recuerdos de Neto, la película refleja dos historias paralelas captadas en tiempos difíciles para Guatemala: la de Neto y su familia, y la del pueblo guatemalteco en los últimos meses del gobierno democrático del presidente Juan Jacobo Árbenz.

Inestabilidad política y educación

el acuerdo	*agreement*
la alfabetización	*literacy*
anular	*to annul*
asesinar	*to assassinate*
la campaña	*campaign*
la delincuencia	*crime*
los derechos humanos	*human rights*
la dictadura	*dictatorship*
el ejército	*army*
emprender	*to undertake*
la etapa	*stage*
el gobierno	*government*
el golpe de estado	*coup d'état*
lograr	*to achieve*
la lucha	*fight, struggle*
la política	*policy*
el sindicato	*(labor) union*
el/la terrateniente	*landholder*

Breve cronología de Guatemala desde la dictadura de Jorge Ubico

1931-44 Gobierno del General Jorge Ubico, dictatorial y represivo, caracterizado por defender los intereses de compañías norteamericanas (como la United Fruit Company) y de los ricos terratenientes guatemaltecos.

1945-51 Gobierno de Juan José Arévalo, democrático y popular, caracterizado por su política reformista y anticolonialista que encuentra la oposición de la United Fruit Company y de Estados Unidos. Bajo su gobierno se crean sindicatos y se aprueban leyes laborales que favorecen a las clases medias y bajas; también se crean el Ministerio de Trabajo y el Instituto Guatemalteco de Seguridad Social (IGSS), y se emprende una gran campaña de alfabetización.

1951-54 Gobierno de Jacobo Árbenz, reformista y progresista, continuador del programa de reformas ya iniciado bajo el gobierno de Arévalo, aunque con el objetivo principal de lograr la reforma agraria (expropiando tierras que no estaban cultivadas) y terminar con la dependencia económica de Estados Unidos. La expropiación de tierras de la United Fruit Company inicia una serie de eventos que culmina en 1954 con una invasión armada y un golpe de estado organizados por la CIA. Esto obliga al Presidente Árbenz a dejar el poder.

1954-57 Jacobo Árbenz es sustituido por el coronel Carlos Castillo Armas, oficial exiliado del ejército guatemalteco y jefe de la invasión a su propio país. Castillo Armas anula las reformas del gobierno anterior y muere asesinado por un soldado de su guardia en 1957.

1960-96 Larga guerra civil que incluye una serie de gobiernos militares (entre 1966 y 1983) y el período del "genocidio maya" (o "genocidio guatemalteco") en la década de 1980-90 cuya peor etapa corresponde al gobierno militar de Efraín Ríos Montt (1982-83), quien ordena el exterminio de unas 440 comunidades indígenas como parte de la lucha anticomunista. Se calcula que más de 200 mil personas (la mayoría indígenas) fueron asesinadas o desaparecidas durante los 36 años de guerra civil en Guatemala.

1992 Rigoberta Menchú, activista maya, recibe el Premio Nobel de la Paz por sus muchos años de lucha en defensa de los derechos humanos y en contra del racismo y la discriminación. Es autora de varios libros autobiográficos y testimoniales, entre los cuales el primero, titulado *Me llamo Rigoberta Menchú y así me nació la conciencia* (1983), es el más conocido.

1996 El 29 de diciembre el gobierno firma los Acuerdos de Paz que dan fin a la guerra civil de 36 años.

2000-11 En el siglo XXI se han sucedido (*have followed each other*) cuatro gobiernos democráticos ininterrumpidos (Alfonso Antonio Portillo Cabrera, 1999-2004; Óscar Berger Perdomo, 2004-08; Álvaro Colom, 2008-2012; Otto Pérez Molina, 2012-presente) caracterizados por mantener la paz y mejorar sustancialmente las condiciones económicas. Entre los problemas aún no resueltos están: la situación de los mayas y otros grupos étnicos de la región que siguen discriminados económica y culturalmente, la delincuencia organizada, la consolidación del narcotráfico y la gran emigración de guatemaltecos, especialmente hacia "el norte": México y Estados Unidos.

Análisis

1. ¿Cómo se caracteriza el gobierno del General Jorge Ubico? ¿Qué intereses defiende?

2. ¿Cómo se caracteriza el gobierno de Juan José Arévalo? ¿Qué iniciativas tienen lugar bajo su gobierno? ¿A qué clases sociales favorecen?

3. ¿Cuál es el objetivo principal del gobierno de Jacobo Árbenz? ¿Qué debe hacer para lograrlo? ¿Qué pasa en 1954? ¿Por qué? Comente.

4. ¿Quién es Carlos Castillo Armas? ¿Cómo se caracteriza su gobierno? ¿Cómo muere?

5. ¿Cuántos años dura la guerra civil en Guatemala? ¿Cuántas personas se calcula que fueron asesinadas o desaparecidas durante ese tiempo?

6. ¿Qué fue el "genocidio maya" o "genocidio guatemalteco" y cuándo ocurrió? ¿Qué papel tuvo el gobierno de Efraín Ríos Montt en ese genocidio? Comente.

7. ¿Quién es Rigoberta Menchú? ¿Qué premio le dieron en 1992? ¿Por qué?

8. ¿Cómo se caracterizan los gobiernos de Guatemala en el siglo XXI? ¿Cuáles son algunos de los problemas que no han podido resolver todavía? Comente.

 Busque "golpe de estado en Guatemala" para tener una versión visual comentada y ver fotos de la época (1954) en que tiene lugar El silencio de Neto.

 Busque "Rigoberta Menchú Premio Nobel de la Paz" para ver y escuchar a una activista maya muy conocida y gran defensora de los derechos humanos.

Director: Luis Argueta nació en Ciudad de Guatemala. Estudió cine y literatura en la Universidad de Michigan. En 1975 viajó a Europa y trabajó con Fernando Arrabal en *El árbol de Guernica*, largometraje sobre la Guerra Civil Española. En Nueva York participó en varios proyectos de publicidad y dirigió algunos documentales y cortometrajes. *El silencio de Neto* (1994) es su primer largometraje. En 2003 filmó *Collect Call*, una comedia sobre los inmigrantes guatemaltecos en Estados Unidos, y en 2011 estrenó *abUSAdos: La redada de Postville*, documental sobre la redada *(raid)* en Postville, Iowa, en mayo de 2008.

Guionistas: Justo Chang y Luis Argueta

Personajes principales:

Neto: hijo mayor de Elena y Eduardo

Eduardo: padre de la familia, esposo de Elena

Elena: madre de la familia, esposa de Eduardo

Mario: hijo menor de Elena y Eduardo

Ernesto: tío de Neto, hermano de su padre (Eduardo)

Rodrigo: hijo de Rosa, la cocinera, criado como parte de la familia de Neto

Germán y Alberto: amigos de Neto

Ani: amiga de Neto

Nidia: muchacha indígena, empleada doméstica de la familia de Neto

**Actores
principales:** Óscar Javier Almengor hace el papel de Neto. El tío Ernesto es interpretado
por Herbert Meneses y Julio Díaz hace el papel de Eduardo. Eva Tamargo
interpreta a Elena, Indira Chinchilla hace el papel de Nidia y Ani es inter-
pretada por Ingrid Hernández.

Vocabulario

La política

la intervención	*intervention*
intervenir	*to intervene*
el juzgado	*court*
liberar	*to release, free*
la manifestación	*demonstration*
pelear	*to fight*
el salvoconducto	*safe-conduct, pass*

La educación

el colegio	*(elementary or high) school*
la escuela	*(elementary) school*
el/la licenciado(a)	*(Central America, Mexico) lawyer*
el/la maestro(a)	*teacher*
la mochila	*backpack*
el permiso	*permission*

Expresiones

estar empapado(a)	*to be soaking wet*
quedarse callado(a)	*to remain silent*
la pata de chucho	*(colloquial) wanderer, gadabout, globetrotter*
los patojos	*(colloquial, Guatemala) children*
el/la trotamundos	*globetrotter*
el/la vendepatria	*(colloquial) traitor (to one's country)*

Otras palabras

el arma	*weapon*
el ataúd	*coffin*
el baúl	*chest*
el cargo	*post, position*
el cartel	*poster*

el comunicado (en cadena)	*(simulcast) bulletin*
el funeral	*funeral service*
el globo (aerostático)	*(hot air) balloon*
ladino(a)	*(Central America, Mexico) mestizo, hispanicized person*
la noticia	*(piece of) news*
las noticias	*the news*
el puesto	*position, job*
el racimo (de bananas)	*bunch (of bananas)*
la refacción	*snack*
renunciar	*to resign*
la revista	*magazine*
rezar	*to pray*
el velatorio	*wake; place where a wake is held*
el velorio	*wake*

NB: This vocabulary list will help you understand and also discuss the film. All but a few of the words occur at least twice in the film.

Exploración

Antes de ver *El silencio de Neto,* se recomienda leer las siguientes preguntas como guía del argumento y para una mejor comprensión del contenido de la película. Su profesor(a) puede asignarle como tarea que prepare las respuestas a todas las preguntas o solo a algunas de ellas.

1. ¿En qué fecha tienen lugar las primeras escenas? ¿Qué está haciendo Neto al principio de la película? ¿Qué noticia le dan sus padres cuando él entra al cuarto de ellos? Describa las primeras escenas.

2. ¿Adónde van don Eduardo y su esposa cuando los para un policía? ¿Qué les pide el policía? ¿Qué hace el policía para ayudarlos a llegar adonde van?

3. ¿Qué le pide Neto a la Virgen María en la iglesia? ¿Por qué? ¿Quién aparece a su lado en ese momento? ¿Cómo está vestido? ¿Qué le sorprende a Neto?

4. Mediante un *flashback,* la narración retrocede seis meses, hasta el momento en que Neto y su hermano llegan a casa del colegio. ¿Qué les sirve Nidia? ¿Qué están escuchando Neto, su mamá y su tía, y Nidia cuando hay una interrupción en la radio para pasar un comunicado en cadena? ¿Qué noticia se escucha en el comunicado?

5. Después de escuchar la noticia del bloqueo, ¿qué le dice don Eduardo a su esposa con respecto a Rodrigo? ¿Qué sabemos de Rodrigo? ¿Qué hace Rodrigo cuando Nidia está planchando la ropa? ¿Quién ve toda la escena?

6. ¿Cómo se llaman los dos mejores amigos de Neto? ¿Qué programa de radio recrean y dramatizan ellos en sus juegos?

7. ¿Adónde lleva Neto a Rodrigo? ¿Por qué lo lleva con los ojos vendados *(blindfolded)?* ¿Qué negocio hace Rodrigo con Neto y sus amigos? ¿Qué gana Neto de esta transacción?

8. ¿Por qué van los niños a la práctica de ballet de las niñas? ¿Adónde acompaña Neto a Ani? ¿Adónde va después? ¿Qué ve Neto? Y más tarde, ¿qué ven Neto y su padre desde la ventana?

9. En la escena en que el tío Ernesto está con los niños enseñándoles cómo hacer globos, ¿qué les dice de los mayas?

8 *Busque "Tikal, Guatemala" para aprender más sobre esta ciudad maya, gran centro cultural abandonado en el siglo X.*

10. ¿Qué pasa cuando llega el padre de Neto e interrumpe la escena?

11. Cuando Eduardo acusa a Ernesto de ser un trotamundos, de pasarse la vida viajando y dejando abandonados a sus padres, ¿cómo justifica Ernesto esos viajes y su ausencia? ¿Qué le responde Eduardo?

12. En la fiesta de cumpleaños de Neto, ¿hay solo niños o también hay adultos? ¿Con quién baila Neto? ¿Qué regalo le manda su tío Ernesto? ¿Qué hay en la fiesta? Describa la fiesta de Neto.

13. ¿Cuál es el tema de la cita (del ex Presidente Juan José Arévalo) que lee Neto en una de sus clases? ¿Y qué cae desde un avión en el patio del colegio?

14. ¿Quién está en una manifestación contra Estados Unidos? ¿Qué dicen los carteles que llevan los manifestantes?

15. ¿A quién ve Neto despidiéndose de Nidia? ¿Cómo queda ella? ¿Por qué Neto quiere que Rodrigo muera en la guerra y no vuelva más?

16. ¿Qué le da Neto a Ani un día que la acompaña hasta su casa? ¿Qué le dice? ¿Por qué? ¿Qué le da Ani a él?

17. ¿Qué anuncia el boletín especial de "La Voz de Guatemala" un día que están todos en casa disfrutando de un momento de descanso en familia: Eduardo leyendo, los niños jugando, doña Mercedes tejiendo, Elena y su hermana jugando a las cartas? ¿Quién llega de Marruecos? ¿Cómo reacciona doña Mercedes al escuchar la noticia? ¿Qué comenta Ernesto?

18. Ya en Antigua, en la casa del tío Ernesto, ¿qué escuchan en la radio el 27 de junio de 1954?

19. Después de la renuncia del Presidente Jacobo Árbenz, ¿qué cambios hay en el colegio de Neto? ¿en el Juzgado donde trabaja el padre? ¿Otros cambios?

20. ¿Adónde van de camping los tres amigos? ¿Cómo llegan allí? ¿Qué pasa cuando ellos vuelven de su excursión?

21. ¿Qué noticia trae el telegrama que reciben Eduardo y Elena el 18 de octubre, un día antes de la muerte de Ernesto? ¿Qué le dice Ernesto a su hermano sobre el por qué de su vuelta ahora? ¿Qué regalo le da a Neto? ¿Qué descubre Neto cuando está buscando su regalo en el baúl del tío?

22. En las escenas finales, ¿qué hacen Neto, sus dos amigos y Nidia? Después, ¿adónde va Nidia y para qué? ¿Qué le dice Neto? ¿Cuándo tienen lugar estas últimas escenas?

Notas culturales

1. En cierto momento, cuando Neto está enojado y celoso de Rodrigo, trata de insultar a Nidia llamándola "india". La respuesta de Nidia es que "en este país todos somos indios". Ella tiene razón porque en Guatemala casi todos son indígenas o mestizos (mezcla de indio[a] y europeo[a]). Según datos del *CIA World Factbook*, la composición étnica de Guatemala es de 40,5 por ciento indígena y 59,4 por ciento mestiza (o ladina).

2. Las radionovelas: Antes de que existiera la televisión, en Latinoamérica eran muy populares los programas radiales de aventuras (como *Los tres Villalobos* o *Tamakún, el vengador errante*)

y las radionovelas, dramatizaciones de novelas que se pasaban por radio diaria o regularmente por capítulos. Mientras los programas de aventuras tenían como público a niños y jóvenes de la edad de Neto y sus amigos, las radionovelas atraían a un público adulto, especialmente femenino, como en el caso, por ejemplo, de la madre y la tía de Neto. Hoy día, en que la televisión es más popular que la radio, también las **telenovelas** *(soap operas)* tomaron el lugar de las radionovelas, que prácticamente han desaparecido de las programaciones radiales.

3. Los mayas: El tío Ernesto les cuenta a sus sobrinos que los mayas eran grandes inventores y arquitectos, que inventaron un **sistema de numeración vigesimal** *(base 20)* para escribir grandes cantidades en pequeños espacios y que construyeron ciudades como Tikal. Pero podría contarles mucho más. La civilización maya fue –según datos de la arqueología y de otras fuentes relacionadas—probablemente la más avanzada en conocimientos matemáticos y astronómicos y la más antigua de las tres grandes civilizaciones indígenas de América: la maya, la azteca y la inca. Los mayas inventaron el concepto del cero, tenían un calendario avanzado, desarrollaron el primer sistema de escritura que existió en América y construyeron el observatorio astronómico de Chichén Itzá. Ocuparon un vasto territorio que incluía, de norte a sur, la península de Yucatán, los

Ruinas mayas en Tikal, Guatemala

estados de Tabasco y Chiapas al sureste de México, Guatemala, Belice, parte de Honduras y parte de El Salvador. Alrededor del año 900 d.C., los mayas abandonaron misteriosamente sus centros rituales y urbanos más importantes (Copán, en Honduras; Tikal, en Guatemala; Palenque y Chichén Itzá, en México) e iniciaron una larga migración hacia el norte de Yucatán que, a la llegada de los españoles, era el centro de lo que quedaba de esa gran civilización indígena. El pueblo maya estaba compuesto por muchas tribus que hablaban varias lenguas (algunas relativamente similares, otras muy diferentes). La tribu de los indios quichés (que poblaba lo que hoy es Guatemala) estaba entre las más poderosas e importantes de la región. Los mayas dejaron algunos testimonios escritos de su historia y sus creencias, entre los que están el *Popol Vuh*, especie de Biblia de los quichés, y los *Libros de Chilam Balam*, recopilación de historias de varios pueblos de Yucatán.

4. El "voseo": En varios países de Hispanoamérica (e.g., Guatemala, Honduras, Nicaragua, El Salvador, Paraguay, Argentina, Uruguay) se usa el "voseo" en vez del "tuteo" para la conversación informal. Eso significa que se usa el pronombre sujeto **vos** en vez del **tú**. En estos casos, el verbo se conjuga de forma similar a la de **vosotros**, aunque varía la acentuación y puede tener otros cambios particulares según el país. Por ejemplo, en las primeras escenas de la película, cuando Neto y su tío Ernesto están hablando, este le dice a su sobrino: "¿Cómo te fue en el examen? Contame. No te preocupés... [...] Vení, vamos a platicar un rato..." (i.e., **Contame** en vez de **Cuéntame**, **preocupés** en vez de **preocupes** y **Vení** en vez de **Ven**).

5. Antigua es la ciudad donde el tío Ernesto tiene su casa y adonde se mudaron temporalmente Neto y su familia. Rodeada de volcanes y situada aproximadamente a una hora (48 kilómetros) de Ciudad de Guatemala, Antigua fue la tercera capital de Guatemala (1543) y se mantuvo como capital hasta 1717, cuando un terremoto destruyó más de 3.000 edificios y dejó a la ciudad en ruinas. Designada Patrimonio de la Humanidad por la UNESCO en 1979, Antigua es reconocida por su bien preservada arquitectura renacentista y sus **fachadas** (*facades*) propias del barroco del Nuevo Mundo. Hoy día es también famosa por sus elaboradas celebraciones religiosas durante la Semana Santa. De interés para la gente que quiere aprender español es que Antigua tiene un gran número de escuelas de enseñanza de lengua. Actualmente es uno de los lugares más populares de Hispanoamérica para estudiar español, y allí van muchos estadounidenses y europeos.

Vista de la ciudad colonial de Antigua, Guatemala

6. La Revolución de Octubre: En la última parte de su discurso radial del 27 de junio de 1954, el Presidente Árbenz se despide con estas palabras: "¡Viva la Revolución de Octubre; viva Guatemala!" Se conoce como "Revolución de Octubre" el movimiento cívico-militar que tuvo lugar en Guatemala el 20 de octubre de 1944 y que **derrocó** (*overthrew*) el gobierno del General Federico Ponce Vaides, sucesor del dictador Jorge Ubico. El movimiento cívico-militar fue liderado por militares, estudiantes y trabajadores. En realidad, las movilizaciones populares en contra de la dictadura de Jorge Ubico habían empezado antes, protagonizadas inicialmente por maestros y universitarios. Esas movilizaciones populares lograron, en junio de 1944, el derrocamiento del régimen dictatorial del General Ubico que por 14 años se había mantenido en el poder. La Revolución de Octubre hizo posible las primeras elecciones libres en Guatemala. También inauguró un período de diez años de modernización del Estado—conocidos como los "Diez años de primavera"—en beneficio de la clase trabajadora y de las mayorías no privilegiadas. Hoy día el 20 de octubre es fiesta nacional en Guatemala y se conmemora el "Día de la Revolución de 1944".

Temas de discusión, comentario o análisis

Discuta, comente o analice los siguientes temas con sus compañeros; su profesor(a) puede asignarle como tarea que escriba un párrafo sobre alguno(s) de ellos.

1. ¿Cómo interpreta usted el título de la película? ¿Por qué se menciona solo el "silencio" de "Neto"? ¿Cuál o cuáles podría(n) ser la(s) causa(s) del silencio de Neto? Hay otros silencios en la película, además del de Neto. Por ejemplo, ¿cuál es el silencio (o secreto) del tío Ernesto? ¿de Elena? ¿de Don Eduardo? ¿de Nidia? ¿de Rodrigo? Comente.

2. Durante la fiesta de cumpleaños de Neto, mientras los invitados comen y beben y los niños juegan y se divierten, hay una escena que muestra a unas personas mirando lo  que está pasando dentro de la casa. ¿Quiénes son esas personas? ¿Cómo están vestidas? Describa la escena. ¿Qué contraste hay entre esa gente que mira y observa desde afuera y la familia de Neto y sus amigos que están dentro? ¿Cree usted que el director habrá incluido esa escena por alguna razón específica? ¿Para reflejar la composición étnica de Guatemala o las clases sociales? ¿Por alguna otra razón? Explique.

3. ¿Cuál es la función de la radio en la película? ¿Qué programas escuchan Neto y sus amigos? ¿Elena y su hermana? ¿Nidia y Rosa? ¿Quiénes escuchan las noticias y los boletines en cadena? ¿Cuál es el mensaje del Presidente Árbenz el 27 de junio de 1954? ¿Cómo reaccionan la abuela y el tío de Neto al oír ese mensaje? ¿y los demás personajes? ¿Qué hace el tío Ernesto inmediatamente después? Comente.

4. Neto ha observado que cuando su papá y su tío Ernesto se ponen a hablar, siempre terminan peleando. Por eso, le pregunta a su tío por qué no se queda callado y así evita más peleas. Su tío le responde: "Eso sería lo más fácil... Pero no, cuando hay que hablar hay que hablar. ¡Cómo te parecés a tu mamá! Tan callado como ella y tan callado como todo este país. Neto, ese silencio no es bueno. Nos lo metieron adentro desde que nacimos pero hay que luchar hasta sacarlo por completo. Entonces podremos respirar". ¿Qué le está diciendo o enseñando aquí el tío a Neto? ¿Por qué es más fácil callarse que decir lo que uno piensa? ¿Y por qué cree el tío que el "silencio no es bueno"? ¿Para qué es necesario sacar por completo el silencio de adentro? Deduciendo de lo que dice el tío Ernesto, si Neto logra sacarse el silencio de dentro, ¿existe la posibilidad de que también se cure del asma? Explique.

5. Identifique y comente <u>dos</u> de las siguientes citas, dando en lo posible el contexto y la significación o importancia de la cita:

   a. "Me da vergüenza vivir entre **traidores** *(traitors)*, **cobardes** *(cowards)*, vendepatrias".

   b. "En este país todos somos indios".

   c. "¿Nos devolverán las tierras que nos quitaron los comunistas?"

   d. "Mi papá y mi mamá hacen como que no saben nada; ¡miedosos!"

   e. "Como hacía mucho calor en Marruecos, vine a refrescarme con la Guerra Fría".

   f. "Dios, Patria, Libertad. Luchemos contra el comunismo".

7. Compare y contraste la vida de Neto antes y después del 27 de junio de 1954, cuando el Presidente Árbenz dejó el poder en manos de los militares. ¿Cómo cambió su vida en su casa, su relación con su hermano Mario, con su padre, con su tío? Y en el colegio, ¿hubo cambios significativos? ¿Cuáles? ¿Qué pasó con Ani y su familia? Comente.

Evaluación

1. ¿Le parece que los personajes están presentados de manera realista? ¿Cuáles sí y cuáles no? ¿Por qué? ¿Cree usted que Neto cambia después de la muerte de su tío Ernesto? Explique.

2. Se puede definir el **realismo mágico** como una técnica artística (literaria o visual) que mezcla realidad y fantasía, sueño e imaginación, historia, leyenda y mito para captar (en un texto, en una película o en una pintura) experiencias o realidades que parecen increíbles, imposibles o ilógicas. Teniendo en cuenta esta definición, ¿qué escenas de realismo mágico hay en la película? ¿Cree usted que el uso del realismo mágico agrega algo significativo a esas escenas? ¿a la película? ¿Por qué sí o por qué no?

3. Si usted fuera el (la) director(a) de la película y quisiera acortarla un poco (por ejemplo, reducirla a un total de 90 minutos), ¿eliminaría a algún personaje o escena por parecerle irrelevante o innecesario(a)? ¿Qué personaje y/o escena? Comente.

4. En general, ¿le gustó la película? ¿Por qué sí o por qué no?

PERSPECTIVAS

Cineasta Luis Argueta

Entrevista por Juan Carlos Lemus

¿Qué responde cuando le preguntan, en cualquier país, cómo es el cine guatemalteco?

Digo que el cine guatemalteco es un proyecto en formación, un río en el futuro hacia el cual van muchos arroyos,° tributarios de diferentes procedencias. Tenemos tributarios-largometrajes nacionales como *Lo que soñó Sebastián*, de Rodrigo Rey Rosa; tributarios-largometrajes hechos con colaboración de otros países (México, en el caso de *Donde acaban los caminos*, de Monteforte Toledo; Cuba, en el caso de *La casa de enfrente*; Estados Unidos, en el caso de *Evidencia invisible*, de Alejandro Castillo, y *Collect call*, mi última comedia amarga.° Filmes para TV, netamente° nacionales como *Uraga*, de Guillermo Escalón y Ana Carlos, y documentales mixtos como *La palabra desenterrada*,° de Mary Ellen Davis, por ahora para un público fuera de Guatemala.

¿Por qué eligió Estados Unidos para radicarse?°

Cuando iniciaba mis estudios de ingeniería obtuve una beca° completa para estudiar en una buena universidad en Michigan; después descubrí que el cine era una artesanía que se podía aprender, y aunque fui a Europa a trabajar en un largometraje con [Fernando] Arrabal y quise radicarme en Francia, no obtuve permiso de trabajo. Quise volver a Guatemala, pero las oportunidades eran inexistentes y la situación de represión a todo nivel no era nada alentadora.° Más adelante me casé y me mudé a Nueva York, donde hice mi carrera profesional.

Con el corto *Navidad guatemalteca* (1976) y el documental *El costo del algodón* (1978) afinco° las raíces de mi cine en Guatemala. *El costo del algodón* [que trata del impacto de los pesticidas en las zonas algodoneras de la Costa Sur], recordemos, fue prohibido y perseguido. Hay un interludio en que me dedico a trabajar en publicidad y a preparar el guión de *El silencio de Neto*. Recordemos que en 1991 hice el piloto de *Neto*, y que antes de eso Justo Chang y yo trabajamos durante varios años en el guión. Irónicamente, por ganarme la vida haciendo publicidad en Estados Unidos pude volver física y espiritualmente a Guatemala. *El silencio de Neto* (1994) es mi retorno definitivo y mi compromiso con hacer° cine guatemalteco.

¿Estaría usted de acuerdo con que, más que dinero, hace falta creatividad y genio para producir buen cine en este país?

Lo que hace falta es infraestructura, para producir y para exhibir lo producido. El cine es una actividad que aglutina° todas las artes. También, como

Glosses (left margin):
- streams
- bitter-sweet / clearly unburied; *English title:* Haunted Land
- to settle in
- scholarship
- no... *was in no way encouraging*
- I established
- compromiso... *commitment to making*
- unites, holds together

siempre he dicho, es una industria. Y es una artesanía. Hay que aprenderla. El cine es una empresa dura, larga, que requiere dedicación total. Hoy es más barato hacer cine (digital), pero no es más fácil. Hacer buen cine no es "soplar y hacer botellas".° Lo bueno del digital es que se puede experimentar más, cometer errores y aprender a bajo costo. Pero cine de verdad, que pueda verse en las salas grandes, proyectarse y competir a nivel internacional, ese tipo de cine no es barato. Para hacer cine hace falta dinero.

no... is not like "blowing" (glass) and making bottles; i.e., is not that easy

¿Qué fue lo mejor de trabajar, en 1975, como asistente de Fernando Arrabal?

Lo mejor fue participar en una coproducción internacional hecha como debe hacerse cine. Con un equipo de profesionales especializados, con un plan claro y concreto, con un calendario, con buenos actores, con técnicos-artistas, desde Ramón Suárez, el director de fotografía (que después filmó *El silencio de Neto*) hasta el maquinista que manejaba el dolly. Por otro lado, Arrabal fue extremadamente generoso al darme una posición desde la cual pude aprender y participar (en sugerencias con el guión y haciendo un papel en la película). Lo mejor fue la experiencia completa. No solamente participé en el rodaje sino también en el montaje,° y después estuve a cargo del doblaje° de los diálogos al inglés. Pude ver la maratón que es hacer un largometraje, además de estar al lado de un gran artista comprometido° con su época y su país, y de poder darme cuenta de lo internacional que es el cine.

editing / dubbing

committed

¿Por qué Collect call, *su último largometraje, ya no se proyectó en los cines comerciales de Guatemala? ¿Se exhibió en otro país?*

Collect call es muy diferente de *El silencio de Neto*, en todo aspecto. Es una comedia amarga, una farsa sarcástica, cínica, y además es un experimento. Es una propuesta° de hacer cine sin actores profesionales (parcialmente) con las uñas o con las pezuñas.° Con menos plata. El hecho de que esté únicamente disponible° en video (por falta de fondos no la he podido pasar a 35 mm) hace su proyección difícil. Es una película que me muero por mostrar en Guatemala en los cines, pero los cines de Guatemala no proyectan video (con pocas excepciones). Quiero que la vea la gente del campo, los que han ido mojados° o no mojados a Estados Unidos y han hecho o tratado de hacer una vida allá.

proposal con... by tooth or nail, in any possible way available

undocumented

También es una película para cineastas. Quiero que se discuta cómo se hizo. Que se hable de las expectativas y cómo la realidad difiere del resultado. Pero es aún difícil hoy discutir a fondo cine (y tantas otras cosas). Con *El silencio de Neto* mi inversión° no solo fue en la producción sino que también le metimos plata a la distribución y a la publicidad. Con *Collect call* la inversión fue menor y no estoy en posibilidad de invertir más por el momento. Además, en el caso de *El silencio de Neto* hay dos factores adicionales que contribuyeron a que se hablara y viera. Uno, la película fue a muchos festivales de cine que requieren copias en 35 mm y a los cuales *Collect call* no puede ir por estar en video, y dos, que en Guatemala teníamos la gran colaboración de Justo Chang, quien se movió mucho para que fuera proyectada en los departamentos° y en las escuelas.

investment

se... who made a great effort to get it shown in the provinces, or departments

Por último, *El silencio de Neto* trata de una época de gran significación histórica y gran carga emotiva para todos los guatemaltecos, pero que al mismo

anger

sale... comes out well

disseminate

por... therefore

indispensable

decent, of worth

tiempo está lo suficientemente lejana para que tengamos una cierta perspectiva. *Collect call* está hecha con cierta rabia.° Es una visión a primera vista superficial de unos personajes superficiales. Es una película poco generosa. Nadie sale bien parado.° Pero es una película que compara dos mundos contemporáneos y donde reina la picaresca, sin lugar para el drama o el melodrama.

Proyectos como el Festival Ícaro han servido para mostrar algunos cortometrajes y videos guatemaltecos. ¿Cuál es su opinión acerca de dicho festival?

Todo esfuerzo que se haga por difundir° el trabajo local es importante y debe ser apoyado. Somos un país sin imágenes ni espejos propios. En un mundo globalizado no sabemos quiénes somos ni de dónde venimos y por ende° adónde vamos. El cine es de importancia fundamental en la construcción de la identidad nacional y en su proyección ante nosotros mismos y ante el mundo. Una película llega a más gente que cien ferias industriales. Construir un cine nacional es una actividad imprescindible,° es parte de la lucha por un futuro digno.°

Juan Carlos Lemus, "Cineasta Luis Argueta", *Prensa Libre,* 27 julio 2003.

Preguntas

1. ¿Dirigió Luis Argueta alguna película de largometraje antes de *El silencio de Neto*? ¿Y después? ¿Por qué cree usted que su película documental *El costo del algodón* se prohibió en Guatemala? Comente.

2. ¿Por qué dice Argueta que "el cine guatemalteco es un proyecto en formación"? Explique.

3. Según Argueta, ¿dónde están las raíces y su compromiso cuando hace cine: en Guatemala, donde nació, o en Estados Unidos, donde vive y trabaja desde hace mucho tiempo? Comente.

4. ¿Está usted de acuerdo con la idea (de Argueta) de que "Para hacer cine hace falta dinero"? ¿Por qué sí o por qué no?

5. Para Argueta, ¿qué fue lo mejor de trabajar como asistente de Fernando Arrabal, el conocido escritor, guionista y director español? ¿Por qué?

6. ¿Cuáles son algunas de las diferencias entre *Collect Call* y *El silencio de Neto* que menciona Argueta? ¿Por qué no se puede mostrar *Collect Call* en los cines de Guatemala?

7. ¿Cuáles son algunas de las razones que explican por qué se ve más y se habla más de *El silencio de Neto* que de *Collect Call*? Comente.

8. Según Argueta, ¿qué función importante tiene el cine en un país? ¿Y por qué piensa él que "Construir un cine nacional es una actividad imprescindible, es parte de la lucha por un futuro digno"? ¿Está usted de acuerdo con esa idea? ¿Por qué sí o por qué no?

Inestabilidad política y educación en El Salvador

Entrevista con Carmen Henríquez García, joven salvadoreña que completó sus estudios universitarios en ciencias políticas; enseña inglés como segunda lengua (ESL) y educación cívica en el sindicato SEIU (Service Employees International Union) de Boston.

¿Nos puedes contar por qué dejaste tu país para venir a Estados Unidos? ¿Tuviste alguna razón específica?

Soy de las zonas rurales de mi país y crecí durante la guerra civil que oficialmente comenzó en 1980 y terminó en 1992. La razón principal que me llevó a migrar a los EEUU fue económica: vengo de una familia de quince hermanos y hermanas de los cuales ocho miembros murieron de múltiples enfermedades antes de llegar a los cinco años por falta de recursos y ayuda médica.

Mi papá, Julio Henríquez, campesino y obrero de una familia latifundista° de la Zona en San Vicente, ganaba solo para comer y pagar renta a los dueños de la hacienda. La pobreza en que crecimos no les permitió a mis padres mandarme a estudiar fuera del cantón Achichilco (San Vicente, El Salvador), porque no tenían dinero para comprar los uniformes requeridos por la escuela pública, pagar transporte, comida y útiles° escolares. La segunda razón fue la sistemática marginación adicional a la que niñas y mujeres se ven sometidas,° particularmente en zonas rurales. La generación de mis padres tenía poco interés en que sus hijas se educaran. Aun mi madre, que estaba entre las pocas con ideas un tanto más modernas, pensaba que aprender a leer y escribir era suficiente. Yo siempre quise estudiar y cuando maduré un poquito más incluso comencé a soñar con poder asistir a la universidad. También se fue haciendo claro para mí° que esa segunda meta° nunca la iba a alcanzar en El Salvador debido a la falta de oportunidades para personas de bajos recursos.

La tercera razón importante que me empujó a migrar fue que mi madre murió cuando yo tenía quince años de edad y, como consecuencia, cayó sobre mí la responsabilidad de ayudar a criar a dos hermanos y una hermana menores. Hoy puedo decir con satisfacción que gracias a que vine a vivir a Estados Unidos he podido no solo educarme yo, sino también apoyar la educación de mis hermanos menores. Los tres completaron el bachillerato° y dos de ellos, un hermano y mi hermanita, terminaron carreras universitarias cortas. No tuve otra salida; tuve que irme de El Salvador para educarme y apoyar a mis hermanos.

¿Dónde hiciste la escuela primaria y la secundaria? ¿Qué recuerdas de esos años de tu vida estudiantil?

Mi educación básica y secundaria la hice en el sistema público de El Salvador. Fui a la escuela por primera vez a los ocho años en el Puerto de Acajutla, Sonsonate. Llegué junto con toda mi familia a Acajutla en 1981, pues todos tuvimos que salir de San Vicente desplazados por la guerra civil que estalló° ese año y llegó hasta la comunidad donde vivíamos. Yo tenía solo tres años, pero todavía tengo imágenes de uno de mis hermanos mayores cargándome° y una larga fila° de adultos a pie llevando ollas° en la cabeza, bultos° con ropa y la poca comida que podían llevar en las manos. Fui a una escuela fundada

familia... *family that owned a large estate*

supplies

se... *are subjected*

se... *it was becoming clear to me / goal*

high school

broke out

carrying me
line / pots / bags

por los Jesuitas, pero administrada por monjas. Lamentablemente no aprendí nada ese año porque en 1987 nos regresamos a San Vicente a vivir al cantón Llanos de Achichilco. Aunque la guerra civil todavía no terminaba, su intensidad en esa zona era menor que en los seis años previos. Toda mi familia vive todavía allí. Comencé primer grado por segunda vez, pero ya con nueve años de edad. La clase era al aire libre° y nos reuníamos debajo de un árbol grande porque no había edificio para la escuela. Nuestra clase tenía estudiantes de siete a diecisiete años de edad. Yo era inquieta° y estaba entre los más pequeños. Como resultado de un problema que tuve con unas compañeras, yo fui castigada° muy injustamente por la maestra. Enojada por esa injusticia, le contesté con unas palabrotas.° Ese fue el final de mi primer grado. Insultar a la maestra me condenó a quedarme en la casa sin poder aprender a leer o escribir por los siguientes tres años. Pero no fueron años mal aprovechados;° durante ese tiempo aprendí a hacer todo tipo de tareas de casa, como hacer tortillas, lavar y planchar. Pero también a hacer trabajos agrícolas como cultivar la milpa de maíz o el frijolar, desde la siembra de semillas hasta la cosecha.°

Aprendí a leer finalmente a los doce años; fue a través de unas clases de alfabetización° para adultos que unas jóvenes universitarias estaban impartiendo como parte de sus horas sociales.° El quinto y sexto grado los terminé en la escuela nocturna de San Vicente. Después fui a hacer el tercer ciclo (séptimo, octavo y noveno grado) en la escuela pública regular en la misma ciudad.

Debido a que tenía buenas notas, fui aceptada para terminar la secundaria en el Instituto Nacional Servelio Navarrete de San Vicente. Estudié contabilidad por dos años (1996 y 97); no terminé el último año porque en diciembre de 1997 emigré a Estados Unidos. En septiembre de 1998 (con veinte años de edad) logré matricularme en Cambridge Ridge Latin High School en Cambridge, Massachusetts, para terminar mi último año de secundaria.

¿Podrías comentar brevemente sobre la situación política de El Salvador en el siglo XX, en particular durante la segunda mitad del siglo? ¿Crees que ha habido o hay mucha inestabilidad política en tu país?

El Salvador como muchos otros países latinoamericanos ha pasado por inestabilidad política desde principios del siglo XX. Creo importante hablar de las cuatro últimas décadas del siglo. Vale la pena mencionar que El Salvador es un país muy pequeño –del mismo tamaño que el estado de Massachusetts– y con una población que actualmente suma 6 millones.

La riqueza del país se mantiene concentrada en pocas manos (2 por ciento de la población). En la segunda mitad del siglo XX se hablaba de unos catorce o dieciséis grupos extendidos de familias (una élite interconectada por matrimonios) controlando literalmente toda la economía del país. Estas familias también controlaban el sistema de gobierno, las fuerzas armadas y la policía. La fuente° principal de inestabilidad política de El Salvador ha sido la injusta estructura socioeconómica que mantiene a la mayoría de la población sumida° en la pobreza y, de facto, convertidos en ciudadanos de segunda clase. Solo regímenes políticos dictatoriales, o tremendamente autoritarios y represivos, pudieron mantener ese status quo durante el siglo XX.

al... *outside*

restless

punished
swear words

mal... *wasted*

milpa... *corn or bean field, from sowing seeds to harvesting*
literacy

horas... *hours of community service*

source
plunged

Por décadas el país mantuvo su economía basada en cultivos de café, algodón y caña de azúcar. Estas industrias siempre fueron controladas por hacendados° que *landowners* eran dueños de la tierra y de lo que se producía en ella. Las grandes mayorías de la población en las zonas rurales vivían y trabajaban para los dueños de haciendas, que era una forma de esclavitud° moderna donde los campesinos trabajaban a *slavery* cambio de vivienda y tierra para cultivar un poco de maíz, frijoles y otros productos para mantener a sus familias. Es lo que hicieron mis padres desde siempre.

Durante las décadas de 1960 y 1970, los niveles de desigualdad y pobreza extrema crecían al igual que el descontento de la población que estaba lista para defender sus derechos y traer cambios para las mayorías. Para finales de la década del 70, El Salvador estaba dividido y reprimido° por los abusos del *repressed* gobierno en el poder, que estaba haciendo desaparecer y abiertamente matando líderes sindicales, estudiantiles, sacerdotes y campesinos a manos del ejército, la policía de hacienda y las milicias civiles. La inestabilidad política

seguía escalando° y fue en este contexto que *going up* asesinaron al Arzobispo° Monseñor Óscar *archbishop* Arnulfo Romero el 24 de marzo de 1980. La muerte de Romero fue la última gota que derramó el vaso° porque en octubre *última... last straw* del mismo año, el grupo guerrillero FMLN (Frente Farabundo Martí para la Liberación Nacional) fue formalmente establecido por cinco grupos diferentes que luego lanzaron° *launched* ofensivas militares en contra del ejército del gobierno.

Y en todo ese tiempo, ¿cómo ha sido la relación política entre El Salvador y Estados Unidos?

En realidad, desde que terminó la Segunda Guerra Mundial y comenzó la Guerra Fría con la Unión Soviética, Estados Unidos tuvo una presencia fuerte en América Latina, por la preocupación de la expansión del comunismo. Y en el caso de El Salvador, antes de que estallara la guerra civil, el Arzobispo Romero le imploró al Presidente Jimmy Carter que cesara de mandar armas y ayuda financiera al gobierno salvadoreño para detener las matanzas de civiles. Eso nunca sucedió. Por el contrario, con la llegada del gobierno de Ronald Reagan –el cual tenía una línea ideológica mucho más anti-comunista– la ayuda militar se multiplicó. No es noticia para nadie que durante toda la guerra civil la vasta maquinaria contra-insurgente de los sucesivos gobiernos de El Salvador fue completamente financiada por Estados Unidos. El gobierno salvadoreño tenía un ejército asistido militar y económicamente por Estados Unidos, que dejaba al estado salvadoreño, prácticamente solo, el trabajo de reclutar° los soldados entre la población civil. Durante la guerra civil, Estados *de... of recruiting* Unidos gastaba un millón y medio de dólares diarios para sostener todo el aparato militar oficial salvadoreño. Esta cifra° contrasta enormemente con la *number* ayuda para el desarrollo—que no pasa de 25 a 30 millones de dólares anuales— que ahora Estados Unidos envía a El Salvador en tiempos de paz.

En Washington DC a este esquema se le llamaba "guerra de baja intensidad" porque para Estados Unidos no significaba arriesgar° la vida de sus propios soldados. Sin embargo, para El Salvador fue una "guerra de *alta* intensidad" pues dejó 75 mil muertos, un millón y medio de desplazados internos (como nos sucedió a mí y a mi familia), otro millón y medio de desplazados a países vecinos. Y provocó la migración más masiva de salvadoreños que huyeron° a buscar refugio al mismo Estados Unidos, y también a otros países como Canadá, Australia, España e Italia.

risk

fled

Teniendo en cuenta tu experiencia personal y todo lo que sabes de la realidad de tu país, ¿crees que la situación política y los problemas derivados de la inestabilidad afectan la educación en El Salvador? ¿Cómo?

Sin duda alguna, la situación política y la inseguridad influyen en la educación. Durante la guerra civil, los estudiantes eran organizados para participar en levantamientos° en contra del gobierno. En las zonas rurales, los jóvenes eran reclutados para formar parte del ejército. La clase media sacó a sus hijos a estudiar afuera porque la Universidad Nacional estaba en paro de labores° todo el tiempo y los estudiantes nunca terminaban sus carreras o terminaban muertos por sospecha° de participar en asociaciones de estudiantes. En el período de la guerra, la cantidad de escuelas y maestros accesibles para las mayorías de la población eran limitados, por falta de recursos económicos para llegar a las zonas rurales.

uprisings

en... on strike

por... under suspicion

Actualmente, la violencia y las maras° son una constante preocupación para los padres, el gobierno y las escuelas. Las maras reclutan jóvenes en las escuelas y fuera de las escuelas. La violencia entre centros escolares ha dejado cientos de jóvenes muertos o lesionados.° La última política del gobierno es que todos los jóvenes en el país vistan el mismo uniforme para primaria, tercer ciclo (séptimo, octavo y noveno grados) y secundaria, para prevenir rivalidades entre centros escolares. En general, el acceso a la educación ha mejorado en todo el país ya que es completamente gratuita y el gobierno provee zapatos, uniformes, útiles escolares y almuerzos calientes a todos los estudiantes de kínder a noveno grado. Pero la inseguridad y las maras continúan siendo un problema constante.

gangs

wounded

Preguntas

1. ¿Cuáles son las tres razones principales que obligaron a Carmen Henríquez García a dejar su país y venir a Estados Unidos? Explique.

2. ¿Dónde hizo Carmen la escuela primaria y la secundaria? ¿Qué recuerdo específico tiene ella de cuando empezó primer grado por segunda vez, a los nueve años? ¿Qué consecuencias tuvo para ella esa experiencia de injusticia cuando aún era niña? Comente.

3. ¿Dónde y cuándo completó Carmen el último año que le faltaba para terminar la escuela secundaria?

4. ¿Con qué estado de Estados Unidos se puede comparar el tamaño de El Salvador? ¿Cuántos habitantes tiene?

5. Según Carmen, ¿ha tenido consecuencias importantes para El Salvador esa injusta estructura socioeconómica? Explique.

6. ¿Qué sucedió en las décadas de 1960 y 1970? ¿Y el 24 de marzo de 1980? Comente.

7. ¿Qué es el FMLN? ¿Cuándo se formó? ¿Está relacionado de alguna manera con la muerte del Arzobispo Romero? Explique.

8. ¿Cuáles son los años asociados con la guerra civil en El Salvador? ¿Qué le pidió el Arzobispo Romero al Presidente Jimmy Carter antes de que estallara la guerra civil? ¿Tuvo éxito su pedido?

9. ¿Qué papel tuvo Estados Unidos en la guerra civil de El Salvador? ¿Cuánto gastaba por día para sostener al gobierno militar salvadoreño? ¿Cómo se compara esa cifra con la ayuda para el desarrollo que Estados Unidos envía a El Salvador actualmente, en tiempos de paz? Comente.

10. ¿Qué efectos ha tenido en la educación la situación política salvadoreña (por ejemplo, durante la guerra civil en las zonas rurales, en la clase media, en el número de escuelas y de maestros)?

11. ¿Cuáles son los problemas que actualmente preocupan a los padres, maestros y al gobierno de El Salvador?

12. En general, ¿ha mejorado el acceso a la educación en los últimos tiempos? Explique.

Educación y revolución en Nicaragua: antes y ahora

Entrevista con Otilia Cortez, profesora nicaragüense; enseña español en State University of New York, Oswego.

¿Cuándo viniste a Estados Unidos?

Llegué a Syracuse, Nueva York, el 17 de diciembre de 1990. Venir en esa época del año fue una experiencia maravillosa porque en mi país no cae nieve y ver la ciudad totalmente vestida de blanco fue como un sueño de hadas.°   sueño... *fairy-tale dream*

¿Ya habías terminado la secundaria en tu país?

Sí, yo hice mis estudios de primaria, de secundaria y de la universidad en Nicaragua. Acá en los Estados Unidos asistí a la universidad de Syracuse, pero para obtener mi maestría y mi doctorado en literatura hispanoamericana.

¿Qué recuerdas de tus años de escuela primaria y secundaria?

En mi época de adolescente (1960-71), la educación todavía era muy tradicional, como en muchos otros países. Los alumnos teníamos que memorizar las lecciones, lo que nos convertía en una especie de "recipientes" en los que los maestros "depositaban" el saber. En general, entre el maestro y sus estudiantes no había una relación que facilitara el proceso de enseñanza y en muchos casos había una gran barrera que los separaba. Eso se derivaba probablemente de la política y filosofía del sistema hegemónico° predominante en la región.   *of dominance* El maestro venía a representar la centralización del poder que a nivel superior le correspondía al presidente y que en una cadena° descendiente pasaba por los   *chain* diferentes subniveles de las diferentes áreas sociales: la iglesia, la comunidad, hasta llegar a la imagen del padre de familia. Reforzaba esa visión el uso de un lenguaje que reafirmaba esa política autoritaria. La palabra "respeto", por ejemplo, se interpretaba casi como sinónimo de "temor".

En esos años en mi país, a pesar de que el costo de la educación era muy bajo, dominaba una filosofía elitista. Los profesionales éramos educados con una mentalidad muy individualista. No se desarrollaba una conciencia de clase ni de servicio al pueblo.° La medicina la estudiaban mayoritariamente solo la juventud de clase privilegiada tanto por el costo de la carrera como por el promedio° que un estudiante debía obtener en el examen de clasificación.° Este último difícilmente era aprobado por estudiantes que asistían a escuelas públicas porque allí no recibían la misma calidad de enseñanza asociada con las escuelas privadas.

En la actualidad, ¿la educación sigue siendo tan tradicional, autoritaria y elitista como en tu época estudiantil?

No, poco a poco en la educación fueron surgiendo cambios° que estaban ligados° con lo que sucedía en la región latinoamericana. La popularidad de la obra del pedagogo brasileño Paulo Freire tuvo su incidencia° en la educación nicaragüense. La *Pedagogía del oprimido* tuvo eco en las aulas de clase,° especialmente en aquellas en donde se estaban formando maestros.°

g | *Busque "Paulo Freire" para informarse sobre este influyente teórico de la educación, autor del libro* Pedagogía del oprimido, *publicado en español y en inglés en 1970.*

Como respuestas a eventos como el de Freire, se dieron cambios muy positivos forzados o no por las circunstancias sociales. Sería injusto no mencionar que algunas de estas iniciativas ya las estaba impulsando° el Ministerio de Educación aun en el período de gobierno de Anastasio Somoza.

Con el triunfo de la Revolución Sandinista en 1979 se inician reformas que el pueblo venía reclamando,° entre ellas la del sistema educativo. Las generaciones jóvenes de hombres y mujeres que expusieron° su vida en la guerrilla contra Somoza Debayle, una vez que tomó el poder el nuevo gobierno, demandaron esta reforma que condujo a una revisión de los planes de estudio de los diferentes niveles educativos. Como estrategia muy significativa se reformularon los objetivos generales y específicos del sistema educativo. Se estableció una articulación pedagógica, filosófica y política entre los diferentes niveles del sistema educativo que respondiera a los intereses del nuevo gobierno.

Una de las tareas más significativas del gobierno sandinista inmediatamente después de su victoria fue la Cruzada Nacional de Alfabetización° "Héroes y Mártires por la Liberación de Nicaragua". Esta campaña permitió reducir el índice de analfabetismo superior del 50 por ciento al escaso° 13 por ciento. Esta operación obtuvo el reconocimiento de la UNESCO en 1981 y fue aplaudida por el mundo entero.

¿Y ha habido cambios a nivel universitario?

Sí, en el nivel universitario se incentivó° solo el estudio de carreras que necesitaba el país para evitar el desempleo en algunas áreas profesionales y se impusieron° dos años de práctica profesional en las regiones del interior del país con el afán de cubrir las necesidades de° profesionales en ciertas subregiones. Hasta el momento los médicos no se gradúan a menos que ya hayan cumplido

---

Glosas del margen:

No... *It didn't foster a sense of (social) consciousness or of public service* average score / de... *qualifying*

fueron... *changes started to emerge* linked

effect, impact

aulas... *classrooms*

en... *where teachers were being trained*

promoting

venía... *had been demanding* risked

Literacy

permitió... *made it possible to reduce the illiteracy rate of over 50 percent to a mere*

se... *was encouraged*

se... *were imposed, required* con... *in an effort to cover the need for*

con sus dos años de práctica y la mayoría debe mudarse a las zonas rurales para cumplir con ese requisito.° La necesidad y utilidad de esta medida no se discute.° Sin embargo es objeto de crítica el hecho de que aún existen casos en que se privilegia a° cierto sector social y político al que se le permite hacer la práctica en las ciudades.

requirement

medida... *measure is not disputed* se... *is privileged*

Como profesora participante de la campaña de alfabetización así como en la tarea de la reforma educativa de los años ochenta me atrevo a afirmar° que los cambios impulsados° fueron excelentes, aunque hubo impedimentos económicos y políticos que evitaron el éxito rotundo° de los objetivos propuestos.

me... *I dare say (that were) promoted* evitaron... *precluded the complete success*

Actualmente se continúa dándole atención a las necesidades educativas pero la inestabilidad económica y política sigue siendo un problema que retiene° los avances necesarios en el país.

sigue... *continues to be a problem that holds up*

La inestabilidad política que mencionas, ¿se inicia durante la dictadura de la familia Somoza o después, bajo el gobierno sandinista que empieza en 1979? ¿Podrías comentar brevemente la situación política de tu país durante el siglo XX?

La familia Somoza inició su largo gobierno en Nicaragua con la presidencia de Anastasio Somoza García en 1936 y finalizó con Anastasio Somoza Debayle en 1979 al ser derrocado° por el Frente Sandinista de Liberación Nacional (FSLN).

al... *on being defeated*

Durante el período de gobierno de la familia Somoza la corrupción, la incorrecta distribución de la riqueza, el favoritismo político, las carencias° de garantías sociales fueron gradualmente escalando a niveles insospechados.° Como consecuencia el pueblo respondió al llamado del Frente Sandinista de Liberación Nacional. Este movimiento se inició en 1961 con Carlos Fonseca Amador, Santos López, Germán Pomares, Tomás Borges y Silvio Mayorga. Con su nombre el FSLN honra la memoria del líder nicaragüense Augusto Sandino, el cual sostuvo una guerra de guerrillas contra la intervención estadounidense durante los años de 1927 a 1933.

lack

fueron... *were gradually increasing to surprising levels*

Si durante la gestión° gubernamental de los Somoza hubo inestabilidad política, en los diez años de la Revolución Sandinista, esta inestabilidad se acrecentó° de una forma, diría yo, insospechada. El nuevo gobierno apenas tuvo tiempo de organizarse. La Guardia Nacional rearmada inició sus gestiones° militares desde los países vecinos con financiamiento extranjero. A eso se sumó° el bloqueo político y económico de parte de los países que no estaban de acuerdo con la filosofía y política del Frente Sandinista. Los enfrentamientos° armados con la Contra Revolución dejaron un saldo de° 50.000 muertos, un país empobrecido y frustrado debido a que la injerencia° extranjera hizo abortar el sueño revolucionario.

administration

se... *increased*

operations

se... *was added*

confrontations / dejaron... *resulted in interference*

Y esa situación de inestabilidad política en tu país, ¿ha tenido mucho impacto en otras áreas, como por ejemplo en la economía o en la educación?

Sí, muchísimo. Es obvio que la inestabilidad política ha tenido efectos graves en la economía del país. El solo hecho de que Nicaragua sea considerada por el Banco Interamericano de Desarrollo como uno de los países más pobres del mundo lo dice todo. Más del 80 por ciento de la población sufre de pobreza.

Es curioso que a pesar de la situación económica que sufre el país, Nicaragua sea un país prácticamente libre de analfabetismo. Quizá eso se deba a que el pueblo nicaragüense se ha caracterizado por su amor a la educación y por su deseo de superación° constante. Es un pueblo soñador° y amante de la poesía y de su tierra. Es hospitalario, amistoso y valiente. Parte de su forma de ser lo lleva a la necesidad de luchar por sus derechos de ciudadano. Quizá por eso sea un ferviente partícipe de° los procesos políticos del país. Su sentido de la justicia sigue vivo y probablemente eso es lo que lo impulsa° a seguir creyendo en el futuro muy a pesar de las muchas decepciones° que los diferentes gobiernos le han causado.

El 7 de agosto de 1987 se firmó en Guatemala, por iniciativa de Óscar Arias, el ex presidente de Costa Rica, un acuerdo de paz entre los países de Centroamérica. Por su participación activa en lograr la firma de ese "Plan Arias para la paz", él ganó el Premio Nobel de la Paz en 1987. ¿Qué piensas de ese acuerdo y de los acuerdos o tratados de paz en general?

Toda búsqueda de la paz es aplaudible, así como toda promesa por encontrarla y mantenerla es admirable. El problema es que donde hay pobreza hay hambre, no hay salud ni educación y una se pregunta, ¿cómo puede haber paz en donde la gente no puede satisfacer sus necesidades básicas? Es triste hablar de una paz cuando esta implica la aceptación de una vida sin calidad° y la renuncia a la dignidad humana. La violencia no es deseada por nadie, pero es que el hambre misma es violencia.

Así que muy a pesar de los tratados, la violencia en Centroamérica ha sido y sigue siendo una respuesta a las muchas carencias que sufren los pueblos: carencia que se resume en° la ausencia completa y total de sus derechos humanos: alimentos, salud, educación, etc.

Se firmó un tratado de paz y ya no hay guerra de guerrillas, pero la violencia tiene muchas formas de expresión y ahora mismo tenemos, además, la violencia producida por el tráfico de drogas.

Preguntas

1. ¿Por qué dice Otilia Cortez que para ella "fue una experiencia maravillosa" llegar a Syracuse en diciembre de 1990?

2. ¿Dónde hizo Otilia sus estudios de primaria y de secundaria? ¿Qué recuerda ella de sus años de adolescente (1960-71)? ¿Cómo era el costo de la educación en su país en esos años?

3. En esa época, ¿quiénes eran casi los únicos que podían estudiar medicina en Nicaragua? ¿Por qué?

4. ¿Ha habido cambios en la educación en Nicaragua en los años 70 y después? Por ejemplo, ¿qué influencia ha tenido la obra del pedagogo brasileño Paulo Freire? ¿Y el triunfo de la Revolución Sandinista en 1979?

5. ¿Qué fue la Cruzada Nacional de Alfabetización "Héroes y Mártires por la Liberación de Nicaragua"? Explique.

Margin glosses:

deseo... *desire to overcome / that dreams*

partícipe... *participant in impels*

muy... *in spite of the many disappointments*

implica... *implies the acceptance of life that is not high in quality*

se... *is summed up by*

6. ¿Ha habido cambios importantes a nivel universitario? Por ejemplo, ¿qué se ha hecho para evitar el desempleo en algunas áreas profesionales? ¿Qué deben cumplir los médicos para graduarse? ¿Qué critican algunos nicaragüenses respecto a esas medidas?

7. ¿Qué le parece a usted la medida de hacer una práctica de dos años en el campo antes de recibir su título de doctor(a)? Si fuera estudiante de medicina en Nicaragua, ¿no tendría problemas en cumplir con esa medida? Comente.

8. ¿Cuántos años estuvo la familia Somoza en el poder en Nicaragua? Además de la corrupción, ¿qué otros problemas graves se dieron durante la dictadura de los tres Somoza (Anastasio Somoza García y dos de sus hijos: Luis Somoza Debayle y Anastasio Somoza Debayle)?

9. ¿Qué es el FSLN? ¿Cuándo se inició el movimiento? ¿Quién fue Augusto Sandino? ¿Cuántos años duró la guerra de guerrillas que sostuvo Sandino contra la intervención estadounidense en su país?

10. ¿Disminuyó o aumentó la inestabilidad política durante los diez años de gobierno sandinista en Nicaragua? ¿Por qué? Explique.

11. Según el Banco Interamericano de Desarrollo, Nicaragua es "uno de los países más pobres del mundo", pero a pesar de su pobreza, comenta Otilia, es "un país prácticamente libre de analfabetismo". ¿Cómo explica ella esa aparente paradoja? Comente.

12. ¿Qué opina Otilia de los tratados de paz en general? Según ella, ¿cuál es el problema grande de Centroamérica, en particular de los países pobres, que hace que los tratados o acuerdos de paz no sean tan efectivos como podrían ser en países más ricos? ¿Está usted de acuerdo con ella? ¿Por qué sí o por qué no?

DE LA PRENSA

Historia del Canal [de Panamá]

Desde años tan remotos como el 8000 a.C., el Istmo de Panamá fue utilizado como ruta de tránsito cuando el hombre emigraba de un lado al otro del continente americano. Un canal a nivel del mar que cruzara el istmo había sido un sueño desde que en 1513 Vasco Núñez de Balboa, explorador español, descubrió el océano Pacífico.

En 1534 el Rey Carlos V de España ordenó los primeros estudios para la construcción de un canal por una sección del istmo. Aunque esta idea no se materializó, los españoles construyeron caminos pavimentados con guijarros (piedra) que sirvieron de vías para transportar a lomo de mula° toneladas de oro y plata procedentes del Perú con destino a España y de lo cual hoy se pueden apreciar sus vestigios en el Camino de Cruces.

a... *on the backs of mules*

En 1880 los franceses comandados por el creador del Canal de Suez, Ferdinand de Lesseps, iniciaron la construcción de un canal por Panamá; la empresa° fracasó° ante la indómita naturaleza istmeña.

company / failed

En 1903 Panamá se independiza de Colombia y firma con los Estados Unidos de América el Tratado Hay Bunau-Varilla que permitió iniciar la construcción del canal en 1904 y finalizarlo con el tránsito inaugural del vapor *Ancón* el 15 de agosto de 1914.

"Historia del Canal"
http://www.panamatours.com/Pancanal/Canal_history_esp.htm

Curiosidades del Canal [de Panamá][1]

- El vapor *Ancón* realizó el primer tránsito oficial por el Canal de Panamá el 15 de agosto de 1914.
- Un barco que viaja de Nueva York a San Francisco se ahorra 7.872 millas si utiliza el Canal de Panamá en vez de rodear el cabo de Hornos.

toll

- El peaje° del Canal de Panamá más alto hasta 1995 corresponde al *Crown Princess*, que pagó 141.349,97 dólares al transitar el 2 de mayo de 1993.
- El peaje más bajo fue de 36 centésimos de dólar y fue pagado por Richard Halliburton al cruzar nadando el Canal en 1928.

buque... tanker

- El récord de carga transportada por el Canal corresponde al buque cisterna° *Arco Texas* que transitó en 1981 con 65.229 toneladas de petróleo.

length / width

- El buque *San Juan Prospector* es el buque más largo en transitar el Canal con 229 metros de eslora° y 32.6 metros de manga.°
- El tránsito más rápido efectuado en el Canal fue el realizado por el *Hydrofoil Pegasus* de la armada de los Estados Unidos, que completó la travesía en 2 horas y 41 minutos.

compuertas... lock gates

- Las compuertas de las esclusas° pesan 750 toneladas cada una.

---

1 http://www.panamatours.com/Pancanal/Canal_facts_esp.htm

Preguntas

1. ¿Quién descubrió el océano Pacífico? ¿En qué año? ¿Qué sueño generó ese descubrimiento?

2. ¿En qué año se inició la construcción de un canal a través de Panamá bajo la dirección del creador del Canal de Suez? ¿Tuvo éxito ese proyecto? ¿Por qué?

3. ¿Cuándo se independizó Panamá de Colombia? ¿Qué pasó un año después? ¿Cuántos años llevó la construcción del Canal de Panamá? ¿Desde qué año hasta qué año? ¿Cuál fue el primer barco que hizo el tránsito inaugural del canal? ¿Y cuándo?

4. ¿Cuánto y cuándo se pagó por el más alto peaje del Canal de Panamá hasta 1995? ¿Y por el peaje más bajo? Explique.

5. ¿Cuál es el récord de carga transportada por el canal? ¿Cuándo? ¿Y el récord de tiempo de travesía? ¿De qué país son los barcos de ambos récords? Comente.

 Busque "Canal de Panamá 1999" para hacer una breve visita virtual del Canal de Panamá y aprender algo sobre su historia. ¿Qué pasó en 1999?

Actividades

A. **Debate. Estados Unidos, ¿policía del mundo?** La clase se divide en dos grupos. Uno representa el punto de vista de cierta gente que sostiene que Estados Unidos, por ser un país rico y poderoso, tiene la obligación de intervenir en otros países cuando la democracia de esos países está en peligro o para defender los intereses económicos de estadounidenses en esos países. El otro grupo representa el punto de vista de que Estados Unidos no debe meterse en los asuntos internos de otros países; solo debe intervenir de forma defensiva, dentro de sus propias fronteras, para defenderse de ataques extranjeros porque Estados Unidos no es ni debe ser la policía del mundo.

B. **Cronología.** Prepare una breve cronología de los principales eventos políticos en la historia moderna-contemporánea de un país de América Central, similar a la "Breve cronología de Guatemala desde la dictadura de Jorge Ubico" que está al principio de este capítulo.

C. **Honduras al día.** En mayo de 2011 el ex presidente de Honduras, Manuel Zelaya, regresó a su país después de un exilio de más de un año, posterior al golpe de estado que lo derrocó el 29 de junio de 2009. Busque en Google "Manuel Zelaya Honduras" y prepare un informe para la clase sobre la situación actual de Honduras a partir del gobierno de Manuel Zelaya, elegido presidente de Honduras en 2006.

D. **Perfil biográfico de un personaje político importante.** Haga una presentación audiovisual de ocho a diez fechas o momentos importantes en la vida de <u>una</u> de las siguientes personas que han influido en la historia de sus respectivos países, todas mencionadas en este capítulo: Rigoberta Menchú, Óscar Arias Sánchez, Monseñor Óscar Romero o Augusto César Sandino. La presentación puede estar en forma de *PowerPoint*, póster o collage virtual (tipo *mash-up*) con fotos, videos o archivos de sonido. Alternativamente, la clase se puede dividir en grupos pequeños donde cada estudiante del grupo presenta y comenta el perfil biográfico de la persona que escogió.

E. **Comentario.** En 1987, al recibir el Premio Nobel de la Paz, Óscar Arias Sánchez dijo en un discurso famoso que en Centroamérica era importante buscar no solo la paz sino también la democracia, "paz y democracia juntas". En grupos pequeños, comenten el siguiente segmento de su discurso y hagan un informe sobre sus ideas a la clase.

"Nosotros no juzgamos, ni mucho menos condenamos ningún sistema político ni ideológico de cualquier otra nación, libremente escogido y no exportado. No podemos pretender que Estados soberanos se conformen con patrones *(patterns)* de gobierno no escogidos por ellos mismos. Pero podemos insistir en que todo gobierno respete los derechos universales del hombre, cuyo valor trasciende las fronteras nacionales y las etiquetas ideológicas. Creemos que la justicia y la paz solo pueden prosperar juntas, nunca separadas. Una nación que maltrata *(mistreats)* a sus propios ciudadanos es más propensa *(prone)* a maltratar a sus vecinos.

Recibir este Premio Nobel el 10 de diciembre es para mí una maravillosa coincidencia. Mi hijo Óscar Felipe, aquí presente, cumple hoy ocho años. Le digo a él, y por su intermedio a todos los niños de mi país, que nunca deberemos recurrir *(resort)* a la violencia, que nunca deberemos apoyar las soluciones militares para los problemas de Centroamérica. Por la nueva generación debemos comprender, hoy más que nunca, que la paz solo puede alcanzarse por medio de sus propios instrumentos: el diálogo y el entendimiento, la tolerancia y el perdón, la libertad y la democracia".

Photo courtesy of Saint Anselm College

Óscar Arias Sánchez, "La paz no tiene fronteras", discurso de aceptación del Premio Nobel de la Paz, 10 de diciembre de 1987, en Oslo, Noruega

Composición

Escriba una composición sobre uno de los siguientes temas:

1. La persona que escogió para la actividad D o alguna otra que su profesor(a) recomiende.

2. La comunidad guatemalteca de Estados Unidos.

3. Alternativa: puede hacer una reseña escrita de uno de los dos siguientes videos:

 Busque "Obispo Alvaro Ramazzini en Nueva York", o
Busque "abUSAdos La Redada de Postville"

4. Los tres entrevistados en este capítulo (Luis Argueta, Carmen Henríquez García y Otilia Cortez) han dejado sus respectivos países y venido a Estados Unidos para estudiar. Si tiene un(a) compañero(a) o conoce a alguien en situación similar que esté estudiando en este país, hágale una entrevista y resuma las respuestas de su entrevistado(a) en tres o cuatro párrafos. Si no conoce a ningún (ninguna) estudiante extranjero(a), investigue el tema por Internet.

5. Resuma en tres o cuatro párrafos sus comentarios a la cita de la actividad E. Alternativa: Lea el siguiente texto de Rigoberta Menchú, segmento de su discurso de aceptación del Premio Nobel de la Paz, y exprese en tres o cuatro párrafos sus ideas o comentarios sobre esta cita.

"El Premio Nobel es un emblema de la Paz y del trabajo en la construcción de una verdadera democracia. Estimulará a los sectores civiles para que, en una sólida unidad nacional, aporten en el proceso de negociaciones en busca de la paz, reflejando el sentir generalizado—aunque algunas veces no expresado por el temor—de la sociedad guatemalteca; el de sentar *(establish)* las bases políticas y jurídicas para darle impulso irreversible a la solución de las causas que dieron origen al conflicto armado interno.

Sin duda alguna, constituye una señal de esperanza para las luchas de los pueblos indígenas en todo el Continente.

También es un homenaje para los pueblos centroamericanos que aún buscan su estabilidad, la conformación *(configuration)* de su futuro y el sendero de su desarrollo e integración sobre la base de la democracia civil y el respeto mutuo.

El significado que tiene este Premio Nobel lo demuestran los mensajes de felicitación que llegaron de todas partes, desde jefes de Estado—casi todos los Presidentes de América—hasta las Organizaciones Indígenas y de Derechos Humanos, de todas partes del mundo".

Rigoberta Menchú, discurso de aceptación del Premio Nobel de la Paz, 10 de diciembre de 1992, en Oslo, Noruega

DEL RINCÓN LITERARIO

No todo lo que suena es plata

Luis Argueta, director de *El silencio de Neto*, es también autor de este relato.

En 1954 yo tenía ocho años y vivía en una casa grande en donde no había televisión. En la pequeña casa de mis vecinos tampoco había televisión. Ni en la casa de mis primos ni en ninguna de las casas de mis compañeros de colegio. La gente pobre no tenía televisión y la gente rica tampoco. En ese entonces nadie en mi país tenía televisión porque en 1954, en Guatemala, la televisión no existía. Lo que sí tenían todos eran unas cajas mágicas que hablaban, cantaban, entretenían, emocionaban y atemorizaban.° Esos aparatos que llenaban las cabezas de imágenes, revolvían los sentimientos en los corazones y transportaban a las mentes a lugares remotos funcionaban con electricidad y eran conocidos por todos como "el radio". En los lugares donde no había llegado la electricidad, los radios funcionaban con baterías. Las casas pequeñas tenían un radio y las casas grandes, uno en cada cuarto. El mundo entraba a las casas por el radio y hablaba a cada persona con diferentes voces.

emocionaban... *excited and scared you*

Al regresar del colegio por las tardes con mis dos hermanos escuchábamos los radios de diferentes partes de la casa sintonizados a diferentes emisoras.° Desde los cuartos al fondo de la casa llegaban las guitarras, las trompetas y las voces de la música mexicana. Esa música, compuesta de "rancheras" y "corridos", era la preferida de las "muchachas", como se llamaba a las personas que hacían las labores de la casa. Esta música con sus historias trágicas y tristes ejercía una fascinación especial sobre mí. "El corrido de Rosita Alvírez", "Adelita" y "El jinete" eran tres de mis canciones favoritas. "El corrido de Rosita Alvírez" contaba la historia de una joven que desobedece la prohibición de su madre de ir al baile donde muere a manos de un hombre llamado Hipólito con quien Rosita se niega a° bailar. Me admiraba cómo en tan pocos versos se podía contar la historia de un 'femenicidio' ocurrido una noche allá por el "año mil novecientos ... en el barrio de Saltillo". "Adelita" era un corrido que también narraba la trágica historia de una mujer y un hombre. A diferencia de Rosita e Hipólito, Adelita y el Sargento se amaban pero al final la muerte igual los separa. El amor del sargento

sintonizados... *tuned to different stations*

se... *refuses*

ship

y la devoción de Adelita eran maravillosamente sintetizados en su promesa de que "Si Adelita se fuera con otro, la seguiría por tierra y por mar; si por mar en un buque° de guerra, si por tierra en un tren militar". Sin embargo, desde el principio de la historia existía un tono premonitorio de separación que, al final, trágicamente se ve confirmado: "Y si acaso yo muero en la guerra, y si mi cuerpo en la sierra va a quedar, Adelita, por Dios te lo ruego, que por mí no vayas a llorar". El corrido siempre me pareció una narrativa de gran eficiencia. "El jinete" no era un corrido sino más bien una canción ranchera que describía una estampa° del campo. De forma también económica y elocuente, contaba la historia de un hombre que vaga° "solito en el mundo" montado en su caballo. El hombre lleva "el alma destrozada" por la muerte de su amada a quien "quería más que a su vida y la perdió para siempre" y por eso "va deseando la muerte". De todas estas canciones y narraciones saqué en claro° que el amor y la muerte siempre andaban de la mano.°

scene
wanders

saqué... I drew the conclusion
de... hand in hand

 Busque "El corrido de Rosita Alvírez" o "Adelita" para escuchar un ejemplo de un corrido, y "El jinete" para escuchar un ejemplo de una ranchera, dos géneros musicales típicos de México.

starched

Mientras las muchachas doblaban las sábanas almidonadas° en "el planchador" escuchando corridos y rancheras, mi madre y mi tía cosían sentadas frente a unas máquinas de pedal escuchando los melodramas radiales llamados "radionovelas". Del radio en medio del cuarto de costura, se escuchaba la música de violines mezclándose empalagosamente° con los sollozos° de alguna mujer decepcionada por algún hombre infiel. Los gritos de alegría de alguien que heredaba una fortuna inesperada o se reencontraba con un viejo amor pronto daban paso al llanto° de una joven soltera que descubría que estaba embarazada o al de alguien que descubría una traición.° El sonido de cada día de las radionovelas preferidas por mi madre y mi tía eran las lamentaciones y el llanto y los violines. Nunca le puse mayor atención a esas radionovelas que tanto emocionaban a mi madre y a mis tías porque su horario coincidía con el de *Los tres Villalobos,* el programa que a mí, a mis hermanos y a mis amigos de colegio nos hipnotizaba. *Los tres Villalobos* era una serie de aventuras de tres hermanos de apellido Villalobos en lucha constante contra Emilio Capetillo, el asesino del padre de los hermanos y ladrón de las tierras de la familia. El hermano mayor se llamaba Rodolfo, Miguelón el del medio y Machito el pequeño. El lugar donde sucedía la historia era un pueblo llamado *Villa Hermosa*, donde la gente andaba a caballo y ajustaba cuentas° con la fuerza de sus pistolas. Cada uno de los episodios iniciaba y terminaba con la canción-tema de la serie:

in an overly sentimental way / sobs

daban... gave way to the crying
betrayal

ajustaba... settled accounts

> "Tres eran tres, los tres Villalobos;
> tres eran tres y ninguno era bobo.
> Quiera Dios que una gran suerte
> siempre los vaya guiando
> y que allá en Villa Hermosa
> siempre estaremos cantando:
> Tres eran tres, los tres Villalobos;
> tres eran tres y ninguno era bobo".

Escuchando las aventuras de los tres Villalobos, nos parecía estar viviéndolas a su lado, montados en sus caballos, disparando° sus pistolas, enmendando tuertos° y dándoles serenata a las chicas de Villa Hermosa. Pasábamos tardes interminables con el oído pegado al pequeño radio que descansaba sobre la mesa de noche entre mi cama y la de uno de mis dos hermanos. Durante nuestros juegos recreábamos sus aventuras, adoptábamos sus nombres y corríamos por el jardín montados en escobas que en nuestra imaginación eran los caballos cuyos cascos° escuchábamos tan claramente en el radio. *Tamakún, el vengador errante°* era otro programa radial de aventuras que me fascinaba y transportaba a misteriosos y lejanos lugares. Las historias de esta serie tenían lugar en la India y narraban las aventuras del exótico príncipe Tamakún y su consejero y tutor Ali-Yabor. Generalmente era transmitida después de las 6:00 o 7:00 de la noche, lo cual añadía a su tono semiprohibido. La serie contaba que en un reino de los montes Himalayas, un usurpador había destronado a un rey justo quien había llevado la paz a su pueblo. El príncipe Tamakún había restaurado el orden, se había deshecho del° usurpador y había entregado el gobierno del reino a los sabios del lugar. De allí en adelante se dedicaba a deambular° por el mundo vengando a gente desamparada y agraviada° y luchando contra los malvados. Así como la música mexicana me había enseñado la fragilidad del amor romántico, las radionovelas de aventuras me enseñaron que la justicia era digna de ser buscada° y que cuando un país o una gente es agraviada injustamente, es posible y necesario rebelarse.

Aparte de los programas de música mexicana, de las radionovelas melodramáticas y de los programas de aventuras, existían las transmisiones de los juegos de fútbol y de béisbol. Estos eran los programas preferidos de mi padre, mis tíos y mis primos mayores. La transmisión de los juegos de la serie mundial era motivo para que todos llegaran a nuestra casa a escucharlos en el gran radio de la sala. Ese radio tenía un lugar central colocado sobre un delicado tapete bordado° a mano por mi abuela en una mesita alta debajo del reloj. Ese radio, con su ojo mágico que se tornaba verde cuando se encendía y parpadeaba° cuando alguien cambiaba de estación, me parecía la cabeza de un pequeño cíclope decapitado. Desde el Polo Grounds o desde el Yankee Stadium llegaba la incomparable voz de Buck Canell quien antes de cada corte comercial decía: "¡Y no se vayan, amigos, que esto se pone bueno!" Mi tío Ernesto era fanático del béisbol y decía que, a diferencia del fútbol, era un deporte inteligente. "No se juega con los pies y cada error se paga", nos repetía constantemente. Ni mi padre, ni mis otros tíos o primos compartían su opinión ya que ellos formaban parte del 99,9 por ciento de guatemaltecos para quienes el fútbol era el deporte preferido. Mi tío tenía opiniones sobre todo y se diferenciaba de todos en que expresaba lo que pensaba sin reservaciones ni temor. "Ese tu tío habla sin preocuparse de lo que dice porque ha viajado demasiado y se le ha olvidado que en este país hay que tener cuidado con lo que uno habla porque nunca se sabe con quién estás hablando" decía mi padre, criticando a su hermano menor. Para mis hermanos y para mí los viajes de mi tío, sus opiniones y las historias que nos contaba fueron fuentes de entretenimiento y educación. Él nos enseñó a fabricar globos de papel de china° que se elevaban con el aire caliente producido por una mecha° encendida colocada en la parte de abajo

firing

enmendando… righting wrongs (literally, "mending one-eyed people")

hooves

el… the wandering avenger

se… had disposed of the

roam / vengando… avenging the defenseless and aggrieved

digna… worthy of being sought

colocado… placed on a delicate embroidered cloth

se… it was turned on and flickered

fabricar… to make balloons out of tissue paper

wick

del globo. Tío Ernesto nos hablaba de los mayas y sus avanzados conocimientos de matemáticas, arquitectura y astronomía. Nos enseñó que la Revolución Francesa había contribuido tres conceptos al desarrollo de la humanidad: la Igualdad, la Fraternidad y la Libertad. Pero de lo que más le gustaba hablarnos era de la Revolución de Octubre. Tío Ernesto nos contó que diez años atrás la gente de Guatemala había salido a las calles a protestar contra un gobernante que se había mantenido en el poder durante 14 años por medio de la fuerza y el miedo. "Las protestas y marchas de octubre de 1944 unieron maestros y militares, estudiantes y oficinistas y trabajadores y campesinos. Todos *brought down* juntos tumbamos° al dictador Jorge Ubico. ¡Esa es la cosa más bella que he visto en mi vida!" nos decía tío Ernesto con gran emoción. Nos contó cómo un profesor universitario que regresó del exilio en Argentina fue el primer presidente electo por elecciones limpias en la historia de Guatemala. "Cuando el doctor Juan José Arévalo subió a la presidencia, por primera vez hubo en nuestro país esperanza de una vida mejor para todos" explicaba el tío. Luego nos *accomplishments* listaba los principales logros° del "primer gobierno revolucionario". "La gente podía elegir y ser electa gracias a una nueva ley electoral. Las mujeres obtuvieron el derecho al voto si sabían leer y escribir. Los trabajadores tenían un código de trabajo que los protegía y un Instituto de Seguridad Social que los *se... they retired* atendía cuando necesitaban cuidado médico y cuando se jubilaban".° Decía *decreed* que gracias a las leyes que decretó° el nuevo gobierno del país "la educación pública se hizo más fuerte, se construyeron aproximadamente 6.000 escuelas, *se... they granted* se le otorgó° la autonomía a la universidad nacional y se creó un instituto para *promote* fomentar° la producción del campo y de las fábricas". Nos hablaba de cómo en 1951 había sido electo otro gobierno revolucionario que había continuado con programas para desarrollar al país. Nos hablaba de "reforma agraria", de que si alguien tenía mucha tierra y no la cultivaba estaba obligado a venderla *divided* al estado para ser repartida° entre quienes la trabajaban y no tenían nada. Nos hablaba de que había quienes estaban en contra de todo cambio que beneficiara a los trabajadores del campo que eran en su mayoría los indígenas. Decía que en Estados Unidos había gente con mucho poder político que además tenían muchos intereses económicos en nuestro país y que estaban manipulando para cambiar al gobierno por la fuerza. Nosotros no entendíamos todo lo que nuestro tío decía, pero era claro que él pensaba que era importante que conociéramos la historia de nuestro país y que vivíamos en una época especial. "Ustedes tienen el privilegio de haber nacido en un país donde existe la primavera de la democracia", nos decía con orgullo. "Pero la democracia así como trae beneficios, trae consigo responsabilidades. La responsabilidad de ustedes es estudiar, trabajar y luchar para que esta primavera dure siempre".

La noche del 1º de mayo de 1954 nuestra relación con el radio cambió totalmente. Alrededor de las 9:00 p.m., mientras mis hermanos dormían, yo escuchaba uno de los "Conciertos Populares" con el radio a bajo volumen. Estos conciertos consistían en presentaciones gratis en lugares públicos de diferentes partes del país de la orquesta sinfónica nacional y solistas invitados. Los conciertos además de ser transmitidos en vivo a toda la república eran después retransmitidos en diferentes ocasiones. Esa noche la retransmisión era de un concierto que había tomado lugar en la plaza de una ciudad del noreste del país. "Gracias al segundo gobierno de la revolución y su proyecto de poner la cultura al alcance de° todos los guatemaltecos", dijo el locutor° que inició la transmisión, "llega hoy a esta bella ciudad de Jalapa la orquesta sinfónica nacional acompañada de la mesosoprano nacional Alba Díaz Rosoto". Nunca pude escuchar completa el aria "Me llaman Mimi" del primer acto de la ópera *La Bohème* de Giacomo Puccini ya que antes de que terminara de cantar la mesosoprano, una fuerte estática interrumpió la transmisión. Poco a poco se empezaron a escuchar voces cada vez más fuertes que repetían: "¡Atención, pueblo de Guatemala! ¡Atención! ¡Atención, pueblo de Guatemala! ¡Atención! Les habla la radio clandestina, la voz de la liberación, transmitiendo desde un lugar secreto en el territorio nacional con importantes mensajes para toda la población". Por momentos la estática era tan fuerte que no se entendía nada de lo que decían las agitadas voces. En ese momento me entró un gran temor y sentí como que estaba escuchando algo que no debía. Apagué el radio y salí corriendo de mi cuarto rumbo a la sala. Lo que vi allí me impresionó aún más. Formando un círculo alrededor del radio grande estaban mi abuela, mi tía, mis padres y mi tío Ernesto escuchando la misma transmisión llena de estática de la que yo venía huyendo.° "El gobierno de Guatemala es un títere° de Moscú. ¡Luchemos contra el comunismo! El código del trabajo implantado por el gobierno es un instrumento del comunismo internacional. ¡Luchemos contra el comunismo! ¡Luchemos por Dios y por la patria!" Bajando el volumen del radio, mi tío Ernesto habló. "Esas son mentiras, ficciones como las telenovelas de ustedes" dijo refiriéndose a mi madre y a mi tía y, mirándome a mí, agregó "como los programas de vaqueros de los patojos. Eso es propaganda que sirve para confundir y desinformar. No hay que creer todo lo que se oye en el radio pero sí recordar que no todo lo que suena es plata"°.

A partir de ese día nadie sabía en qué momento le interrumpirían su programa favorito. Por un lado "la clandestina" con sus discursos contra el gobierno al que acusaba de "comunista" y anunciaba la inminente "liberación del pais". Por otro lado el gobierno a menudo ordenaba a todas las estaciones unirse a "la cadena nacional de radiodifusión encabezada° por TGW, la voz de Guatemala". Durante estas "cadenas" se transmitían boletines de emergencia denunciando "una conspiración internacional contra el gobierno libre y democráticamente electo del país". También notificaba al pueblo "de estar alerta y no dejarse engañar° por las falsas noticias de los enemigos del país que buscaban detener el progreso de Guatemala". Cuando todas las estaciones tocaban una misma marcha militar y hacían eco a la emisora oficial era porque habían "entrado en cadena". Al principio era divertido encender el radio y escuchar en todas las estaciones la misma marcha militar. Mis hermanos, nuestros vecinos y yo nos alegrábamos que hubiera cadena ya que eso significaba que no había colegio y podríamos pasarnos jugando todo el día. Sin embargo, poco a poco fuimos notando que los adultos estaban cada vez más inquietos°. En la casa había siempre baldes grandes llenos de agua, velas y linternas de pilas° y lámparas de gas "para cualquier emergencia". En la cocina había bolsas grandes de arroz, frijoles, azúcar y sal. Se escuchaban conversaciones en voz baja entre mi madre y mi tía en las que se notaba gran nerviosismo. Mi madre se sobresaltaba° cada vez que sonaba el teléfono pero cuando mi padre regresaba del traba-

Margin glosses:

poner... *to make culture accessible to* / *announcer*

de... *that I was running away from* / *puppet*

no... *not everything that glitters is gold (literally, "not everything that sounds like silver is silver")*

cadena... *national radio simulcast, led*

no... *not be deceived*

worried

velas... *candles and flashlights with batteries*

se... *was startled*

se... *she looked
greatly relieved*

jo se le notaba mucho más aliviada°. Mi padre trabajaba de juez de tránsito y su oficina estaba en un edificio público donde también había un cuartel de la policía y siempre le decía que no se preocupara, que todo estaba bajo control. Aparte de la radio clandestina, y las cadenas de radio, que eran cada día más frecuentes, empezaron a aparecer pequeños aviones que volaban muy bajo y dejaban caer papeletas en las que se invitaba al ejército "a no obedecer al gobierno" y a todos a "luchar contra el comunismo". Se escuchaban rumores que

*rehearsals, trial
runs*
se... *were
nicknamed*

esos vuelos en que tiraban papeletas eran ensayos° para cuando tiraran bombas. A estos aviones pequeños y ruidosos se les apodó° "sulfatos" pues se decía que descomponían el estómago y producían diarrea. Mi tío Ernesto, quien trabajaba en el departamento de contabilidad de la tipografía nacional, insistía en que nos fuéramos a su casa en un área tranquila de la ciudad. "Ustedes no pueden quedarse aquí" decía. "Están a media cuadra de la Guardia de Honor y ese, como todos los cuarteles militares, puede ser bombardeado". Mi padre

no... *would not get
that bad*

le respondía que no se preocupara, que las cosas no llegarían a tanto°. Un día, sin embargo, los aviones dejaron de botar papeletas y empezaron a dejar caer bombas. Ese día la cadena nacional de radiodifusión informó de que, debido a la violación del territorio nacional por naves aéreas extranjeras, se declaraba

toque... *curfew*

un toque de queda° de 8:00 p.m. a 7:00 a.m., que nadie podría circular sin un permiso especial entre esas horas y que se suspendían las garantías constitucionales. Esa misma tarde nos mudamos a casa de mi tío. Era el 8 de junio.

La casa del tío Ernesto era más pequeña que la nuestra y ahora había el doble de personas en ella. A pesar de que comíamos de pie o sentados donde pudiéramos, de que debíamos esperar turno para usar el baño y de que cada vez que alguien gritaba "¡Ahí viene el sulfato!" corríamos a escondernos debajo de las dos camas sobre las cuales habían apilado cinco o seis colchones, aquellos días tuvieron el encanto especial de tener a la familia unida. Los primos y primas jugábamos por todos lados. Los adultos preparaban la comida, jugaban cartas o escuchaban el radio sin saber verdaderamente qué creer. Los días y las noches estaban llenos de rumores cada vez más inquietantes. Unos decían que 5.000 liberacionistas avanzaban sobre la capital desde la frontera con Honduras. Otros, que había deserciones dentro del ejército pero que también había milicias populares listas a pelear. Y finalmente otros decían que el embajador norteamericano había lanzado un ultimátum al presidente para que renuncia-

para... *to resign
or else*

ra o que de lo contrario° los *marines* desembarcarían. Así fue, entre rumores, transmisiones de la radio clandestina y de la cadena nacional, ecos de explosiones lejanas, sirenas de ambulancias y ladridos de perros a media noche, que llegó el 27 de junio de 1954. Esa noche mi tío nos llamó a todos a la sala a escuchar el discurso de renuncia del Presidente Jacobo Árbenz Guzmán.

 Busque "discurso de renuncia de Jacobo Árbenz" para escuchar lo que dijo el 27 de junio de 1954 y ver imágenes de la época.

Cuando concluyó el discurso mi tío apagó el radio y yo quise gritarle que lo volviera a encender, que no se preocupara, que pronto llegarían los tres Villalobos y Tamakún a componer las cosas, a restaurar el orden. Pero algo en mí había dejado de creer en la justicia y no dije nada. Esa noche nadie dijo nada.

PD a manera de epílogo: El 10 de octubre de 1954 la junta militar que tomó el poder después de la renuncia del Presidente Árbenz convocó a un plebiscito° en el que el líder de la invasión obtuvo el 99,9 por ciento del voto favorable. La votación fue pública y obligatoria; el escrutinio fue secreto. Mi tío votó en contra y perdió su trabajo en la tipografía nacional. Mi padre también perdió su trabajo de juez de tránsito. En Guatemala no hubo más conciertos populares y la mesosoprano Alba Díaz Rosoto salió exiliada hacia México. La serie mundial de béisbol de 1954 la ganaron los Gigantes de Nueva York y la perdieron los Indios de Cleveland. En 1957 llegó la televisión en blanco y negro a Guatemala. En 1997, varios documentos desclasificados hicieron público que el cambio de régimen en Guatemala de 1954 había sido una operación encubierta° de la CIA de nombre "Operación PBSUCCESS". Esta operación incluía un componente de guerra sicológica que consistía en propaganda radial preparada y pregrabada° en Miami para luego ser retransmitida en Guatemala.

convocó... called a referendum

cover-up

prerecorded

Preguntas

1. ¿Qué significa el título de este cuento? (La respuesta está en un comentario que hace el tío Ernesto hacia el final del cuento, cuando dice: "No hay que creer todo lo que se oye en el radio pero sí recordar que no todo lo que suena es plata".) Comente.

2. ¿Qué edad tenía el narrador en 1954? ¿Qué nos cuenta de su familia y de su casa? ¿Tenían televisión? ¿Y radio? ¿Cómo sabemos que su familia no es pobre? Explique.

3. ¿Cuántos hermanos tiene el narrador? ¿Qué programas escuchaban los hermanos? ¿Y qué programas escuchaban las mujeres de la casa?

4. ¿Cómo son las historias que se cuentan en los corridos? ¿Y en las rancheras?

5. ¿Cuál era el programa favorito del narrador, sus hermanos y sus amigos de colegio? ¿Cómo empezaba y terminaba cada uno de los episodios?

6. Según su opinión, ¿por qué les gustaría tanto ese programa a los tres hermanos? ¿Se identificaban ellos con los protagonistas de *Los tres Villalobos*? Comente.

7. ¿Qué era *Tamakún, el vengador errante*? ¿Qué se contaba y dónde tenía lugar esa serie? ¿Qué tienen en común *Los tres Villalobos* y *Tamakún, el vengador errante*? Explique.

8. Según el narrador, ¿qué aprendió de la música mexicana y qué le enseñaron las radionovelas de aventuras?

9. ¿Quién era Buck Canell y por qué se lo menciona aquí? ¿Cuál era el deporte favorito del tío Ernesto? ¿Y cuál era y es el deporte favorito del 99,9 por ciento de los guatemaltecos, según el narrador?

10. ¿Qué les enseñó el tío Ernesto a sus sobrinos sobre los mayas, la Revolución Francesa y la Revolución de Octubre? Explique.

11. ¿Qué pasó la noche del primero de mayo de 1954? ¿Por qué apagó el radio y dejó su cuarto el narrador? ¿Y qué hacían alrededor del radio grande su abuela, su tía, sus padres y su tío Ernesto? Explique.

12. ¿Qué cambió en la rutina diaria del narrador y su familia después de ese primero de mayo? ¿Por qué él, sus hermanos y vecinos se alegraban cuando todas las estaciones de radio entraban en cadena?

13. ¿Qué profesión tenía su padre? ¿Y dónde trabajaba su tío Ernesto?

14. ¿Cuándo y por qué se mudaron a la casa del tío Ernesto? ¿Cómo era la casa?

15. ¿Qué pasó la noche del 27 de junio de 1954? Comente.

16. En el último párrafo del cuento, antes de la posdata (PD), el narrador dice que quiso gritarle a su tío «que lo volviera a encender, que no se preocupara, que pronto llegarían los tres Villalobos y Tamakún a componer las cosas, a restaurar el orden» pero no lo hizo. ¿Por qué? ¿Cómo explica usted este silencio del narrador y su comentario final de que "Esa noche nadie dijo nada"?

Temas para pensar, comentar, comparar...

1. Similitudes y diferencias entre el narrador del cuento y Neto, el protagonista de *El silencio de Neto*. También similitudes y diferencias entre ellos dos y Luis Argueta, autor del cuento y director de la película.

2. Comparación y contraste entre la realidad histórica, cultural y social de Guatemala según se ve reflejada en el cuento con la captada en la película.

3. Posible función de la posdata (PD). ¿Qué agrega la "PD a manera de epílogo" al cuento? ¿Qué información se da en esa posdata? Si usted fuera el autor (o la autora) del cuento, ¿eliminaría esa posdata o la dejaría tal como está? ¿Por qué? Explique y justifique su respuesta.

OTRAS PELÍCULAS

Mire una de las siguientes películas y escriba una reacción personal. ¿Cómo se compara con *El silencio de Neto?*

Alsino y el cóndor
1983
Dirección: Miguel Littin
Guión: Isidora Aguirre, Miguel Littin, Tomás Pérez Turrent
Actuación: Dean Stockwell, Alan Esquivel, Carmen Bunster

Hombres armados
1997
Dirección y guión: John Sayles
Actuación: Federico Luppi, Damián Delgado, Dan Rivera

Voces inocentes
2004
Dirección: Luis Mandoki
Guión: Luis Mandoki, Óscar Orlando Torres
Actuación: Carlos Padilla, Leonor Varela, Xuna Primus

Vistazo panorámico **III**

Migración y exilio

Mural que ilustra un pueblo mexicano en la pared de un edificio de Mineápolis, Minnesota.
Photo by Nikki Tundel, Minnesota Public Radio News

Los conflictos y los problemas económicos en Hispanoamérica han resultado en la migración de mucha gente de un lugar a otro, buscando una vida mejor. En el capítulo 4 vamos a explorar la inmigración a Estados Unidos desde Hispanoamérica. También ha habido mucho movimiento de gente entre las naciones hispanoamericanas y desde Hispanoamérica a otros países o continentes (e.g., Canadá, Australia, Europa). Algunos ejemplos notables:

- En Europa, y especialmente en España, hay grandes comunidades de inmigrantes hispanoamericanos. Es más fácil para ellos adaptarse a la vida en España porque tienen una lengua en común y también una cultura con las mismas raíces. En general, no hay problemas de religión, aunque la discriminación sí existe, especialmente en épocas de mucho desempleo.

- En casi todas las grandes ciudades de Canadá hay gente latina que llegó allí a trabajar o a estudiar, la mayoría por razones económicas.
- Mucha gente ha ido de las regiones andinas (e.g., Perú, Ecuador, Bolivia) y de Paraguay a Argentina, a Uruguay y a Chile, donde por razones históricas la infraestructura estaba más desarrollada y las condiciones económicas eran más favorables. En Buenos Aires, capital de Argentina, hay más paraguayos que en Asunción, la capital de Paraguay.
- Muchos puertorriqueños llegaron a ciudades en el territorio continental de Estados Unidos a trabajar o a estudiar, como se verá en el capítulo 4; son ciudadanos estadounidenses. Hay más puertorriqueños en la ciudad de Nueva York que en San Juan, la capital de Puerto Rico.

Casa Paraguaya, Buenos Aires, Argentina.
Photo courtesy of Óscar Ayala

Un efecto importante de la migración es el apoyo financiero que los familiares de los que se fueron reciben. Por ejemplo, las remesas (*remittances*) que van de Estados Unidos representan una fuente considerable de los ingresos de mucha gente de México y de algunos países de Centroamérica; y las que van de Argentina benefician a las familias de muchas personas—en particular de bolivianos, paraguayos y uruguayos--que fueron allí por razones económicas y/o políticas. En la foto se ve una sucursal (*branch office*) de Western Union.

Sucursal de Western Union en Buenos Aires, Argentina

Reprinted by permission of Western Union

Cuando la razón fundamental de la migración es política, generalmente se usa el término **exilio**. En Hispanoamérica las dictaduras del pasado resultaron en el exilio de mucha gente que se escapaba de sus países por problemas políticos. En el capítulo 5 vamos a explorar este tema. Algunos ejemplos:

- En el capítulo 2 se vio la opresión bajo los gobiernos militares argentinos; mucha gente salió de Argentina durante esa época. Las dictaduras de Alfredo Stroessner (Paraguay, 1954-89), de Juan María Bordaberry y los dictadores que le sucedieron (Uruguay, 1972-84), y de Augusto Pinochet (Chile, 1973-1990) resultaron en grandes olas de exiliados políticos.

- En el capítulo 3 vimos la inestabilidad política de los países de Centroamérica que también produjo muchos exiliados. Las dictaduras en Nicaragua, Guatemala, Honduras y El Salvador resultaron en una fuga (*flight*) de gente a los países del norte; otros centroamericanos optaron por ir a Costa Rica, país con una larga tradición democrática. (La gran mayoría de los inmigrantes en Costa Rica son nicaragüenses, algunos refugiados políticos y otros que llegaron por razones económicas. A veces las causas están relacionadas entre sí: las personas discriminadas por razones políticas o sociales no encuentran trabajo, o en general la falta de democracia lleva a un deterioro en las condiciones de vida de la población más vulnerable.)

- Mucha gente se marchó de República Dominicana durante la dictadura de Rafael Trujillo (1930-1961).

- Hay grandes comunidades de chilenos y salvadoreños en Canadá, muchos de los cuales llegaron allí por razones políticas.

- Muchos cubanos salieron de la isla en busca de refugio después de la Revolución Cubana de 1959.

Según el Banco Mundial, más de la mitad de los egresados (*graduates*) universitarios de Centroamérica y del Caribe viven en el exterior (*International Migration, Remittances and the Brain Drain*, octobre de 2005). Esta "fuga de cerebros" es una gran ventaja para las naciones que reciben a esa gente, pero una gran desventaja para sus países de origen.

Análisis

1. ¿Por qué van muchos hispanoamericanos a España en vez de ir a otros países europeos? ¿Son siempre bienvenidos?

2. ¿Por qué ha ido mucha gente de los países andinos y de Paraguay a Chile, Argentina y Uruguay?

3. ¿Qué efecto tienen las remesas en las economías de México y de algunos países de Centroamérica?

4. En general, ¿cuándo se usa el término **exilio**?

5. ¿Quiénes fueron algunos de los dictadores del Cono Sur?

6. ¿Qué país centroamericano tiene una larga tradición democrática?

7. ¿Quién fue el dictador de República Dominicana de 1930 a 1961?

8. ¿Qué pasó en Cuba en 1959?

9. Según el Banco Mundial, ¿dónde vive más de la mitad de los egresados universitarios de Centroamérica y del Caribe? ¿Qué efecto tiene esto en sus países de origen?

10. ¿Hay muchos inmigrantes hispanos en la ciudad donde usted vive? Si es así, ¿de dónde es la mayoría?

Capítulo 4

Inmigración e hispanos en Estados Unidos

Entre nos

Presentación

El tema de la inmigración está a diario en las noticias. ¿Por qué hay tantos inmigrantes en Estados Unidos? ¿Cuántos hablan español? ¿Cómo contribuyen los inmigrantes a la vida y cultura de la nación? ¿Se debe reformar el sistema de inmigración?

La película *Entre nos* (nos = nosotros, informal) trata de una familia colombiana recién llegada a la ciudad de Nueva York. Cuando el padre de la familia abandona a su esposa y a sus dos hijos, la madre de la familia tiene que luchar por mantener a sus hijos y sobrevivir.

La inmigración

Vocabulario

el/la ciudadano(a)	*citizen*
el crecimiento	*growth*
el fuerte	*fort*
fundar	*to found*

el/la habitante	*inhabitant*
el/la inmigrante indocumentado(a)	*undocumented immigrant*
la Oficina del Censo	*Census Bureau*
el perfil	*profile*
la población	*population*
el porcentaje	*percentage*
promedio(a)	*average*

Los primeros inmigrantes europeos a lo que es hoy Estados Unidos

Los primeros europeos que llegaron al territorio que es hoy Estados Unidos hablaban español. El español se estableció como primera lengua en los estados del sur que formaron parte de la Nueva España y después de México. Algunos datos:

1513 Juan Ponce de León explora el sur de Florida.

1542 Juan Rodríguez Cabrillo explora la costa de California.

1565 Pedro Menéndez de Avilés funda la ciudad de San Agustín, Florida.

1610 Pedro de Peralta funda Santa Fe, Nuevo México, la capital más antigua del país.

1769 Gaspar de Portolá explora California; Junípero Serra funda allí la primera de las 21 misiones católicas.

1845 Estados Unidos anexa Texas, con sus miles de habitantes mexicanos, al país.

1848 El Territorio de California (hoy California, Nevada y Utah) pasa a manos de Estados Unidos, junto con grandes áreas de Arizona, Nuevo México, Colorado y Wyoming, resultado del Tratado de Guadalupe Hidalgo.

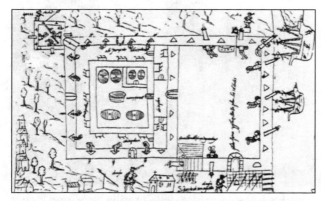

Esquema *(diagram)* del fuerte de San Agustín, fundado en 1565

Palacio de los Gobernadores, construido en 1610, el edificio gubernamental más antiguo de Estados Unidos

Análisis

1. ¿En qué año exploró Ponce de León el sur de Florida?
2. ¿Cuántos años pasaron entre la fundación de San Agustín y la fundación de Jamestown en 1607?
3. ¿Cuál es la capital más antigua de Estados Unidos?
4. ¿Cuándo fue anexado Texas a la unión estadounidense?
5. ¿Qué territorios obtuvo Estados Unidos de México en 1848?
6. ¿Qué estados de Estados Unidos tienen nombres españoles? ¿Qué ciudades? ¿ríos? ¿montañas?
7. ¿Hay nombres geográficos en español en el área donde usted vive? Si es así, dé ejemplos.
8. ¿Conoce usted a una persona latina o hispana cuya familia vive aquí desde hace varias generaciones? Si es así, describa a esa(s) persona(s).

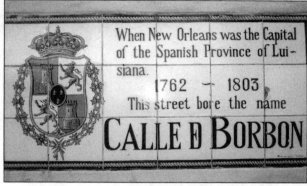

En la calle Bourbon de Nueva Orleans

Perfil de los hispanos en Estados Unidos

Porcentaje de la población, según la Oficina del Censo: 16,3 (50 millones de personas, 2010)

Edad promedio: 27,4 (Edad promedio de la población total: 36,8)

Distribución de la población hispana por zonas (%, 2006)

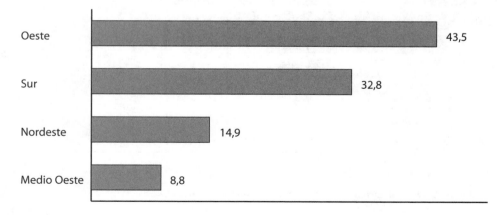

Zona	%
Oeste	43,5
Sur	32,8
Nordeste	14,9
Medio Oeste	8,8

Fuente: Humberto López Morales (coordinador), *Enciclopedia del español en Estados Unidos* (Madrid: Instituto Cervantes, 2009), p. 95.

Países de origen de los hispanos en Estados Unidos, Oficina del Censo, 2010

Total	100%
México	63,0
Puerto Rico	9,2
Cuba	3,5
El Salvador	3,3
República Dominicana	2,8
Guatemala	2,1
Colombia	1,8
España	1,3
Honduras	1,3
Ecuador	1,1
Perú	1,1
Nicaragua	0,7
Argentina	0,4
Venezuela	0,4
Chile	0,3
Costa Rica	0,3
Panamá	0,3
Bolivia	0,2
Uruguay	0,1
Paraguay	--

No se incluye a los que se identificaron como "otros" (latinos, hispanos, etc.). En Puerto Rico, estado libre asociado *(commonwealth)* de Estados Unidos, hay 4 millones de residentes, ciudadanos estadounidenses que tampoco se incluyen. También hay aproximadamente 11 millones de inmigrantes indocumentados, la gran mayoría de origen hispano.

Previsión de crecimiento de la población hispana hasta 2050 (Censo de 2006)

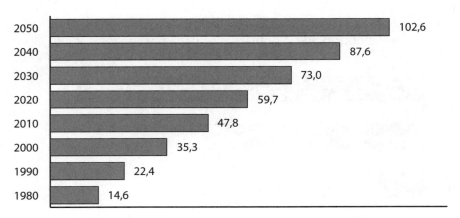

Año	Millones
2050	102,6
2040	87,6
2030	73,0
2020	59,7
2010	47,8
2000	35,3
1990	22,4
1980	14,6

Datos: millones de habitantes

Fuente: Humberto López Morales (coordinador), *Enciclopedia del español en Estados Unidos* (Madrid: Instituto Cervantes, 2009), p. 92.

Análisis

1. Compare la edad de la población hispana con la edad de la población total del país. ¿Es más vieja o más joven la población hispana?

2. ¿En qué parte del país hay más gente hispana? ¿menos?

3. ¿De qué país de origen es la gran mayoría de la gente hispana? ¿Por qué será?

4. ¿Cuántos puertorriqueños viven en Puerto Rico? ¿Se incluyen en los datos acerca de los hispanos en Estados Unidos? ¿Son ciudadanos estadounidenses?

5. ¿Cuántos inmigrantes indocumentados hay en Estados Unidos, aproximadamente? ¿Por qué no hay información específica sobre este grupo de personas?

6. Compare el porcentaje de la población hispana hoy con el porcentaje calculado para 2050. ¿Le sorprende esta información?

La lengua española en Estados Unidos

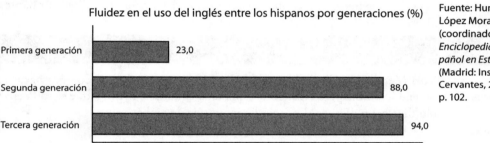

Fluidez en el uso del inglés entre los hispanos por generaciones (%)

Primera generación 23,0

Segunda generación 88,0

Tercera generación 94,0

Fuente: Humberto López Morales (coordinador), *Enciclopedia del español en Estados Unidos* (Madrid: Instituto Cervantes, 2009), p. 102.

Porcentajes por estado de individuos mayores de cinco años que hablan español en casa

Estado	%	Estado	%	Estado	%
Texas	29,1	Georgia	7,0	Minnesota	3,5
Nuevo México	28,8	Massachusetts	6,8	Michigan	3,1
California	28,4	Kansas	6,6	Tennessee	3,0
Arizona	21,9	Delaware	6,5	Luisiana	2,7
Nevada	19,3	Carolina del Norte	6,5	Alabama	2,5
Florida	18,7	Nebraska	6,0	Misuri	2,4
Nueva York	14,2	Virginia	5,8	Nuevo Hampshire	2,1
Nueva Jersey	13,9	Maryland	5,7	Ohio	2,1
Illinois	12,7	Oklahoma	5,2	Kentucky	2,0
Colorado	12,3	Arkansas	4,4	Dakota del Sur	2,0
Rhode Island	10,0	Indiana	4,3	Misisipi	1,7
Connecticut	9,4	Wisconsin	4,2	Hawái	1,5
Utah	9,4	Wyoming	4,1	Montana	1,5
Oregón	8,5	Pensilvania	3,7	Dakota del Norte	1,5
Distrito de Columbia	8,2	Carolina del Sur	3,7	Virginia Occidental	1,1
Idaho	7,7	Alaska	3,6	Maine	1,0
Washington	7,2	Iowa	3,5	Vermont	1,0

Total en los Estados Unidos: 12,2

Fuente: Humberto López Morales (coordinador), *Enciclopedia del español en Estados Unidos* (Madrid: Instituto Cervantes, 2009), p. 102.

Número de estudiantes universitarios estadounidenses en clases de lenguas extranjeras (2006):

español	822.985
francés	206.426
alemán	94.264

Análisis

1. Compare la fluidez (*fluency*) en el uso del inglés entre los hispanos de la primera generación y los hispanos de la segunda generación. De cada 100 personas de la segunda generación, ¿cuántos hablan inglés con cierta dificultad? ¿y de la tercera generación? Dada esta información, ¿cree usted que las leyes "English only" tienen sentido? ¿Por qué sí o por qué no?

2. ¿Qué estados de Estados Unidos tienen mayores porcentajes de gente que habla español en casa (individuos mayores de cinco años)? ¿Qué estados tienen porcentajes menores? ¿Por qué será?

3. ¿Qué factores podrían explicar el predominio del estudio del español entre los estudiantes estadounidenses?

Entre nos

Co-directoras y co-guionistas:	Paola Mendoza y Gloria Herrera de La Morte tienen algo en común: nacieron en Colombia pero crecieron en Estados Unidos. *Entre nos*, que se rodó en solo dieciocho días, es el primer largometraje de ambas mujeres.
Personajes principales:	Antonio: padre de la familia
	Mariana: madre de la familia
	Gabriel (Gabi): hijo de Antonio y Mariana
	Andrea: hija de Antonio y Mariana
	Alejo y Rosa: amigos de la familia

el "señor Joe": hombre africano-americano que trabaja reciclando latas

Preet: señora hindú que trabaja en un hotel que alquila cuartos por semana

Actores/ actrices principales:	Paola Mendoza hace el papel de Mariana. Sebastián Villada López y Laura Montana Cortez hacen su debut como Gabriel y Andrea. Sarita Choudhury *(Lady in the Water, Mississippi Massala)* hace el papel de Preet.

Vocabulario

Los inmigrantes

buscar o tener trabajo	*to look for or have work*
cuidar (a los niños)	*to take care of (the kids)*
la fuerza	*strength*
necesitar	*to need*
organizarse	*to get settled or organized*
superar (e.g., un obstáculo)	*to overcome (e.g., an obstacle)*

El dinero

apostar (ue)	*to bet*
conseguir (i)	*to get or obtain*
deber	*to owe; should, ought to*
jugar (ue) por dinero (a las cartas)	*to play (cards) for money*
pagar (el alquiler)	*to pay (rent)*
la plata	*(colloquial, L. Am.) dough, money*

La comida

almorzar (ue)	*to have lunch*
el almuerzo	*lunch*
delicioso(a)	*delicious*
la empanada	*empanada, pie with meat and/or vegetables*
las papitas	*potato chips*
rico(a)	*delicious; rich*
el sándwich	*sandwich*
tener hambre	*to be hungry*
el trago	*drink (usually alcoholic)*

Expresiones

Buenas.	*Morning. Afternoon.*
Lo siento.	*I'm sorry.*
Necesito ayuda.	*I need help.*

pedir perdón	*to ask for forgiveness*
¡Qu'húbole!	*(colloquial, parts of L. Am.) Hi!*
Tranquilo(a). Cálmate.	*Calm down.*

Otras palabras

el baño	*bathroom*
el boleto	*ticket*
chistoso(a)	*funny*
el/la cliente	*customer*
las cortinas	*curtains*
dejar	*to leave, leave behind; to let or allow*
embarazada	*pregnant*
la lata	*can*
la mentira	*lie*
pelear	*to fight*
la piscina	*swimming pool*
terminar con el embarazo	*to end the pregnancy*

NB: This vocabulary list will help you understand and also discuss the film. All but a few of the words occur at least twice in the film.

Exploración

Antes de ver *Entre nos*, se recomienda leer las siguientes preguntas como guía del argumento y para una mejor comprensión del contenido de la película. Su profesor(a) puede asignarle como tarea que prepare las respuestas a todas las preguntas o solo a algunas de ellas.

1. ¿Qué hace Mariana en la primera escena? ¿Qué hace su esposo Antonio y los invitados (Alejo y Rosa)?

2. Mariana le dice a Gabi, "Cuidado con papá, ¿eh? Es medio tramposo *(kind of a cheater)*". Antonio le dice a Mariana que vuelva a la cocina, a seguir con sus empanadas. ¿Qué sabemos ya de la relación entre ellos?

3. Después de la cena, vemos a Antonio en una cantina *(bar)*. ¿A quién le da dinero?

4. ¿Por qué pelean Mariana y Antonio al día siguiente? ¿Qué le dice Antonio a Mariana? ¿Adónde va a ir él?

5. Mariana va a visitar a Alejo. ¿Qué le dice Alejo a ella?

6. ¿Por qué va Mariana a la estación de autobuses? ¿Qué pasa allí?

7. Cuando la señora que busca a dos trabajadoras para coser *(to sew)* ve a los niños, le dice a Mariana que no puede ir con ella. ¿Qué pasa cuando Mariana decide dejar a los niños solos en el apartamento?

8. Cuando Gabi se lastima la pierna, ¿por qué será que Mariana y los niños no entran a la clínica?

9. El "señor Joe" le dice a Mariana que cuidará las latas por diez dólares; al principio Mariana no entiende lo que le dice. ¿Qué pasa después?

10. ¿Por qué tienen que irse del apartamento? ¿Qué hace Gabi mientras Mariana está hablando allí con el señor?

11. ¿Por qué Mariana está tan cansada y por qué vomita?

12. Joe les da la dirección de un hotel donde alquilan cuartos por semana. ¿A quién conocen allí? Describa a esta persona.

13. Cuando Mariana le dice a Gabi que no pueden ir a Miami "hasta que consiga la plata", Gabi la corrige. ¿Qué le dice?

14. Gabi se enoja con Mariana cuando ella le dice que él no puede desaparecer cada vez que lo necesita. ¿Qué le responde Gabi?

15. Andrea dice que le gustaría vivir "en una granja *(farm)* muy grande que produzca manzanas". Cuando le pregunta a Mariana "¿A ti qué te gustaría?", ¿qué le responde Mariana?

16. ¿Cómo termina la película?

Notas culturales

1. La cumbia: La primera canción de la película se llama "Cumbia callejera". La cumbia es un estilo musical que se originó en la costa del Caribe, donde hay una fuerte influencia africana. Aunque se asocia con Colombia, es popular en toda Latinoamérica.

Busque "cumbia colombiana" para escuchar otros ejemplos de este género de música.

2. Expresiones de cariño *(affection):* Mariana usa muchas expresiones de cariño con sus hijos: **mi amor, m'hijo(a), cariño, mi rey** *(my king,* hablando con Gabi), etcétera. Varias veces se oye **Te amo** o **Te adoro**. Otra expresión de cariño es el apodo *(nickname)* **Flaca** (que Antonio escribe en el sobre que le deja a Mariana con el dinero). La costumbre de llamar a la gente por apodos como **Gordo**, **Negro** o **Flaco** es muy común en el mundo hispano.

3. Se ven varios aspectos de la religión católica en la película. Mariana guarda el dinero que Antonio le deja en una estatua de San Martín y dice "Me lo cuidas, San Martín". Más tarde, se ve a Mariana en la puerta de la iglesia. También lleva a los niños allí.

4. En Colombia se usan formas diminutivas que terminan en

-ico(a), así que en la película se oyen expresiones como **un ratico** ("solo vamos a estar aquí un ratico"). Estas formas también se usan mucho en Costa Rica y por eso los costarricenses se llaman **ticos**.

Temas de discusión, comentario o análisis

Discuta, comente o analice los siguientes temas con sus compañeros; su profesor(a) puede asignarle como tarea que escriba un párrafo sobre alguno(s) de ellos.

1. ¿Qué trabajos intenta conseguir Mariana? ¿Por qué tiene problemas en encontrar trabajo? ¿Qué habría hecho usted en su lugar?

2. ¿A qué juegan Mariana y los niños? (Se ven varios juegos en la película. NB: "hide and seek" jugar al escondite) ¿Por qué juegan a esos juegos?

3. ¿De qué manera depende Mariana de Gabi? ¿Por qué él puede hablar inglés y ella no? ¿Cree usted que esta situación es común entre los inmigrantes?

4. ¿Cómo se trata el tema del aborto *(abortion)?* Mariana va al teléfono público pero decide no hacer una llamada. ¿A quién pensaba llamar, probablemente, y por qué no lo hizo? ¿A quién le pide perdón? ¿Cree usted que se puede justificar lo que hizo Mariana o no?

Evaluación

1. ¿Cómo cambia Mariana a través de la película? ¿Le parece un personaje realista?

2. ¿Cree usted que la película contiene personajes estereotipados? Si es así, ¿cuáles?

3. La película se rodó en solo dieciocho días, por razones financieras. Si hubiera sido posible extender el tiempo del rodaje, sin limitaciones financieras, ¿qué escenas se habrían añadido? A usted, ¿qué le habría gustado ver o explorar?

4. En general, ¿le gustó la película? ¿Por qué sí o por qué no?

5. ¿Conoce usted películas en inglés que traten el tema de la inmigración? ¿Cuáles? ¿Cómo se comparan con *Entre nos?*

PERSPECTIVAS

Entrevista con Paola Mendoza, directora de cine

BBC Mundo (Fragmentos)

Paola Mendoza, una cineasta colombiana radicada en Nueva York, estuvo en los estudios de BBC Mundo para responder las preguntas de nuestros lectores y usuarios sobre su carrera artística y los desafíos° de ser mujer en la industria cine-matográfica…..

challenges

De todos los aspectos de cine ¿qué es lo que más te gusta?

Realmente todo. Si pudiera hacer todo al mismo tiempo lo haría. La actuación me llena la necesidad de ser una intérprete, la dirección porque uso una parte de mi mente que es lógica, aparte de la artística. Lo único que no me gusta es producir, eso que lo haga otro mejor.

Con respecto a eso José Bahamonde de Miami Beach en Estados Unidos comenta: "Siempre he pensado cómo hace una actriz para separar su vida privada del papel que interpreta, he imaginado que en ocasiones estas mujeres pueden sentirse confundidas, no sé, pero de todas formas lo hacen muy bien y las felicito".

Todos los papeles que he hecho son intensos y muy oscuros. Intensa sí soy, pero no soy tan oscura ni deprimida. He hecho de drogadicta, no soy eso pero es lo que me atrae, porque no es parte de mi ser y me gusta intentar explorar esas cosas. No son parte de mí pero, por la actuación, llego a entenderlo de otra manera y entender el mundo.

Esta película *Entre nos* está inspirada en la historia de mi mamá cuando recién llegamos a Estados Unidos y mi papá nos abandonó. Eso, obviamente, es un tema que he estado intentando entender toda mi vida, desde chiquita. Hoy en día sigo sin tener una relación con él, pero escribiendo esa película llegué a un punto de paz interna.

El arte es eso para un artista. Yo hago toda esa cosa biográfica, pues me ayuda con mis problemas personales.

A mi mamá le encantó la película. Está súper emocionada. Cuando la presentamos por primera vez en el festival Tribeca de Nueva York, enfrente de mil personas, ella estuvo presente. Después de la película todo el mundo se puso de pie para aplaudir a mi mamá y ese fue un momento muy especial para ella y para mí.

Ella sacrificó mucho para que yo esté donde estoy. El poder darle un agradecimiento° es la razón por la cual hice la película. Por ese momento trabajé tres años, para darle este regalito a mi mamá….

acknowledgment of gratitude

Varias de tus películas han sido realizadas en Estados Unidos. Al respecto, Pedro Omar de Argentina pregunta: "¿Por qué el cine contemporáneo debe ser de Estados Unidos? ¿Lo hecho en otros países no existe?"

Obviamente sí existe. Por mi parte, siempre he hecho películas en Estados Unidos porque ahí es donde vivo, también porque es más fácil hacer películas independientes. Lo que yo hago son películas independientes con propósitos muy pequeños.

Hago mis películas porque nacen de mí. Si no estuviera actuando, dirigiendo o escribiendo no sé qué haría.

Pero mi sueño es ir a Colombia, hacer películas colombianas, con colombianos. Aunque he vivido toda mi vida en Estados Unidos, aún me siento colombiana.

Ojalá llegue una idea y tenga un poco de plata para irme a hacer un corto o un documental. El cine es un arte para todos. Deberíamos hacer cine en todas partes del mundo con toda la gente que se pueda.

Aunque ya has contestado, Nicolás Cabrera de Bogotá, Colombia precisamente te pregunta: "¿En qué país te gustaría filmar una película?" ¿Qué tema te gustaría realizar? ¿Qué dificultades u oportunidades se te pueden presentar?

En Colombia me gustaría un tema que no tuviera que ver con la droga y la violencia. Me gustaría una historia de amor en la cultura colombiana o una historia familiar.

Lo bueno es que hay una explosión en el cine colombiano y se está viendo en todas partes del mundo y son muy diversas las historias que se están contando. Está, por ejemplo, *Los viajes del viento*, un cine arte que, como colombianos, nos da mucho orgullo. También *Entre nos* es sobre una familia tradicional, entonces entre todos se encuentra y se puede contar una linda historia colombiana....

Rosa Montalvo Reinoso de Perú pregunta: "¿Crees que una obra escrita y/o dirigida por mujeres posee y transmite una sensibilidad distinta solo por el hecho de ser mujeres?" Mientras que Zay de Valledupar, Colombia comenta: "Como profesional del cine ¿crees que existen diferencias en la percepción y la puesta en escena entre un director hombre y una directora mujer?"

Las diferencias existen, pero quiero llegar a un punto, como dije, de no tener que hablar de eso.

Naturalmente si vamos a dirigir *Romeo y Julieta* yo lo voy a hacer diferente a si tú la estás dirigiendo. Por varias razones: porque somos artistas diferentes, tenemos interpretaciones diferentes, porque eres mayor que yo, porque viviste en Londres y yo viví en Nueva York y tenemos experiencias diferentes. Además porque somos un hombre y una mujer.

Son todas esas cosas que hacen que las perspectivas sean diferentes. En este momento nos concentramos en que somos hombre y mujer, pero debemos progresar para llegar a un punto en el cual eso es simplemente una sola condición de nosotros como artistas enteros.

Gustavo Calderón, de Kingston, Nueva York en Estados Unidos hace un comentario relacionado, pero introduciendo el factor latino: "Nuestra cultura es demasiado machista. La educación es para unos pocos. Los que tenemos suerte de vivir en los Estados Unidos, nuestros hijos pueden ser profesionales". Si [no] hubieras vivido en Estados Unidos, ¿crees que hubieras tenido las mismas oportunidades?

Sé que hay mujeres cineastas en Colombia. O sea, de que se puede hacer, se puede. Hay varias mujeres que están dirigiendo. Al mismo tiempo, estoy de acuerdo que vivimos en una sociedad muy machista.

Cuando voy a Colombia, debido a como pienso y actúo, me dicen que soy "gringa" en el sentido de que mi comportamiento es muy de allá. Hay oportunidades que Estados Unidos me ha brindado que en Colombia no me las hubieran podido dar. Si estuviera en Colombia tendría que luchar más. A las mujeres allá les toca más duro y no es justo….

Redacción BBC, "No he tomado una sola clase de cine", fragmentos, *BBC Mundo*, 5 marzo 2010. © BBC 2010 Reproduced by permission.

Preguntas

1. ¿En qué se inspiró *Entre nos*, según la directora?
2. ¿Cuál fue la reacción de la madre de Paola Mendoza al ver la película?
3. ¿Qué clase de películas hace la directora, según lo que dice? ¿Por qué es más fácil hacer ese tipo de películas en Estados Unidos?
4. ¿Paola todavía se siente colombiana?
5. Si pudiera hacer una película en Colombia, ¿qué clase de película haría? ¿Le resultaría más o menos difícil ser directora en Colombia, según ella? ¿Por qué?
6. ¿Cree usted que Paola Mendoza y Gloria Herrera de La Morte hicieron algunos cambios en la historia de la familia de Paola? Si es así, dé un ejemplo.

Gloria Herrera de La Morte

La vida entre dos culturas

Entrevista con Cristina Cantú-Díaz, artista mexicano-americana. Cristina nació en Monterrey, México, y vive actualmente en Atherton, California.

¿Por qué viniste a Estados Unidos, Cristina?

Vine a este país buscando, como tanto emigrante, una vida con más oportunidades de estudio y trabajo para la mujer, y felizmente puedo decir que las he encontrado, pues he podido iniciar mis estudios y carrera en arte.

¿En qué se inspiró tu obra Triunfo del trabajador?

El libro de Francisco Jiménez *Cajas de cartón°* fue el relato que cristalizó mi idea de crear una escultura cuyo tema fuera un homenaje al campesino peregrino° en este país, el cual es, en su mayoría, mexicano o centroamericano. Jiménez, hijo de campesinos peregrinos de origen mexicano trabajando en California, viajaba con sus padres y sus hermanos de un campo de trabajo a otro en un automóvil cargado con todas sus pertenencias° empacadas° en cajas de cartón. Las cajas de cartón, nos dice Jiménez, tenían una función muy versátil pues si originalmente servían para empacar fruta y verdura posteriormente les servían a ellos tanto como maletas, mesas, sillas, "casitas" de

Triunfo del trabajador. Photo courtesy of MACLA/Movimiento de Arte y Cultura Latino Americana and James Dewrance.

juego, o una improvisada cuna° para el bebé mas pequeño. Las cajas de cartón llegaron a representar en su memoria la historia de su familia, y una niñez feliz a pesar de las restricciones dentro de las que vivían.

Fue entonces que empecé a trabajar con cajas de cartón; escogí aquellas que se usan para empacar fruta y verduras en California y que desechan° los supermercados. Una vez reunidas las más vistosas°, las pegué alrededor de una estructura de metal, formando así un arco triunfal. Era importante usar cajas usadas pues en ellas reside la esencia del trabajo del mexicano, no solo del campesino, sino también la del empleado en los supermercados que desempaca la fruta y verdura, la presenta atractivamente ahí, etc.

Mi intención en la creación de esta obra es hacer un llamado de atención no solo a la contribución del emigrante mexicano a la sociedad norteamericana, sino también a la nobleza de ese trabajo. Mucho arte se ha producido sobre este mismo tema, pero estos han enfocado en general la parte negativa de este trabajo, como la explotación de los trabajadores (bajos salarios, pésimas condiciones de trabajo, ausencia de servicios médicos, etc.) y la falta de protección en la fumigación de herbicidas y pesticidas, todo lo cual es cierto. Pero no hay

cardboard

migrant

belongings
packed

cradle

throw away
colorful, eye-
catching

que olvidar la nobleza del trabajo en sí mismo y su alto valor social. "Trabajar la tierra" para el campesino representa un trabajo digno° en sí mismo, no solo una forma de dar sustento° a su familia y una vida mejor—aunque esto sea la meta final.

worthy, honorable
sustenence, support

¿De qué está hecha La Cenicienta se fue a bailar? ¿Qué representa?

En esta historia, un hada° madrina premia° a la joven huérfana, cuyos familiares le infligen toda clase de humillaciones y labores domésticas, con una

fairy / rewards

transformación total que le permite salir de la casa en búsqueda de un nuevo destino. El hada madrina transforma con su varita° mágica los productos de limpieza en un maravilloso atuendo° de baile, carroza°, etc., y así se va Cenicienta al baile. Siguiendo esta idea yo he utilizado las botellas de plástico de detergentes usados en la limpieza de casas para crear unas flores que irían sobre un vestido de baile confeccionado como parte de la escultura. Mi intención era, como en el *Triunfo del trabajador*, la de realzar el valor intrínseco del trabajo. El trabajo honra y dignifica al trabajador y, a mi modo de ver, legítimamente lo "adorna".

wand

outfit
carriage

Y la Cenicienta se fue a bailar

Es decir que las experiencias asociadas al cumplimiento de una labor—la disciplina, organización, puntualidad, cumplir con un requerimiento, etc.,—transforman a la persona, lo cual lleva a un aumento del sentido de valor personal o autoestima en ella.

Las dos banderas entretejidas° obviamente representan a Estados Unidos y México, pero ¿también es una afirmación de tu identidad personal, como una persona que vive a gusto entre dos culturas?

woven together

Esta pieza habla de mí misma y de cómo entiendo lo que ocurre cuando una persona intenta integrarse en una nueva sociedad, que es mi experiencia personal. Aquí he buscado hacer hincapié en° el juego entre fragmentación e integración de la identidad de una persona que entreteje elementos de culturas diversas. La identidad es siempre un esquema un tanto fluido° en cada individuo y tiene un gran contenido cultural. Cuando uno se transfiere a otra cultura

hacer... emphasize

esquema... rather fluid way of thinking

como adulto, y tiene que navegar decisiones entre mantener su identidad establecida y a la vez atender a las exigencias de adaptación a la nueva sociedad—con conductas o valores tal vez contrarios a los ya establecidos o difíciles de comprender—la identidad puede convertirse en un mosaico de retazos° en donde elementos de las diferentes culturas operan, a veces en armonía, pero a veces no. La persona cambia un tanto, pero tiene que debatirse entre qué tanto ha de subyugarse a lo antiguo o a lo nuevo, cuánto tiene que abandonar, y

mosaico...
patchwork

cuánto los cambios la harán sentirse bien. En fin, siempre hay disyuntivas°, correcciones y sacrificios en este proceso. Lo importante es el proceso en última instancia. La pieza señala justamente esto: el proceso de redefinición de la identidad multicultural.

dilemmas

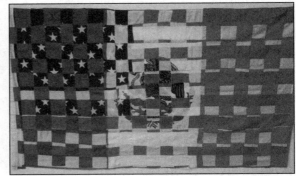

Bandera

Preguntas

1. ¿De dónde es Cristina? ¿Cuál es su profesión?

2. ¿Quién es Francisco Jiménez? ¿Qué obra suya inspiró el *Triunfo del trabajador?* Explique.

3. ¿Qué representan el *Triunfo del trabajador* y también *La Cenicienta se fue a bailar,* según Cristina?

4. ¿Cree usted que en este país se reconoce el valor del trabajo del campesino peregrino? ¿Por qué sí o por qué no?

5. ¿Qué quiere decir Cristina cuando habla del "proceso de redefinición de la identidad multicultural"? ¿Siente ella que su identidad cambia según la situación en que se encuentre? ¿Por qué la compara a un mosaico de retazos? ¿Siente usted lo mismo que ella, a veces? Si es así, dé un ejemplo.

 Busque "Cristina Cantú-Díaz" para ver otras obras de esta artista mexicano-americana.

"Existe un puente invisible entre Puerto Rico y Estados Unidos"

Entrevista con Lourdes Noemí Jiménez, profesora de lengua, literatura y cultura hispánicas

¿De dónde es usted, Lourdes? ¿Dónde vive?

Soy de Puerto Rico. Nací y crecí en un pueblo llamado Moca, al oeste de la isla. Hace muchos años que vivo en New Hampshire, Estados Unidos.

¿Fue difícil acostumbrarse a la vida en este país?

Sí, al principio me fue difícil acostumbrarme a muchas cosas. Lo primero que recuerdo es la soledad, aun rodeada de gente, estaba muy sola. También, a pesar de que había estudiado inglés por muchos años, no podía entender lo que la gente me decía y claro, cuando lo hablaba tenía un acento muy fuerte y nadie me entendía. El primer invierno fue muy duro. El cuerpo rechazaba un clima diferente. Siempre temblaba de frío. Además, es extraño llevar tanta ropa: abrigo, guantes, bufanda, botas, etc.

¿Qué extraña de Puerto Rico?

Lógicamente extraño mucho a mi familia. También extraño los colores que uno asocia con la isla, por ejemplo: el azul del mar y el verde de las montañas. Extraño la comida, hecha con productos típicos como los plátanos y la yuca. Echo de menos la plaza en donde siempre se oye música o fragmentos de conversaciones.

Para el puertorriqueño la familia es lo más importante. Somos alegres y nos gusta reunirnos, estar rodeados de gente. Nos encanta el sol y la playa…, comer tostones° y beber café bien caliente.

fried plantains

¿Cree que Puerto Rico será independiente algún día, seguirá como "estado libre asociado" o se convertirá en un estado de Estados Unidos?

Muchos tenemos la esperanza de que Puerto Rico sea independiente, pero creo que seguirá siendo un "estado libre asociado". La gran mayoría de la población siempre ha vivido bajo este estatus y solo conoce este tipo de gobierno. Puerto Rico, por su pequeño tamaño, es una "pequeña nación", con su propia historia, cultura, costumbres e idioma entrelazados° históricamente con España. Sin embargo, somos ciudadanos de Estados Unidos y tenemos una relación muy fuerte con este país. Tenemos vínculos° sociales, económicos, políticos y lógicamente lazos psicológicos y muchas veces afectivos.

interwoven

bonds

¿Cuáles son las ventajas y desventajas de ser un "estado libro asociado"?

Muchos puertorriqueños consideran a España como la madre patria y a Estados Unidos como el padrastro que nos adoptó dándonos la ciudadanía. Debido a nuestro estatus, se dice popularmente que existe un puente invisible entre Puerto Rico y Estados Unidos. Podemos cruzarlo, entrar y salir libremente. Todo va y viene… las cosas buenas, pero también las cosas malas.

Actualmente la población de puertorriqueños-americanos en Nueva York es tan grande que ha hecho posible el nacimiento del Nuyorrican y del Spanglish, una mezcla simbiótica de culturas y lenguas. Este grupo vive y trabaja

long

entre ambas culturas. La gran mayoría de estos inmigrantes desea lograr el sueño americano, pero siempre añora° regresar a la isla.

A pesar de ser ciudadanos estadounidenses, no podemos votar en las elecciones por el presidente. Esta semana, el Comité de Descolonización presentó en las Naciones Unidas una resolución para debatir el derecho a la libre determinación, cuestionando si Puerto Rico es una "colonia perfumada".

¿Qué contribuyen los puertorriqueños a la cultura y vida de Estados Unidos?

Los puertorriqueños contribuyen diariamente y de muchas maneras. Muchos trabajan en mano de obra, en fábricas… y un gran número sirve en el ejército

militar (las fuerzas armadas). Otros contribuyen en la música pop (Marc Anthony y Jennifer López), pero actualmente la figura más reconocida es la Honorable Sonia Sotomayor, la primera jueza hispana de la Corte Suprema.

El "National Puerto Rican Day Parade", Nueva York, celebra las contribuciones de los puertorriqueños a Estados Unidos. Cada año atrae a millones de personas. Photo by Nadia Banna.

Preguntas

1. ¿Qué problemas tuvo Lourdes cuando llegó a Estados Unidos?
2. ¿Qué extrañaba de Puerto Rico?
3. ¿Cuál es la esperanza que Lourdes tiene para su "pequeña nación"?
4. ¿Cuáles son las ventajas y desventajas de un "estado libre asociado"?
5. Según Lourdes, ¿cuáles son algunas contribuciones de los puertorriqueños a Estados Unidos?

DE LA PRENSA

El legado hispano en Estados Unidos

Jesús Hernández Cuéllar, *Contacto Magazine*

Después de 15 detenciones y deportaciones por cruzar ilegalmente la frontera de Estados Unidos, el mexicano José Vargas, originario de Jalisco, se convertía en° el primer indocumentado que se graduaba de policía en California. Tenía entonces 33 años de edad. Siete años después figuraba en la lista de los 10 mejores policías de Estados Unidos. A los 65 años, Vargas se retiró del servicio activo como el policía más condecorado de California. Ejerció toda su carrera policial en la ciudad de Santa Ana, en el condado californiano de Orange. Hoy día, los estudiantes latinos pueden optar por la beca° "José Vargas", para salir adelante en sus estudios.

se... became

scholarship

Por su parte, el joven José A. Gutiérrez era un niño de la calle en su natal Guatemala. Atravesó° fronteras hasta llegar a Los Ángeles como indocumentado cuando apenas tenía 10 años de edad. Creció en el seno° de una familia adoptiva y cuando alcanzó° la mayoría de edad, se enroló en el Ejército de Estados Unidos. Fue el primer hispano en morir en los campos de batalla de Irak. Tenía sólo 22 años. Cayó en combate el 21 de marzo de 2003 mientras trataba de tomar un punto importante del puerto de Umm Qasr, que luego de su muerte sirvió como puente de entrada para la ayuda humanitaria.

He crossed
bosom, heart
he attained

El Caribe no es ajeno° a estos relatos. A través de las peligrosas aguas del Estrecho de la Florida, la joven Mirta Ojito abandonó su natal Cuba a los 16 años de edad desde el puerto de Mariel, en 1980. Poco después se graduaba de periodismo en Estados Unidos y se integraba al equipo de redacción° de *The Miami Herald*, y más adelante al de *The New York Times*, donde primero ganó el premio de la Sociedad de Editores de Periódicos de Estados Unidos en 1999, en la categoría de mejor reportaje internacional, y más tarde, en 2001, compartió el codiciado° Premio Pulitzer por una serie de artículos sobre el tema racial en la sociedad norteamericana.

alien, unconnected

equipo... editorial staff

coveted

Perfil de una comunidad

Las historias de Vargas, Gutiérrez y Ojito son solo la punta del *iceberg* de innumerables anécdotas vividas por los 50 millones de latinos que viven en Estados Unidos.

Según un estudio anual del Centro Selig de la Universidad de Georgia el poder adquisitivo° de la comunidad hispana ronda° el billón de dólares (un millón de millones), una cifra más alta que el producto bruto interno° de muchos países latinoamericanos.

poder... buying power / equals about
producto... (PBI) GNP

Sin embargo, los hispanos, como el resto de la población, también sufren altibajos°. La actual recesión económica y la crisis en los sectores inmobiliario° y de la construcción han llevado el nivel de desempleo de los latinos ligeramente por encima del 13 por ciento, mientras que ese nivel en toda la fuerza laboral del país fue en agosto de 2011 de 9.1 por ciento. La Oficina del Censo reveló en septiembre de 2011 que el año pasado el nivel de pobreza de Estados Unidos llegó al 15.1 por ciento, con cerca de 46 millones de norteamericanos

ups and downs / real estate

en esa situación. El mismo informe señala que el índice de pobreza entre los hispanos aumentó a 13.2 millones de personas, de 12.3 millones que había el año anterior.

Por su parte, la firma eMarketer anunció que alrededor de 26 millones de latinos navegan por Internet en Estados Unidos, y los expertos pronostican° que la población hispana en la red aumentará° alrededor de un 30 por ciento en los próximos cinco años. La mayoría de los estudios de este tipo indican que los hispanos tienen pautas° de navegación y compras digitales iguales o superiores a las del resto de la población estadounidense.

A lo largo de los siglos, desde la fundación de la misión católica Nombre de Dios en San Agustín, Florida, en 1565, y más tarde con la anexión a Norteamérica de los territorios mexicanos de California, Arizona, Nuevo México, Nevada, Texas, Utah, y grandes espacios de lo que hoy es Colorado y Wyoming, a mediados del siglo XIX, los hispanos han dejado una huella imborrable° en la cultura y la sociedad de Estados Unidos.

En la era moderna, las continuas olas migratorias desde diferentes naciones latinoamericanas han hecho el resto. La música y la comida latinas son hoy día parte de las preferencias norteamericanas. La mano de obra°, especialmente en los sectores de la construcción, los servicios y la agricultura, se habían hecho imprescindibles° hasta la crisis actual.

La historia demuestra que el estereotipo que presenta al hispano únicamente como un obrero mal pagado es solo parte de la verdad. Una élite latina notable ha hecho contribuciones decisivas en campos tan importantes como las ciencias, la política, el arte, la cultura y el mundo empresarial°. En 1916, Ezequiel Cabeza de Baca se convierte en el primer hispano en ser elegido gobernador de un estado norteamericano, Nuevo México; en 1928, el ex gobernador de Nuevo México, Octaviano A. Larrazolo, es el primer hispano en llegar al Senado de Estados Unidos; en 1950 el actor José Ferrer es también el primero de su grupo étnico en recibir un Oscar, por su interpretación de Cyrano de Bergerac.

En 1952, Desi Arnaz es el primer rostro° hispano que aparece en la televisión de Estados Unidos; en 1959 el médico Severo Ochoa obtiene el Premio Nóbel de Medicina por sus trabajos en este país; en 1961, Rita Moreno es la primera latina en ganar un Oscar, por su trabajo en la película *West Side Story*. Más adelante, en 1981, dos hispanos hacen también historia: Henry Cisneros es elegido alcalde° de San Antonio, Texas, y se convierte en el primer hispano en dirigir una gran ciudad; Roberto Goizueta es nombrado ese mismo año presidente y director ejecutivo de Coca-Cola, símbolo del mundo empresarial norteamericano.

En 1986, el Dr. Franklin Chang Díaz es el primer hispano en volar al espacio como investigador de la NASA. Con el tiempo llega a ser el astronauta con mayor número de vuelos en los transbordadores° espaciales y un pionero en los experimentos sobre las posibilidades de vida fuera de la tierra. Desde esa fecha hasta nuestros días, 13 astronautas latinos han viajado al espacio como

Glosses (margin):

predict
will increase

patterns, norms

huella... *lasting mark*

mano... *labor, workforce*

se... *had become indispensable*

business

face

mayor

shuttles

miembros de la NASA, invitados o como parte de proyectos conjuntos° entre la NASA y la Agencia Espacial Internacional.

joint

Comunicación e información

El enorme crecimiento° de la comunidad hispana produjo también la necesidad de la comunicación en español. En Estados Unidos hay más de 400 publicaciones en castellano, muchas de ellas históricas y de gran influencia que son propiedad de hispanos, como el diario *La Opinión* de Los Ángeles, que este año celebra su 84 aniversario, o el *Diario/La Prensa de Nueva York*, fundado en 1913, que ahora son parte de la cadena° Impremedia. *Diario Las Américas,* en Miami, fue inaugurado en 1953. Hay también publicaciones que son propiedad de periódicos anglosajones, que han visto una gran oportunidad de ingresos procedentes del mercado hispano. Este es el caso de la cadena de diarios *Hoy,* de Tribune Media, que también es propietaria de *The Los Angeles Times.* El influyente *The Washington Post* edita el semanario° *Tiempo Latino,* *The Miami Herald* tiene a su cargo *El Nuevo Herald*, en Miami. El diario *Orange County Register,* en el condado californiano de Orange, publica *Excelsior*, y en Texas, *The Houston Chronicle* imprime° *La Voz*, por solo mencionar algunos. Igualmente, el consorcio NBC Universal, dueña° de la cadena *NBC* y de los Estudios Universal, opera la cadena *Telemundo.*

growth

chain

weekly

prints, publishes
owner

La crisis económica que estalló° en 2008 ha tenido también sus efectos entre los medios hispanos. Una enorme cantidad de periodistas han sido despedidos°, mientras que *Hoy* de Nueva York, de la cadena Impremedia, pasó a Internet solamente, *Hoy* de Los Ángeles, de Tribune, dejó de ser diario para convertirse en semanario, y otros han tenido que cerrar sus puertas para siempre.

broke out

laid off

En el mundo de la televisión, hay en estos momentos varias cadenas hispanas de señal abierta°, *Univisión, Telemundo, Telefutura, Azteca América, Estrella TV* y *Galavisión*, mientras que por cable y satélite están *CNN en Español, Mega TV, Vme* y *HITN.* Es común que algunos canales locales con programación en español superen muchas veces en teleaudiencia a sus competidores en inglés, en ciudades con gran población hispana como Los Ángeles.

de... free broadcast TV

Telenovelas, noticieros°, deportes, variedades y películas, así como los nuevos géneros de "talk shows" y "reality shows", son parte sustancial de la programación de estas cadenas, y de sus afiliados en todo Estados Unidos.

news programs

Poder económico y negocios

El poder económico de los latinos en Estados Unidos ronda el billón de dólares. Precisamente ese renglón de capacidad de compra° ha convertido al hispano en un consumidor codiciado ante los ojos de las grandes corporaciones e inclusive para los medianos y pequeños negocios de nacionalidad no hispana.

renglón... buying power

Pero este gran número de habitantes hispanos y su poder de compra ha hecho posible también el nacimiento de una sólida comunidad empresarial hispana, que ofrece productos y servicios a su propia gente y al resto de la sociedad. En Estados Unidos hay 2.3 millones de empresas propiedad de latinos, más de 400 mil de ellas en California y unas 50 mil en el condado de Los Ángeles.

remittances

Asimismo, muchas economías latinoamericanas sobreviven gracias a las remesas° de ayuda familiar que envían los hispanos de Estados Unidos hacia sus países de origen. Cifras históricas señalan que el monto total promedio de dinero que se envía al continente supera los 46 mil millones de dólares. La crisis también ha afectado este renglón° desde 2008.

line item, number

En años recientes, sólo México ha estado recibiendo más de 27 mil millones de dólares por este concepto, lo cual significa 35 veces más dinero que en 1980, cuando el país vecino obtuvo 699 millones de dólares en ayuda familiar.

Puntos débiles

drop out / weak, poor
estudios… higher education / gap

La educación y el poder político parecen ser todavía los puntos débiles de la comunidad hispano-estadounidense. La deserción° escolar y el endeble° mecanismo de financiamiento de los estudios superiores° han creado una brecha° educativa entre los hispanos y el resto de la población de Estados Unidos.

efforts / overcome

level

Los hispanos tienen el nivel de deserción escolar más alto entre los grupos étnicos del país, con 21.4 por ciento, según la Oficina del Censo. Pero los esfuerzos° para superar° el abandono de las escuelas han dado sus frutos. En 2005, sólo el nueve por ciento de los latinos recibieron un título de colegios comunitarios o de nivel° superior, pero ese porcentaje subió a 12 en 2008.

La educación influye decisivamente en el nivel de ingresos y pobreza de la sociedad. A pesar del enorme poder adquisitivo hispano, este grupo compite con los afroamericanos en estos renglones por el último lugar, si se le compara con otros grupos étnicos.

comprised

En cuanto a poder político, igualmente, los hispanos tienen dificultades. Un estudio del Pew Hispanic Center indica que hay en Estados Unidos 27 millones de hispanos mayores de 18 años, de los cuales 16 millones son ciudadanos de este país, y de estos unos 12 millones están registrados para votar. Cifras de la Oficina del Censo revelan que en las elecciones presidenciales de 2008, el 74 por ciento de los votantes era de raza blanca, mientras que los hispanos apenas conformaron° el 7.4 por ciento del electorado.

approval
would grant
warned
achieve it

advocated

En estos momentos, alrededor de 11 millones de indocumentados viven en territorio estadounidense, la mayor parte latinos. Desde 2006 está pendiente en el Congreso de Estados Unidos la aprobación° de una reforma migratoria, que otorgaría° un estatus legal a muchos de los indocumentados. El presidente Barack Obama ha prometido apoyar una nueva ley, pero ha advertido° que se requiere apoyo bipartidista para lograrlo°. La reforma tiene muchos enemigos en las filas conservadoras del Congreso, a pesar de que en 2006 y 2007 figuras republicanas importantes como el propio presidente George W. Bush abogaron° por la reforma, mientras que el ex candidato presidencial republicano John McCain y el entonces senador Mel Martínez, del mismo partido, elaboraron proyectos de ley con su nombre propio, junto a demócratas prominentes como el fallecido° senador Edward Kennedy.

late, deceased

Jesús Hernández Cuéllar, "El legado hispano en Estados Unidos", *Contacto Magazine*, octubre de 2011.

Preguntas

1. ¿Quién es José Vargas? ¿José Gutiérrez? ¿Mirta Ojito? ¿De dónde son? ¿Qué tienen en común?
2. ¿Cuál es el poder adquisitivo de los hispanos en Estados Unidos? ¿y el índice de pobreza?
3. ¿Quién fue Ezekiel Cabeza de Baca? ¿Desi Arnaz? ¿Severo Ochoa? ¿Quién es Franklin Chang Díaz?
4. ¿Cuántas publicaciones en español hay en Estados Unidos? ¿Cuáles son algunas de ellas?
5. ¿Qué clase de programación en español pueden ver los hispanos en Estados Unidos por televisión?
6. ¿Cuántas empresas en Estados Unidos tienen propietarios o dueños latinos?
7. En años recientes, ¿cuánto dinero ha recibido México en remesas de Estados Unidos? ¿y en 1980?
8. ¿Cuál es la tasa *(rate)* de deserción escolar entre los latinos en Estados Unidos?
9. En 2008, ¿qué porcentaje del electorado era de origen hispano?

Actividades

A. **Contribuciones hispanas.** En grupos pequeños, hagan una lista de algunas contribuciones hispanas a la vida o cultura de Estados Unidos. Traten de enumerar por lo menos una contribución en cada una de las siguientes categorías:

1. las artes (pintura, dibujo, escultura, etc.)
2. la música y el cine/la televisión
3. la política
4. la comida
5. la economía y los negocios
6. los deportes

Compartan sus listas con la clase.

B. **Debate. Estados Unidos: ¿Crisol de culturas?** La clase se divide en dos. Un grupo representa el punto de vista de que Estados Unidos es un "crisol *(melting pot)*" en donde todas las culturas se mezclan en una sola, perdiendo, en general, las características originales de cada una. El otro grupo representa el punto de vista de que Estados Unidos es una "ensalada mixta" con diferentes culturas que se mezclan pero que preservan sus características individuales.

C. **Comentario.** En grupos pequeños, comenten la siguiente cita y hagan un informe sobre sus ideas a la clase.

"A los estadounidenses parece gustarles la idea de la inmigración y recuerdan con orgullo a los miembros de su familia que lucharon contra obstáculos insuperables para lograr establecerse en Estados Unidos. Incluso respetamos y admiramos a los inmigrantes que conocemos, los que trabajan en nuestras casas y con frecuencia conocen las partes más íntimas de nuestras vidas. Pero políticamente, muchos de nosotros no podemos ir más allá de identificar a los inmigrantes como la mayor fuente *(source)* de nuestras dificultades económicas y sociales…. Las raíces más profundas de las actitudes xenofóbicas con frecuencia pueden remontarse *(go back)* hasta cambios estructurales más grandes en la economía. Durante la década de 1970 una lucha económica de 'desindustrialización' y 'globalización' transformó profundamente la sociedad estadounidense. La reestructuración global del trabajo devastó a las comunidades obreras en todo el país. Si bien la inmigración no tuvo nada que ver con estos profundos cambios, como ésta aumentó en la segunda mitad de la década de 1970, los inmigrantes pasaron a ser chivos expiatorios *(scapegoats)* útiles y visibles para un país con dificultades económicas".

Gil Cedillo (miembro de la Asamblea del estado de California), "California guiará reforma migratoria", *La Opinión*, 23 de enero de 2011.

D. **Sondeo**

1. En grupos pequeños, contesten esta pregunta: ¿Por qué estudian ustedes español? Hagan una lista de las respuestas.

2. Cada grupo presenta un informe a la clase sobre el Punto 1. Pongan la lista de los motivos en la pizarra. ¿Cuál es el motivo más mencionado?

Composición

Escriba una composición sobre uno de los siguientes temas:

1. El español en Estados Unidos. ¿Escucha o lee usted español en la calle, la radio, los medios de comunicación en general, la música, los mensajes telefónicos? ¿Lo ve en periódicos o revistas o en letreros en la calle? ¿Cree que tener gente bilingüe es una ventaja para este país? Si es así, ¿de qué forma? Si no, ¿por qué no?

2. Las contribuciones hispanas al país (puede escoger un solo campo; e.g., las artes, los deportes, la política, la economía, etc.).

3. Entrevistas con inmigrantes hispanos. Entreviste a tres o cuatro inmigrantes de habla hispana y haga un informe resumiendo los resultados. Si es posible, use una videocámara y ponga los videos en un sitio Internet. Invente por lo menos seis preguntas sobre la vida de los inmigrantes antes y después de llegar a este país.

4. En el DVD de *Entre nos*, hay un video en el cual Paola Mendoza habla de la reforma migratoria. Mire el video y escriba su reacción. ¿Está de acuerdo con ella? Si es así, ¿por qué? Si no, ¿por qué no?

DEL RINCÓN LITERARIO

A la espera

Jaime Orrego, escritor y profesor colombiano, nació en Medellín. Vive y trabaja en Estados Unidos.

Cuando la azafata° me pidió que apagara mi walkman, me di cuenta que ya estábamos próximos a aterrizar°. Era mi segundo viaje a Colombia en menos de un año, pero a diferencia de mi anterior viaje, en el que llegué con grandes expectativas, de éste no esperaba nada. Volvía por presiones° de mis papás, y no porque en realidad yo tuviera la ilusión de volver. Era un mecanismo de defensa. Tenía miedo de sufrir la misma desilusión de mi viaje anterior.

stewardess

próximos… about to land

pressure

Aquella vez cuando mi mamá llamó diciéndome que ya habían recibido la carta que tanto esperábamos, colgué°, empaqué algo de ropa y me senté enfrente del computador para enviar unos e-mails a mis profesores dejándoles saber el motivo por el cual no estaría en clase los próximos días. Luego fui al cuarto de Alice a contarle las buenas noticias. Ella no las recibió como yo lo esperaba pues, aunque se alegraba de la carta, ella temía que algo me sucediera en el viaje.

I hung up

Yo había comenzado a salir con Alice desde hacía tres meses. La había conocido en una de las fiestas que organizaba Arthur, un tipo de Sudáfrica, casi todos los viernes en su apartamento. Ella llegó en el momento de mi vida que más necesitaba afecto. Mi desespero por tener noticias de Esteban, mi contacto con mis amigos en Colombia había casi desaparecido (por cuestiones de seguridad y presiones de mis papás), y mi frustración por no poder viajar, habían hecho que entrara en una de mis peores depresiones. Después de esa fiesta, me la encontré un par de veces en la cafetería, una vez en la biblioteca, y cuando resultamos° en la misma clase de pintura con acuarela°, decidimos que el destino quería que comenzáramos a salir.

turned out to be / watercolor

Después de darle la noticia que viajaba el siguiente día, Alice y yo fuimos a comer en la cafetería. El tema de mi viaje ni se tocó°. Lo poco que hablamos fue de cosas banales. Apenas terminamos, nos fuimos a su cuarto y nos pusimos a ver televisión. Era un episodio de "Nova" sobre cómo nuestros sueños son la continuación de las cosas que hacemos durante el día.

ni… wasn't even touched upon

Alice me llevó al aeropuerto a las cinco de la mañana. Aunque le había pedido que no lo hiciera, ella insistió en quedarse y acompañarme hasta que entrara a la sala de espera. Nos tomamos un café juntos y cuando llegó el momento de la despedida, ella comenzó a llorar, me hizo jurarle que tomaría todas las precauciones necesarias, que no me expondría° y que la llamaría todos los días. La besé, la abracé y le prometí que volvería en una semana.

que… that I wouldn't put myself in danger

El viaje se me hizo muy largo debido a la ansiedad que tenía por volver. No pude concentrarme en el libro que estaba leyendo ni en la película que pasaron en el avión. Después de doce horas con conexiones, el avión aterrizó en Medellín. Casi que empujaba a las personas que estaban delante mío por intentar salir del avión. Mi impaciencia se terminó cuando vi a mis papás a través de los vidrios. Hacía mucho tiempo no me sentía tan alegre de verlos. Después de reclamar mi equipaje, corrí hacia ellos y los tres nos abrazamos en medio de lágrimas y risas. Habían pasado más de seis meses desde mi salida obligatoria del país.

trip

En el trayecto° hacia la casa, les conté cómo mi adaptación había mejorado en los últimos meses y también les dije lo feliz que me encontraba de estar nuevamente con ellos. Como si nos hubiéramos puesto de acuerdo, ninguno quiso hablar de Esteban; hoy me pregunto si era por temor a que las cosas no se dieran° como todos esperábamos, o si era simplemente porque queríamos disfrutar de este momento, una de las pocas felicidades que habíamos tenido en los últimos seis meses.

no... wouldn't turn out

se... vanished

Toda mi emoción se fue abajo° cuando entré a nuestra casa. Se sentía un gran vacío. Los cuadros estaban empacados al igual que los libros de la biblioteca. Parecía como si la mudanza° ya hubiera comenzado. El cuarto de Esteban estaba igual que la mañana cuando ambos salimos para la universidad aquel martes 13 de agosto. No quise hacer ningún tipo de preguntas y después de abrazarnos y besarnos, me fui a la cama.

move

Esa mañana me levanté de buen ánimo, y después de consultarlo con mis padres, decidí ir a la universidad y sorprender a mis amigos. Mis papás me permitieron almorzar con ellos con la condición que no saldría del campo universitario. Los guardaespaldas° me dejaron en la entrada, caminé hasta la cafetería y allí estaban mis amigos conversando después de clase. Cuando ya estaba muy cerca uno de ellos me vio y todos vinieron a abrazarme. No podían creer que estuviera allí. Hablamos de muchas cosas, de sus clases, de las mías, y aunque no hablamos del lugar donde yo vivía, hablamos de la nieve y de lo difícil que es caminar a las clases después de las grandes tormentas°.

bodyguards

storms

Después del almuerzo, muy contento, le pedí a los guardaespaldas que tomáramos una ruta diferente y así poder disfrutar más de la ciudad que tanto extrañaba. A pesar que tenían órdenes estrictas, ante mi insistencia, con algunos cambios, aceptaron mis sugerencias. El primer lugar por el que pasamos fue el estadio de fútbol. Se me vinieron a la memoria todas las veces que estuve allí con mi camiseta verde, empujándome con la gente para entrar y salir en los partidos de fútbol. Luego pasamos por el coliseo° de baloncesto, la biblioteca pública, el río... parecía que estuviera reviviendo mis años con este recorrido°, luego, sin planearlo, pasamos por el barrio de Natalia. Nunca más volví a saber de ella desde que me fui. Las cosas no terminaron muy bien. Quise pensar que ella lo hizo de esa manera como una forma de protegerse, de no sufrir; pero para mí fue devastador tenerme que ir, saber que Esteban no vendría conmigo, y perderla a ella.

coliseum, pavillion

trip, route

Cuando llegué a casa, ya habían comenzado los preparativos para la esperada llegada de Esteban el siguiente día; esto me distrajo° y alejó mis pensamientos, innecesarios, de Natalia. Ese sábado, en la mañana, mi mamá preparó una bandeja paisa°, el plato favorito de él. Habíamos sido informados que mi hermano llegaría al medio día, pero las horas iban pasando y no teníamos noticias de él. A las seis de la tarde, mi papá recibió una llamada donde se nos

distracted

bandeja... platter that includes many typical Colombian foods, such as rice, beans, plantains, meat, eggs

informaba que por problemas, Esteban no podría ser liberado. Pasaron los días, y se decidió que lo mejor sería que yo volviera a Bloomington.

No volvimos a tener noticias de Esteban por un mes, y en esa llamada le pidieron más plata a mi papá. Fue así como ayer, casi seis meses después de mi último viaje, mis papás recibieron una carta en la que se decía que mi hermano sería liberado el miércoles 13 de agosto. Esta vez no tuve que prometerle a nadie que me cuidaría. Cuando llegué al aeropuerto, noté cómo mis papás se habían envejecido°. No los veía hacía seis meses, pero parecían seis años. Mi papá trató de ser optimista, y me aseguró que esta vez Esteban sí llegaría. En el trayecto del aeropuerto a la ciudad, me contaron que habían vendido la casa en la que habíamos crecido y que habían alquilado° un apartamento. Al llegar me di cuenta que solo tenía dos cuartos, que era en un barrio más modesto, y que mi mamá no había colgado° ningún cuadro.

°aged

°rented

°no… had not hung up

Esta vez no me molesté en llamar a ninguno de mis amigos y mis primos. Aunque me había divertido mucho con ellos en mi viaje anterior, habíamos perdido contacto casi totalmente, pensé que ellos habían cambiado, pero después me di cuenta que había sido yo quién había dejado atrás mi pasado e iniciado una nueva vida. El miércoles, aunque no tan ansiosos como la primera vez, nos sentamos en la sala a esperar. Esta vez no nos dieron una hora exacta de llegada, solo que sería en la tarde.

Cuando eran las siete de la noche, mi mamá, llorando, comenzó a guardar las cosas que tenía sobre la mesa, mi papá y yo, sin decir nada, comenzamos a ayudarle. Todo parecía una repetición de la historia, sin nosotros haber hecho nada para merecer° vivirla dos veces. Ya nos disponíamos° a apagar las luces cuando escuchamos fuertes gritos afuera de nuestro apartamento, corrimos a abrir la puerta y allí había un hombre, muy flaco y con una barba larguísima que nos miraba fijamente. Nos tomó unos pocos segundos darnos cuenta quién era y abrazarlo.

°sin… without our having done anything to deserve / Ya… We were ready

Preguntas

1. ¿Adónde viaja el narrador al principio de la historia?
2. ¿Quién es Alice?
3. ¿Cómo encuentra su casa el narrador?
4. ¿Con quiénes tiene que salir para ir a ver a sus amigos? ¿Por qué lugares pasan al volver a la casa?
5. ¿A quién esperan al día siguiente? ¿Qué le prepara la madre del narrador?
6. ¿Adónde vuelve el narrador unos días después?
7. Según la llamada que reciben los padres del narrador, ¿qué hay que hacer para que Esteban sea liberado? ¿Qué dice la carta que reciben un mes después?
8. ¿Dónde viven los padres cuando llega el narrador en agosto? ¿Por qué habrán cambiado de casa?
9. ¿Quién estaba en la puerta? ¿Qué le habría pasado?

OTRAS PELÍCULAS

Mire una de las siguientes películas y escriba una reacción personal. ¿Cómo se compara con *Entre nos?*

Al otro lado
2004
Dirección y guión: Gustavo Loza
Actuación: Carmen Maura, Héctor Suárez, Vanessa Bauche

Bella
2006
Dirección: Alejandro Gómez Monteverde
Guión: Alejandro Gómez Monteverde, Patrick Million, Leo Severino
Actuación: Eduardo Verástegui, Tammy Blanchard, Manny Pérez

Los colores de la montaña
2010
Dirección y guión: Carlos César Arbeláez
Actuación: Genaro Aristizábal, Natalia Cuéllar, Hernán Méndez

ESL
2005
Dirección y guión: Youssef Delara
Actuación: Kuno Becker, Danielle Camastra, John Michael Higgins

Espiral
2008
Dirección y guión: Jorge Pérez Solano
Actuación: Iazua Larios, Mayra Serbulo, Ángeles Cruz

La misma luna
2007
Dirección: Patricia Riggen
Guión: Ligiah Villalobos
Actuación: Eugenio Derbez, Kate del Castillo, Adrián Alonso

Nueba Yol
1995
Dirección y guión: Ángel Muñiz
Actuación: Luisito Marti, Caridad Ravelo, Raúl Carbonell

Sugar
2008
Dirección y guión: Anna Boden, Ryan Fleck
Actuación: Algenis Pérez Soto, Rayniel Rufino, Andre Holland

Capítulo **5**

Exilio y nostalgia

Viva Cuba

PRESENTACIÓN

La victoria de las fuerzas de Fidel Castro en Cuba en 1959 y la transición a un gobierno comunista dio lugar a una enorme ola de emigrantes. Muchos fueron a Estados Unidos (principalmente al estado de Florida); también fueron a Canadá, a Europa y a otras partes del mundo. Hoy la gran mayoría de los cubanos tienen conexiones con familiares o amigos en diferentes países.

La película *Viva Cuba* trata de un niño y una niña cubanos, Jorgito y Malú, que viven en La Habana, la capital. Son amigos del alma, aunque sus familias son muy diferentes. Cuando la madre de Malú decide irse de Cuba, Malú se enfrenta con un gran problema. Para tratar de resolverlo, ella y su amigo empiezan un largo viaje a través de la isla, un viaje de descubrimiento tanto para ellos como para los espectadores del filme. La película nos ofrece un trozo de la vida real y de la cultura cubana de hoy.

El director, Juan Carlos Cremata Malberti, vivió más de ocho años en el extranjero, en varios lugares. Su padre, que trabajó para Cubana de Aviación, murió en 1976 cuando el avión en que viajaba explotó en un acto de terrorismo contra el gobierno cubano. La película explora las tensiones entre el deseo de quedarse y el de irse, entre lo local y lo global, entre la búsqueda de las raíces y la de una vida mejor.

EXILIO Y NOSTALGIA

Vocabulario

ceder	*to yield, cede*
el crucero	*cruise ship*
la enmienda	*amendment*
la fábrica	*factory*
fundar	*to found*
lograr	*to achieve*
recuperar	*to recuperate*
renunciar	*to resign*
la red	*network*
revocar	*to revoke*
sobresalir	*to excel, do very well*
el tratado	*treaty*
vigente	*in effect*

Breve cronología de la historia de Cuba

1514 Diego Velázquez funda la ciudad de Santiago de Cuba; un año más tarde, funda La Habana.

1762 Los ingleses invaden La Habana. Al año siguiente, con el Tratado de París, España recupera La Habana y obtiene la Luisiana francesa pero cede la Florida a los ingleses.

1804 Se declara la independencia de Haití; hay una emigración masiva de franceses y españoles a Cuba.

1868 Se declara la independencia de Cuba; siguen diez años de guerra contra las fuerzas del gobierno español, sin que puedan lograr su objetivo.

1895 José Martí, exiliado en Estados Unidos, muere en una expedición militar a Cuba cuya intención era liberar la isla de la dominación de España.

1898 Después de una explosión en el crucero *Maine* en La Habana, Estados Unidos declara la guerra a España.

1903 Mediante un tratado con Cuba, Estados Unidos obtiene la base naval de Guantánamo. Sigue vigente la Enmienda Platt de 1901, según la cual Estados Unidos tiene el derecho de intervenir en Cuba para proteger sus intereses políticos y económicos.

1925-33 Dictadura del general Gerardo Machado Morales. Un año después, este gobierno cae y se revoca la Enmienda Platt.

1959 Las fuerzas de Fidel Castro triunfan sobre las del dictador Fulgencio Batista. El nuevo gobierno inicia la reforma agraria e implementa el control estatal de las empresas extranjeras; Estados Unidos declara el embargo de las exportaciones con destino a Cuba.

1962 Estados Unidos y la Unión Soviética se enfrentan en la crisis de los misiles; el apoyo soviético a Cuba sigue hasta 1991, cuando se produce el colapso de la Unión Soviética.

2008 Fidel Castro cede el poder a su hermano Raúl.

2011 Fidel Castro renuncia como líder del Partido Comunista de Cuba.

Análisis

1. ¿Cuántos años pasaron entre la fundación de Santiago de Cuba y la fundación de Jamestown en 1607?

2. ¿En qué año murió José Martí, héroe nacional de Cuba?

3. ¿Qué hizo Estados Unidos después de la explosión en el crucero *Maine* en La Habana? ¿En qué año obtuvo la base naval de Guantánamo?

4. Según la Enmienda Platt, ¿qué derecho tenía Estados Unidos?

5. ¿En qué año llegó Fidel Castro al poder? ¿Cuál fue la reacción de Estados Unidos?

6. ¿Qué país ayudó a Cuba hasta 1991? ¿Por qué dejó de ayudarla?

7. ¿Cuándo cedió el poder Fidel Castro a su hermano Raúl?

Los cubanos en Estados Unidos

En Estados Unidos, los inmigrantes hispanos más asociados con el exilio político son los cubano-americanos. Durante la Guerra de 1868 (que duró diez años), muchos cubanos salieron de la isla; algunos fueron a Santo Domingo, otros a Jamaica, Honduras o México. Pero la mayor parte emigró a Estados Unidos, donde muchos encontraron trabajo en las fábricas de tabaco en Tampa y Cayo Hueso, en Florida. El futuro héroe nacional José Martí buscó refugio en varios países hispanos, pero optó por Nueva York para planear la invasión a Cuba.

Se calcula que unos 600.000 cubanos, en varias etapas, llegaron a Estados Unidos después de la revolución de 1959. Hoy los cubano-

Café cubano en la calle Ocho, Miami, Florida

americanos tienen un alto nivel de instrucción y de poder adquisitivo y han sobresalido en el área empresarial. Según estadísticas de la Oficina del Censo, más de la mitad vive en el condado de Miami-Dade, en Florida. Florida está, geográficamente, cerca de Cuba; el clima es muy semejante al de Cuba y desde hace mucho tiempo existe una población de cubanos ya establecida, con su red de negocios y comunicaciones. Miami, la "capital del exilio", es la ciudad de mayor población cubana después de La Habana. Es posible que el poder económico de los cubano-americanos tenga un papel importante en el futuro de Cuba.

 Busque "relaciones diplomáticas Cuba-Estados Unidos" para aprender más sobre este tema.

Análisis

1. ¿Cuántos años duró la Guerra de 1868?

2. ¿Dónde encontraron trabajo muchos de los inmigrantes cubanos que llegaron a Estados Unidos a fines del siglo XIX?

3.   ¿Dónde vive la mayor parte de los cubano-americanos ahora? ¿Por qué será?
4.   Después de La Habana, ¿qué ciudad tiene más población de ascendencia cubana?

Viva Cuba

Director y co-directora:	Juan Carlos Cremata Malberti nació en 1961 en La Habana, Cuba; estudió en el Instituto Superior de Arte (ISA) y después trabajó en la Escuela Internacional de Cine y Televisión (EICTV), donde conoció a muchos profesionales internacionales del mundo cinematográfico. Es también actor, escritor y director de televisión. Después de hacer *Nada* + (2001), ganó fama mundial con *Viva Cuba* (2005), que obtuvo más de treinta premios nacionales e internacionales. En 2009 hizo *El premio flaco*. Iraida Malberti Cabrera, madre de Cremata Malberti, es directora de teatro infantil.
Guionistas:	Manuel Rodríguez y Juan Carlos Cremata Malberti
Personajes principales:	Jorgito: amigo de Malú
	Malú: amiga de Jorgito
	la madre de Malú
	la madre de Jorgito
	el padre de Jorgito
	la abuela de Malú

el espeleólogo

el chofer del auto antiguo (Juan Carlos Cremata Malberti)

Actores/ actrices principales:	Todos los actores jóvenes son miembros del grupo teatral "La Colmenita", dirigido por Carlos Alberto Cremata Malberti, hermano del director. Malú Tarrau Broche hace el papel de Malú, y Jorgito Miló Ávila el de Jorgito. Los niños improvisaron mucho durante la filmación. Larisa Vega Alamar interpreta a la madre de Malú, Luisa María Jiménez Rodríguez a la madre de Jorgito, Albertico Pujols Acosta al padre de Jorgito y Abel Rodríguez Ramírez al padre de Malú. Sara Cabrera Mena, abuela de Cremata Malberti, hizo el papel de abuela de Malú, y el director interpreta al chofer del auto antiguo.

Vocabulario

El exilio

cambiar de escuela/de amigos	*to change schools/friends*
escaparse	*to escape*
extranjero(a)	*foreign; n. foreigner*
firmar (una carta, un permiso)	*to sign (a letter, a permission form)*
hacer trámites para irse	*to be in the process of leaving*
lograr	*to manage, achieve*
quedarse	*to remain, stay behind*
separar	*to separate*

Los niños

castigado(a)	*punished, grounded*
castigar	*to punish*
el/la maestro(a)	*teacher*
la mochila	*backpack*
la muñeca	*doll*
pedir (i) un deseo	*to make a wish*
respetar a las personas mayores	*to respect one's elders*
el uniforme (de escuela)	*(school) uniform*

La naturaleza

acampar	*to camp*
el campo	*country; field*
la cueva	*cave*
el/la espeleólogo(a)	*spelunker, someone who explores caves*
la estrella (fugaz)	*(shooting) star*

el lobo	*wolf*
los pioneros exploradores	*"pioneer explorers," similar to boy or girl scouts*
la playa	*beach*

Las emociones

abrazar	*to embrace*
creerse…; ¿Quién te crees ser?	*to think one is…; Who do you think you are?*
la culpa; ¡La culpa es tuya!	*fault; It's your fault!*
desesperado(a)	*desperate, in despair*
gritar	*to shout, yell*
harto(a)	*fed up, sick and tired*
insoportable	*unbearable*
No aguanto más. No soporto más.	*I can't take (stand it) any more.*
No se preocupe.	*Don't worry.*
pegar	*to hit, beat*
pelearse	*to fight, quarrel*
regañar	*to scold, give a talking to*

Otras palabras

agradecer	*to be grateful*
ahogar; Este país me ahoga.	*to drown; to stifle; This country is stifling me.*
el/la cantante	*singer*
la chusma	*riffraff*
entregar	*to turn in*
equivocado(a)	*mistaken*
faltar mucho (para llegar, para 2030)	*to take long (to get there), be a long time (until 2030)*
el faro	*lighthouse*
el/la farolero(a)	*lighthouse keeper*
el jefe (la jefa)	*boss*
el mataperro	*(colloquial) street urchin (elsewhere,* mataperros*)*
mezclarse con alguien	*to get mixed up or involved with someone*
el/la oficial	*officer*
parar	*to stop*
el varón	*male*

NB: This vocabulary list will help you understand and also discuss the film. All but a few of the words occur at least twice in the film.

Exploración

Antes de ver *Viva Cuba,* se recomienda leer las siguientes preguntas como guía del argumento y para una mejor comprensión del contenido de la película. Su profesor(a) puede asignarle como tarea que prepare las respuestas a todas las preguntas o solo a algunas de ellas.

1. ¿Quieren las madres de Jorgito y Malú que jueguen juntos? ¿Por qué sí o por qué no?

2. Las dos madres dicen que están muy cansadas. ¿De qué están cansadas?

3. El padre de Jorgito es jefe de una brigada de construcción. ¿Qué hace el padre de Malú?

4. En la casa de Malú, hay un letrero con un crucifijo que dice "Señor, ésta es tu casa". ¿Qué dice un letrero semejante que está en la casa de Jorgito?

5. ¿En qué detalles se ve que en las escuelas cubanas se enseñan los valores y la ideología del Partido Comunista?

6. ¿Por qué quiere salir de Cuba la mamá de Malú? ¿Por qué no quiere irse Malú? ¿Qué le dice su madre para tratar de convencerla de que se vaya?

7. ¿Por qué van Malú y Jorgito a Punta Maisí? ¿Quién vive allí?

8. ¿Quién quiere parar en la playa de Varadero? ¿Quién no quiere, y por qué no?

9. Cuando Malú mira las estrellas, dice que ve a su abuela y que Dios convierte a las personas buenas en estrellas cuando mueren. ¿Qué le responde Jorgito?

10. ¿Qué deja Jorgito en la playa de Varadero? ¿Por qué tienen que usar los niños una brújula (compass) después de eso?

11. ¿Qué le dice el oficial a la madre de Malú cuando ella declara que no quiere "mezclarse" con los padres de Jorgito?

12. ¿Qué quiere ser Malú cuando crezca? ¿Y Jorgito?

13. ¿Ha tenido mucho contacto Malú con su padre desde que se divorció de su madre? ¿En qué ha consistido la comunicación entre ellos?

14. En el campo, un señor describe unos "bichitos (critters) negros" que se llaman **guijes** y que supuestamente salen de repente de la selva y matan a la gente del susto (fright). ¿Quién dice que no existen? ¿Quién se asusta mucho de ellos después?

15. La madre de Malú le dice al señor con quien habla por teléfono que en Cuba no se puede sobornar (bribe) al ejército, que allí sus dólares no los ayudarán. Poco después, se anuncia en la televisión que los niños estuvieron en la playa de Varadero. ¿Cómo se supo esto?

16. Unos trabajadores recogen a los niños y quieren llevar a Jorgito al hospital de Camagüey. ¿Por qué él no quiere entrar allí?

17. ¿Qué hace Malú en la ceremonia en honor a José Martí? ¿Qué consecuencias trae?

18. ¿Cómo se entera el espeleólogo (que mucho se parece a Ernesto "Che" Guevara) de que la policía está buscando a los niños? ¿Qué le dice Malú? Según ella, ¿por qué no debe entregarla a los oficiales?

19. El espeleólogo les dice a los niños que no llegaron a Punta Maisí porque dejaron de ser amigos y que "sin amigos no se va a ningún lado". ¿Qué decide hacer él?

20. Describa el final de la película. ¿Qué cree usted que les pasa a los muchachos?

Notas culturales

1. Hasta la realización de *Viva Cuba*, el Instituto Cubano de Arte e Industria Cinematográficas (ICAIC) había financiado casi todos los largometrajes cubanos. Cuando ICAIC rechazó el proyecto original (porque había falta de dinero y había muchos directores compitiendo entre sí), Cremata Malberti decidió hacer *Viva Cuba* con una cámara digital y un equipo de solamente quince personas. Gracias a las conexiones del director en Cuba y en el extranjero, y a su experiencia con nuevas tecnologías, pudo realizar su proyecto. Fue la primera película cubana en mostrar lugares remotos de Cuba en un largo viaje a través de la isla; muchos cubanos vieron la gran diversidad del país por primera vez. También fue la primera película cubana en ganar un premio en el festival de Cannes.

2. Entre los juegos de los niños al principio de la película, se ve uno en que están gritando, "¡Viva Cuba, abajo España!" Malú dice que no le gusta ese juego y que ella quiere ser la reina de España (y Jorgito responde que no llevaron dos horas luchando contra los españoles para seguir siendo sus esclavos). Mientras otros países hispanoamericanos ganaron su independencia al principio del siglo XIX, la independencia de Cuba requirió una lucha más prolongada.

3. Los niños cantan el himno nacional de Cuba; se oye la última parte:

people from the city of Bayamo   Al combate corred, bayameses,°

que la patria os contempla orgullosa;

no temáis una muerte gloriosa,

que morir por la patria es vivir.

chains   En cadenas° vivir, es vivir

en... plunged into affront and dishonor   en afrenta y oprobio sumidos;°

clarion, trumpet   del clarín° escuchad el sonido,

¡a las armas valientes, corred!

4. Cuando Malú regresa a casa a comer, su madre le ofrece un plato de verduras variadas compradas con pesos convertibles. Jorgito come arroz con huevos fritos, alimentos que se consiguen utilizando la libreta *(ration book)*. En 2012, el gobierno estaba contemplando la eliminación de la libreta y el sistema de doble moneda (el peso convertible y el peso local, la moneda nacional).

5. En esta película hay varias referencias a José Martí, el "héroe nacional" y "guía de todos los niños cubanos". Martí es un héroe para los cubanos del exilio y también para los que viven en Cuba. "Ser cultos *(educated)* para ser libres" dice un letrero, palabras de Martí.

6. En la ceremonia para honrar a José Martí en el aniversario de su nacimiento, se ve un baile tradicional cubano, **el guanche**. La palabra **guanche** se refiere a los aborígenes de la isla de Tenerife, una de las Islas Canarias. (La madre de Martí nació en Tenerife y hubo mucha emigración a Cuba desde esa isla.)

7. Cuando Malú se enoja con Jorgito, lo llama **guajiro**. Un **guajiro** es una persona del campo, una persona rural, no urbana. La palabra también se refiere a una clase de música con elementos españoles y africanos.

Busque "guajiro" para ver imágenes de campesinos cubanos.

8. Entre la fauna cubana que se ve en la película están **el zunzún** *(bee hummingbird)* y **el tocororo** *(Cuban trogon)*, que es el pájaro nacional. Más de la mitad de los animales y plantas de Cuba, y el 80 por ciento de sus reptiles y anfibios, son originarios de la isla. Cuba es el área del Caribe que tiene menos degradación biológica, en parte por la falta de acceso a pesticidas y fertilizantes petroquímicos, y en parte por el alto número de áreas protegidas por el gobierno (más del 20 por ciento del territorio nacional). Muchos corales y especies marinas que están en extinción en las costas cercanas de Florida y México florecen en la costa de Cuba. Por eso, se dice que la "revolución roja" ha resultado en una "revolución verde". Sin embargo, los esfuerzos del gobierno de Raúl Castro para reformar la economía (explotación del petróleo, aumento del turismo, construcción de hoteles de lujo en las playas, etc.) representan una amenaza a la diversidad biológica del país.

9. Al final de la película hay una referencia a Radio Reloj, emisora cubana que se fundó en 1947.

Busque "Zumo de Romerillo" para conocer la letra de la canción que Malú canta en la ceremonia para honrar a José Martí.

Temas de discusión, comentario o análisis

Discuta, comente o analice los siguientes temas con sus compañeros; su profesor(a) puede asignarle como tarea que escriba un párrafo sobre alguno(s) de ellos.

1. Describa a las dos familias, la de Jorgito y la de Malú. ¿En qué se diferencian? ¿Cómo educan a los niños? ¿Cómo son sus casas? Cuando Jorgito y Malú se enojan y se pelean, casi al final de la película, ¿qué se dicen? ¿Repiten los comentarios de sus padres?

2. ¿Le sorprende la gran diversidad de la naturaleza de Cuba? ¿Le gustaría ir allí? Según su opinión, ¿es bueno o malo para el país el aumento en el número de turistas? ¿Por qué?

3. ¿Es *Viva Cuba* una película política? ¿Por qué sí o por qué no?

4. En Estados Unidos, ¿se podría describir dos clases de familias según sus actitudes acerca de la política y la religión? ¿Existe una "guerra de culturas" en este país? Explique.

5. La amistad es un tema importante de la película. Describa la relación entre los dos niños. ¿Qué les aconseja el espeleólogo? Describa las relaciones entre los padres de los niños. ¿Quiénes son más tolerantes? ¿Cree usted que en este país también hay diferencias entre las generaciones con respecto a la tolerancia de diferentes ideas políticas o estilos de vida?

Evaluación

1. ¿Qué elementos de realismo mágico hay en la película? ¿Qué piensa usted del uso del realismo mágico en estos casos?

2. ¿Qué efecto tiene la yuxtaposición de escenas entre la casa y la familia de Malú, y la de Jorgito?

3. A veces Cremata Malberti muestra las emociones de los personajes de manera exagerada. ¿Hay ocasiones en que utiliza esta técnica para crear un efecto cómico? ¿Qué elementos cómicos hay en la película? ¿Hay escenas que a usted le parecen demasiado melodramáticas?

4. En general, ¿le gustó la película? ¿Por qué sí o por qué no?

Perspectivas

La importancia de no olvidar el pasado

Entrevista con Julia Álvarez, escritora dominicano-americana, extracto de *Alma Magazine*

Varias de las novelas que lleva publicadas, como Before We Were Free, *fueron inspiradas por su propia experiencia y la de su familia en la República Dominicana. ¿Qué papel juegan sus memorias y las historias que escuchó en lo que escribe?*

Mi padre fue parte del grupo clandestino contra la dictadura de [Rafael] Trujillo. Cuando miembros de su grupo fueron capturados tuvimos que escaparnos hacia Estados Unidos. Pero mi tío –que también era parte de ese grupo– permaneció° con su familia. Algunos de los miembros del grupo que asesinaron al dictador se escondieron en casa de mi tío. Cuando fueron capturados también se llevaron a mi tío. Mi tía y mis primos vivieron bajo arresto domiciliario° durante nueve meses sin saber si mi tío estaba vivo o muerto. El sobrevivió,° pero los hombres que se habían escondido en su casa fueron asesinados por el hijo del dictador. Estos hombres eran muy amigos de mi familia; los llamaba tíos, sus hijos eran mis amigos. Para escribir *Before We Were Free* entrevisté a los sobrevivientes y leí mucho acerca de la historia. Estaba particularmente interesada en los hijos e hijas de los que habían sido torturados, encarcelados° o asesinados. Así que fue un conjunto de investigación y de recordar las historias familiares. Mi objetivo era subrayar° el hecho de que durante la segunda mitad del siglo XX, América Latina estaba plagada° de dictaduras, estados policiales y horribles regímenes represivos. A finales de los años 70, sólo tres países tenían gobiernos elegidos libremente. Miles y miles de personas perdieron su vida y el verbo "estar desaparecido" entró en nuestro vocabulario. La gente que protestó, muchos de ellos jóvenes, fueron arrestados, torturados y asesinados. Muchos niños se quedaron huérfanos° y perdieron su niñez. Eso fue un genocidio masivo, con los dictadores y los regímenes en general puestos en marcha° por nuestro propio Estados Unidos. Un período oscuro de nuestra historia americana que todavía no hemos encarado.°

¿Cómo cree que afecta a los niños el vivir en lugares que son políticamente inestables o marcados por la violencia?

Ellos son las víctimas invisibles: los niños que crecen en terroríficas situaciones violentas y que son despojados° de su infancia. Muchos de estos niños sufren pérdidas inmediatas: quedan huérfanos de padre y madre, sin tíos o tías, olvidados por la destrucción de las familias. Como estadounidenses, somos muy conscientes de la destrucción y el genocidio que ocurrió en Europa, las víctimas jóvenes del Holocausto, todos los niños de la Segunda Guerra Mundial, por lo que originalmente se creó UNICEF. Sin embargo, estamos menos informados de lo que pasó en la segunda mitad del siglo pasado: las decenas de dictadores y regímenes represivos que afligieron° a los países latinoamericanos. Eso fue lo que realmente me impulsó a escribir *Before We Were Free*. Quise contar la historia de nuestra Ana Frank de este lado del Atlántico.

Marginal glosses:
- remained
- house
- survived
- imprisoned
- underscore
- plagued
- orphans
- puestos... put in place
- no... haven't faced up to
- dispossessed, robbed
- afflicted

¿Puede compartir una experiencia que tuvo con alguno de sus lectores?

Una vez un lector me llamó desde California. Era el hijo de uno de los más grandes torturadores de la policía secreta dominicana durante el régimen de Trujillo. Él se identificó y dijo que su madre había dejado a su padre y se había escapado a California. Ella nunca le había contado ninguna historia sobre la dictadura. Una vez él mencionó mi novela *In the Time of the Butterflies*, y ella le dijo que no la leyera. Pero le dio curiosidad, compró una copia y la leyó en secreto. Llorando me dijo que finalmente sabía quién había sido su padre y lo que había hecho. Le dije que su reacción era un signo de redención° y que todos llevamos un dictador y torturador dentro nuestro. Me conmovió mucho saber que él había buscado la verdad, que era lo suficientemente fuerte para enfrentarla y frágil para sentir remordimiento.°

Uno de los pilares de sus novelas es el conocimiento de la verdad y la resistencia a una historia oficial. ¿Cómo se forja° eso?

En general nos informamos sobre algunos problemas, aunque solamente cuando nos tocan en forma personal sentimos pasión y convicción sobre la justicia o injusticia de la situación. En una dictadura, donde los medios de comunicación son controlados, las noticias generalmente son reprimidas.° Por eso hasta que la opresión no afecta a tu familia, no te das cuenta de que las cosas están "mal". Las sociedades que no son libres, separan nuestras historias de las otras. El gran lema° norteamericano dice "Unidos nos erguimos,° separados nos caemos." Hoy en día con la increíble tecnología que tenemos podemos saber cosas aunque no nos afecten en lo personal. Poder mirar más allá de nuestro propio interés es un verdadero desafío° para todos. Amo esa cita maravillosa "Aquellos que no pueden recordar el pasado están condenados a repetirlo". Los jóvenes y las personas mayores deben conocer las historias de sus familias, sus comunidades, sus países, de cada uno, porque es una manera de ser juiciosos° de las realidades y experiencias de los demás.

Fragmento de Florencia Rolón, "Los mejores libros son tus mejores maestros", entrevista con Julia Álvarez, *Alma Magazine*, 4 noviembre de 2009.

Glosario (margen):
- redemption
- remorse
- se... do you develop
- suppressed
- slogan / nos... we stand
- challenge
- aware

Estampilla de República Dominicana, 1955: "XXV aniversario de la Era de Trujillo; General Héctor B. Trujillo Molina, Presidente de la República". El general Rafael Trujillo había subido al poder después de unas elecciones fraudulentas en 1930. En 1955 su hermano Héctor era presidente, pero ese título era simbólico porque el "generalísimo", o sea Rafael, todavía llevaba las riendas del gobierno. Rafael Trujillo fue asesinado en 1961, marcando así el fin de la "Era de Trujillo".

Preguntas

1. ¿Dónde se exiliaron Julia Álvarez y su familia durante el régimen de Trujillo?

2. ¿Quién de la familia se quedó en República Dominicana? ¿Qué les pasó a muchos de los amigos de la familia?

3. Según la escritora, a finales de los años 70, ¿cuántos países latinoamericanos tenían gobiernos elegidos libremente?

4. ¿Por qué escribió la autora *Before We Were Free?*

5. La novela *In the Time of the Butterflies* trata de las hermanas Mirabal, tres mujeres valientes que lucharon contra la dictadura de Trujillo. Después de leer esta novela, ¿de qué se dio cuenta el lector que llamó por teléfono a la escritora? ¿Qué le dijo ella?

6. Según Álvarez, ¿por qué es difícil para la gente que vive bajo un régimen represivo enterarse de lo que pasa allí? Para la gente que vive afuera, ¿por qué es importante "mirar más allá de nuestro propio interés"? ¿Está usted de acuerdo? Dé un ejemplo de la actualidad.

7. ¿Ha leído alguna de las novelas de Julia Álvarez? Si es así, ¿cuál? Comente.

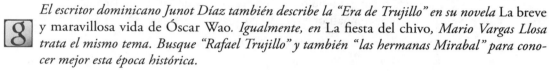 *El escritor dominicano Junot Díaz también describe la "Era de Trujillo" en su novela* La breve y maravillosa vida de Óscar Wao. *Igualmente, en* La fiesta del chivo, *Mario Vargas Llosa trata el mismo tema. Busque "Rafael Trujillo" y también "las hermanas Mirabal" para conocer mejor esta época histórica.*

Un "doble destierro"

Entrevista con Epifanio Méndez Vall

¿Bajo qué circunstancias salió de Paraguay? ¿Podría describir en términos generales las razones de su exilio?

La mayoría de los migrantes paraguayos que están dispersos por el mundo debe su situación a razones económicas; pero también existió siempre una franja° importante de perseguidos políticos y sociales.° Mi caso particular está incluido en este último grupo, aunque solo como un efecto colateral del exilio político de mi padre. Esa fue la causa de mi emigración al Uruguay, cuando era un niño de apenas cinco años de edad, acompañando a mis padres y hermanos.

fringe group

perseguidos... people persecuted for political and social reasons

De lo que recuerda de ese tiempo, ¿diría que fue fácil o difícil acostumbrarse a la vida en Uruguay?

Al rememorar ahora esa época, a más de 50 años del comienzo de mi vida en el exterior, se me ocurre que los efectos que produjo en mí ese cambio tan brusco, de pasar de una vida en un medio campestre° a una ciudad cosmopolita, no fueron tan traumáticos como probablemente serían en casos de personas mayores

medio... country environment

que ya tienen raíces más profundas en sus sociedades de nacimiento. Es que en mi país, yo solo tuve oportunidad de ir al preescolar (jardín de infantes), y ya el primer grado lo cursé° en Montevideo. La suerte, que también tiene que ver con la visión de mi padre que supo elegir al Uruguay como lugar de su primer exilio, hizo que mis años de escuela fueran muy tranquilos y felices.

¿Realmente "muy tranquilos y felices"? ¿Cómo se puede explicar un exilio o destierro° como una experiencia tan positiva?

En este caso específico, porque la sociedad uruguaya tiene características muy democráticas y antidiscriminatorias, que hacen que un extranjero no sienta esa molesta presión que representa la xenofobia en muchas sociedades. Nunca me sentí allí discriminado por mis compañeros de estudios o por la sociedad en general, sino que más bien—a veces—me sentía "discriminado al revés", es decir, beneficiado por la simpatía que sienten los uruguayos hacia el Paraguay, por razones históricas que no vienen al caso tocar ahora.° Otro hecho importante que puedo destacar° es que en mi particular destierro no se produjo la separación familiar, entre padres, hijos y hermanos, como ocurre en la mayoría de los casos. Tuvimos mejor suerte que muchos compatriotas que deben afrontar° esas dolorosas situaciones.

Al vivir lejos de su país, ¿extrañaba o sentía nostalgias por lo que había dejado en Paraguay: familiares, amigos...?

Aunque mis años de infancia y adolescencia transcurrieron° en ese contexto positivo, siempre estaba bajo la influencia de la nostalgia de nuestros padres que por supuesto influía poderosamente en mí y en todos los hermanos. Por esa razón mantuvimos desde niños una especie de cordón umbilical espiritual que nos unía al Paraguay. Las reuniones políticas de exiliados que se hacían en nuestra casa, las "guitarreadas" y reuniones sociales permanentes de las que participábamos en familia, las comidas y bebidas típicas que preparaba mi madre para celebrar nuestros cumpleaños o alguna fiesta especial (Navidad, Año Nuevo...), todo eso fue dándole a nuestras vidas la característica de estar siempre enfocadas° hacia el Paraguay.

¿Desde cuándo vive en Argentina y por qué dejó el Uruguay?

Desde 1973, cuando mi familia, también por razones políticas, tuvo que abandonar el Uruguay y allí se produjo un "doble destierro", que esta vez sí nos afectó bastante a toda la familia: fueron quince años de vida que dejábamos allí.

Y llegaron a la Argentina en una época políticamente interesante, ¿no?

Sí, así fue. Llegamos allí en 1973, en un momento de gran ebullición° política debido al retorno del exilio del general Perón. Era un momento de apertura° democrática y libertades públicas que lamentablemente duró muy poco. El fallecimiento° del líder argentino un año después provocó una especie de vacío de poder que desencadenó° continuos enfrentamientos armados entre grupos antagónicos que finalmente desembocaron° en una nueva y feroz dictadura. Ese fue el factor desencadenante de nuestra dispersión familiar, llevando a mis padres y hermanos a vivir en diferentes países a los cuales fueron a buscar refugio. De los seis hermanos, solo quedamos dos residiendo en la Argentina y en la actualidad soy el único que aún vivo en este país.

¿Por qué? ¿Hay alguna razón que lo explique, tal vez de carácter laboral?

Exacto. Allá por 1983, con la reapertura democrática iniciada por el gobierno de Raúl Alfonsín, iniciamos–junto a algunos jóvenes amigos compatriotas– un projecto periodístico que se concretó en° una revista, la que sigo editando hasta ahora. Se titula *Ñe'engatu* (término guaraní° que en español significa "el que lo dice todo"). Su temática es la de informar sobre la realidad paraguaya a la numerosa colectividad° residente en la Argentina, la que se estima en más de un millón.

¡Más de un millón! Entonces, debe sentirse casi como si estuviera en su país. ¿Cree que algún día regresará a vivir en Paraguay?

Bueno, mi actividad aquí es también una forma de estar en Paraguay, espiritualmente. Con la revista, estoy en contacto permanente con mis compatriotas, algo que por supuesto sigue aplacando° la famosa nostalgia de la que hablaba antes. Mis 38 años de vida en la Argentina fueron también "matizados"° por momentos muy duros, como los apresamientos° de los que fuimos objeto varios miembros de mi familia (en aquellos años funcionaba el plan de colaboración entre las dictaduras latinoamericanas conocido como Plan Cóndor) y principalmente el fallecimiento° de mi padre, ocurrido en 1985, quien no pudo ver en vida el final de la larga tiranía de [Alfredo] Stroessner. En la actualidad el Paraguay se encamina° finalmente, después de tan duras experiencias, hacia una verdadera democracia y ya no existen motivos políticos para estar fuera del país. Por lo tanto, hoy, ya no soy un exiliado… Vivo todavía en Buenos Aires, porque aquí sigue teniendo vigencia° mi publicación, pero estoy "reintegrado" al Paraguay no solo porque tengo la libertad de visitarlo cuando lo deseo, sino también porque mi país se está acercando más a sus numerosos hijos migrantes. Con la reciente enmienda° constitucional tenemos el derecho al voto, que antes se nos había negado.°

se… took the form of

indigenous language

group, community

satisfying, calming

tinged

capture, imprisoning

death

se… is moving

sigue… is still viable (being published)

amendment

se… had been denied to us

 Epifanio menciona el "Plan Cóndor". Busque "Plan Cóndor" para conocer mejor este sistema de represión coordinada entre varios países.

Preguntas

1. ¿Por qué salió Epifanio de Paraguay? ¿Adónde fue? ¿Cómo lo trataron allí?

2. ¿Cómo mantenía la familia el "cordón umbilical espiritual" con Paraguay?

3. ¿A qué país llegó Epifanio en 1973? ¿Qué pasaba allí ese año?

4. ¿Por qué fue más difícil el segundo destierro?

5. En 1983, con el nuevo gobierno democrático de Raúl Alfonsín, ¿qué empezó a hacer Epifanio?

6. ¿Cuántos paraguayos viven en Argentina? ¿Por qué sigue Epifanio viviendo allí? ¿Podría volver a Paraguay a vivir, si quisiera? ¿Tiene derecho a votar en las elecciones paraguayas?

7. ¿Conoce usted a algún (alguna) hispanoamericano(a) que llegó a este país como exiliado(a) político(a)? ¿De dónde es? ¿Puede volver a su país natal ahora sin ser perseguido(a)? Comente.

DE LA PRENSA

[Al principio de la película *Viva Cuba* se ve "A Elegguá". En la religión afro-cubana que se llama *santería*, Elegguá o Elegua es el dios de las encrucijadas, los cruces de los caminos (simbolizando las diferentes opciones de la vida) y el protector de los viajeros. Yemayá (que se menciona en la canción al final) es la diosa de los mares (y, por extensión, de la maternidad y de la vida). La mayoría de los africanos que llegaron a Cuba eran de la etnia yoruba. Estaban lejos de África y sin ninguna posibilidad de retorno, pero algunas de sus tradiciones y costumbres sobreviven hoy día. Se cree que entre 1820 y 1840 varios cientos de miles de yorubas fueron llevados a Cuba y a Brasil.]

Esclavos africanos procesando caña de azúcar

Antecedentes históricos de la santería en las Américas (fragmento)

Julio Sánchez Cárdenas, profesor, Universidad Interamericana de Puerto Rico

se... makes itself felt

...Una vez en tierras caribeñas los esclavos yorubas, el impacto de su religión se hace sentir° en mayor o menor proporción, según el país, en todo el Caribe y la zona de la costa de gran parte de la América Latina, aunque fueron Cuba y Brasil los dos países donde dicha influencia cultural se sintió con mayor intensidad.

se... carried out
Yoruba priests /
devoted
acted

Olympus; i.e., pantheon

Entre los recién llegados a Cuba, vinieron personas que en tierras yorubas se desempeñaron en° los diversos papeles y ocupaciones de la religión oficial. Entre ellos, babalawos° consagrados° a Orumila, deidad suprema del conocimiento y la adivinación, los cuales fungían° como figuras de primera magnitud. También llegaron los diversos sacerdotes dedicados al culto de las otras deidades del "olimpo° yoruba" y los especialistas en otros aspectos de la liturgia yoruba: los músicos y cantantes, indispensables en las actividades del culto.

gamut

Toda esta gama° variada de conocimientos religiosos, unida al carácter masivo de dicha inmigración, permitió que se pudieran reproducir en la isla muchas de las manifestaciones religiosas propias de los yorubas en África.

De hecho, en Cuba las creencias y rituales de esta religión se convirtieron pronto en la principal manifestación religiosa de afrocubanos.

promoted

Otro aspecto que facilitó el desarrollo de las religiones africanas en Cuba fue la formación de asociaciones de ayuda mutua, llamadas "cabildos", auspiciadas° por las autoridades españolas, entre otras razones, como un mecanismo para acelerar la cristianización de los afrocubanos.

Dichos cabildos, que florecieron mayormente en las áreas urbanas, se convirtieron en centros donde los afrocubanos pudieron encontrar una mejor manera de adaptarse a su nuevo ambiente. En los mismos se continuaron celebrando, en mayor o menor grado, en forma secreta o encubierta° bajo el manto° de una aparente cristianización, muchas de las ceremonias propias de su añorada° África. Los esclavos fabricaban en sus cabildos altares donde aparecían las imágenes de Dios, las vírgenes y los santos a quienes los católicos rendían culto.° Sin embargo, lo que sus amos ignoraban era que todas las imágenes a las que se rendía culto en dichos altares, tenían alguna similitud con las deidades ancestrales de los esclavos.

Por ejemplo, cuando los afrocubanos rendían culto en sus altares a Santa Bárbara, santa católica vestida con un traje rojo y blanco, una corona de reina, con una espada° en la mano y un rayo° como símbolo, los esclavos de cultura yoruba le rendían culto como si fuera Chango. Según la religión yoruba, Chango había sido un gran rey guerrero que, al convertirse en una deidad, su color era el rojo y utilizaba el rayo para castigar a los humanos. De esta forma en sus creencias y prácticas religiosas, los esclavos de origen yoruba y los de otras etnias africanas, pudieron estructurar una nueva cultura, mejor adaptada a las nuevas circunstancias de su cautiverio° en tierras extrañas. Sus rituales les proveyeron de la reconfortante° sensación de estar protegidos por todos los componentes de su panteón sobrenatural, los cuales les proveían, además, la esperanza de poder recibir el auxilio° divino en sus necesidades, y experiencias de alegría, éxtasis y relajación en sus variadas actividades rituales.

Por último, su participación en las actividades de los cabildos les permitió a los afrocubanos de todas las religiones y a otras víctimas de la trata° africana en el resto de la América Latina, mantener su identidad cultural y encontrar donde acudir° en busca de ayuda, en caso de necesidades materiales y espirituales.

La religión yoruba en Cuba fue objeto de las modificaciones necesarias para adaptarla a las nuevas condiciones de vida de los creyentes en tierra extraña. Una vez efectuada dicha reforma, la misma se continuó practicando bajo el nuevo nombre de Santería o Regla de Ocha en la época colonial y republicana. Según [el antropólogo] William Bascom, con el aumento de la modernización en dicha isla caribeña, la santería, lejos de desaparecer, floreció en los centros urbanos. Muchos sacerdotes yorubas se movieron hacia las ciudades, atraídos por la creciente demanda de sus servicios.

Dispersión de la santería por las Américas

Al tomar el control político Fidel Castro sobre Cuba en 1959, la localización geográfica de esta religión se alteró muchísimo. Antes de 1959, la ubicación° de los creyentes de la santería estaba circunscripta° principalmente a la isla de Cuba y algunos centros de culto localizados en algunas ciudades de Estados Unidos en las que, por razones económicas, se establecieron emigrados cubanos que practicaban esa religión.

Después de la revolución marxista de Fidel Castro tuvo lugar otra emigración, por razones políticas y económicas, de miles de cubanos creyentes de la santería a distintos países del Caribe y las Américas…. Según el testimonio que hemos escuchado de santeros cubanos, puertorriqueños y de otros países, fue la masiva emigración de cubanos creyentes y practicantes de la santería a par-

covert / bajo…
*under the mantle,
cloak*

longed-for

rendían…
worshipped

*sword / lightning
ray*

captivity

les… *provided
them with the
comforting*

help

(slave) trade

go, turn

location

limited

tir de 1959, lo que más contribuyó a la difusión° de este culto caribeño por Estados Unidos, Venezuela, México, República Dominicana y, en menor proporción, en otras áreas.

Fragmento de Julio Sánchez Cárdenas, "Antecedentes históricos de la santería en las Américas", *Revista Focus*, Año III, Número 2 (Bayamón, Puerto Rico: Universidad Interamericana de Puerto Rico, 2004), pp. 76-77.

Altar de santería

Preguntas

1. ¿De qué etnia africana eran muchos de los esclavos que llegaron a Cuba?

2. ¿Qué dios africano adoraban los babalawos, es decir, los sacerdotes? ¿Qué otros especialistas en la liturgia yoruba llegaron a Cuba en esa masiva inmigración forzada?

3. ¿Qué eran los "cabildos"? ¿Qué funciones tenían?

4. ¿Qué fabricaban los esclavos en los "cabildos"? ¿Qué ignoraban o no sabían sus amos europeos, en general?

5. Para los esclavos yorubas, ¿qué representaba la imagen de Santa Bárbara? ¿Por qué?

6. ¿Qué papel tenía la santería en la vida de los esclavos yorubas?

7. Antes de 1959, ¿principalmente dónde se practicaba la santería? ¿Por qué se extendió después esta práctica?

 Busque "Canto a Yemayá", "Elegua quiere tambo (i.e., tambor)" y "Santa Bárbara" ("que viva Chango") por Celia Cruz (1925-2003), la famosa cantante cubana, "reina de la salsa".

Tres héroes

El escritor y héroe nacional José Martí, mencionado varias veces en la película *Viva Cuba*, pasó la mayor parte de su vida en el exilio. Martí nació en La Habana en 1853 cuando Cuba todavía estaba bajo el dominio español. A la edad de dieciséis años sus actividades políticas lo llevaron a la cárcel y luego al exilio en España. Después de graduarse de la Universidad de Zaragoza, fue a México y empezó su carrera literaria. En 1878, año del fin de la Guerra de 1868, regresó a Cuba, pero fue deportado otra vez. Entre 1880 y 1895 vivió principalmente en Nueva York, donde escribió ensayos, artículos y poemas, y fundó el Partido Revolucionario Cubano. En el exilio, escribió: "El hombre, fuera de su patria, es como un árbol en el mar". En 1895 participó en la invasión a Cuba y murió en la batalla de Dos Ríos.

Monumento a José Martí, héroe nacional de Cuba, 1853-1895

Martí fue campeón de la justicia y de la libertad: "La libertad para ser viable tiene que ser sincera y plena; que si la República no abre los brazos a todos y adelanta con todos, muere la República". Insistió en la igualdad social: "No hay razas: no hay más que modificaciones diversas del hombre, en los detalles de hábito y formas que no les cambian lo idéntico y esencial, según las condiciones de clima y historia en que viva". Temía la influencia política y económica de Estados Unidos. Soñaba con una Hispanoamérica unificada: "Nuestra patria es una, empieza en el Río Grande y va a parar en los montes fangosos° de la Patagonia".

muddy

Uno de sus poemas más famosos se titula "Cultivo una rosa blanca":

> Cultivo una rosa blanca
> En julio como en enero
> Para el amigo sincero
> Que me da su mano franca.
>
> Y para el cruel que me arranca°
> El corazón con que vivo,
> Cardo ni ortiga° cultivo;
> Cultivo una rosa blanca.

tears out

Cardo… neither a thistle nor a nettle

En su exilio de Nueva York, Martí publicó cuatro números de una revista que se titulaba *La Edad de Oro*. La revista contenía cuentos, versos y artículos como el que viene a continuación: "Tres héroes". Martí no sabía que él mismo iba a ser otro de los héroes de la independencia de su querida Hispanoamérica.

Bolívar

… Estos tres hombres son sagrados: Bolívar, de Venezuela; San Martín, del Río de la Plata; Hidalgo, de México. Se les deben perdonar sus errores, porque

Simón Bolívar (1783-1830), exiliado en Jamaica en 1814 después de varios años de guerra contra los españoles, regresó a Venezuela y siguió luchando por la independencia de Sudamérica.

el bien que hicieron fue más que sus faltas. Los hombres no pueden ser más perfectos que el sol. El sol quema con la misma luz con que calienta. El sol tiene manchas.° Los desagradecidos no hablan más que de las manchas. Los agradecidos hablan de la luz.

spots, blemishes

Bolívar era pequeño de cuerpo. Los ojos le relampagueaban,° y las palabras se le salían de los labios. Parecía como si estuviera esperando siempre la hora de montar a caballo. Era su país, su país oprimido, que le pesaba en el corazón y no le dejaba vivir en paz. La América entera estaba como despertando. Un hombre solo no vale nunca más que un pueblo entero; pero hay hombres que no se cansan, cuando su pueblo se cansa, y que se deciden a la guerra antes que los pueblos, porque no

flashed like lightning

tienen que consultar a nadie más que a sí mismos, y los pueblos tienen muchos hombres y no pueden consultarse tan pronto. Ése fue el mérito de Bolívar, que no se cansó de pelear por la libertad de Venezuela, cuando parecía que Venezuela se cansaba. Lo habían derrotado° los españoles: lo habían echado del país. Él se fue a una isla, a ver su tierra de cerca, a pensar en su tierra.

defeated

Un negro generoso[1] lo ayudó cuando ya no lo quería ayudar nadie. Volvió un día a pelear, con trescientos héroes, con los trescientos libertadores. Libertó a Venezuela. Libertó a la Nueva Granada.° Libertó al Ecuador. Libertó al Perú. Fundó una nación nueva, la nación de Bolivia. Ganó batallas sublimes con soldados descalzos° y medio desnudos. Todo se estremecía° y se llenaba de luz a su alrededor. Los generales peleaban a su lado con valor sobrenatural. Era un ejército de jóvenes. Jamás se peleó tanto, ni se peleó mejor, en el mundo por la libertad. Bolívar no defendió con tanto fuego el derecho de los hombres a gobernarse por sí mismos, como el derecho de América a ser libre. Los envidiosos exageraron sus defectos. Bolívar murió de pesar del corazón, más que de mal del cuerpo, en la casa de un español en Santa Marta. Murió pobre, y dejó una familia de pueblos.

Nueva... Colombia

barefoot / se... shook, trembled

 Busque "Simón de Bolívar" para tener más información sobre el "Libertador".

Hidalgo

...Vio a los negros esclavos, y se llenó de horror. Vio maltratar a los indios, que son tan mansos° y generosos, y se sentó entre ellos como un hermano....

gentle

El cura montó a caballo, con todo su pueblo, que lo quería como a su corazón; se le fueron juntando los caporales° y los sirvientes de las haciendas, que eran la caballería; los indios iban a pie, con palos y flechas,° o con hondas° y lanzas.° Se le unió un regimiento y tomó un convoy de pólvora° que iba para los españoles. Entró triunfante en Celaya, con músicas y vivas.° Al otro día juntó el Ayuntamiento, lo hicieron general, y empezó un pueblo a nacer. Él fabricó lanzas y granadas de mano. Él dijo discursos° que dan calor y echan chispas,° como decía un caporal de las haciendas. Él declaró

se... foremen joined him along the way

arrows / slingshots / spears gunpowder

cheers

speeches / sparks

Monumento a Miguel de Hidalgo (1753-1811). Hidalgo dio el "Grito de Dolores" en el pueblo de Dolores, México, así dando inicio a la guerra por la independencia mexicana.

libres a los negros. Él les devolvió sus tierras a los indios. Él publicó un periódico que llamó *El Despertador Americano*. Ganó y perdió batallas. Un día se le juntaban siete mil indios con flechas, y al otro día lo dejaban solo. La mala gente quería ir con él para robar en los pueblos y para vengarse° de los españoles. Él les avisaba a los jefes españoles que si los vencía° en la batalla que iba a darles los recibiría en su casa como amigos. ¡Eso es ser grande! Se atrevió° a ser magnánimo, sin miedo a que lo abandonase la soldadesca,° que quería que fuese cruel. Su compañero Allende[2] tuvo celos de él, y él le cedió el mando a

take revenge

vanquished, defeated Se... He dared

unruly soldiers

---

1 Se refiere a Alejandro Petión (1770-1818), presidente de Haití desde 1807 hasta 1818.

2 Ignacio Allende luchó con Hidalgo por la independencia de México.

Allende. Iban juntos buscando amparo° en su derrota cuando los españoles les
cayeron encima. A Hidalgo le quitaron uno a uno, como para ofenderlo, los
vestidos de sacerdote. Lo sacaron detrás de una tapia,° y le dispararon los tiros
de muerte a la cabeza. Cayó vivo, revuelto en la sangre, y en el suelo lo acabaron de matar. Le cortaron la cabeza y la colgaron en una jaula,° en la Alhóndi-
ga misma de Granaditas, donde tuvo su gobierno. Enterraron los cadáveres
descabezados. Pero México es libre.

 *Busque "Miguel de Hidalgo" para tener más información sobre este sacer-
dote mexicano.*

San Martín

San Martín fue el libertador del Sur, el padre de la República Argentina, el
padre de Chile. Sus padres eran españoles, y a él lo mandaron a España para
que fuese militar del rey. Cuando Napoleón entró en España con su ejército,

José de San Martín (1778-1850),
héroe nacional de Argentina

para quitarles a los españoles la libertad, los españoles todos pelearon contra Napoleón: pelearon
los viejos, las mujeres, los niños.... San Martín peleó muy bien en la batalla de Bailén, y lo hicieron
teniente coronel. Hablaba poco: parecía de acero:°
miraba como un águila: nadie lo desobedecía:° su
caballo iba y venía por el campo de pelea, como el
rayo° por el aire. En cuanto supo que América pe-
leaba para hacerse libre, vino a América: ¿qué le
importaba perder su carrera, si iba a cumplir con
su deber?: llegó a Buenos Aires: no dijo discursos:
levantó un escuadrón de caballería: en San Loren-
zo fue su primera batalla: sable° en mano se fue
San Martín detrás de los españoles, que venían muy seguros, tocando el tambor,° y se quedaron sin tambor, sin cañones y sin bandera. En los otros pueblos de América los españoles iban venciendo: a Bolívar lo había echado Mo-
rrillo el cruel de Venezuela; Hidalgo estaba muerto; [Bernardo] O'Higgins
salió huyendo de Chile; pero donde estaba San Martín siguió siendo libre la
América. Hay hombres así, que no pueden ver esclavitud. San Martín no podía; y se fue a libertar a Chile y al Perú. En dieciocho días cruzó con su ejército los Andes altísimos y fríos: iban los hombres como por el cielo, hambrien-
tos, sedientos:° abajo, muy abajo, los árboles parecían yerba, los torrentes ru-
gían° como leones. San Martín se encuentra al ejército español y lo deshace en
la batalla de Maipú, lo derrota para siempre en la batalla de Chacabuco. Li-
berta a Chile. Se embarca con su tropa, y va a libertar al Perú. Pero en el Perú
estaba Bolívar, y San Martín le cede la gloria. Se fue a Europa triste, y murió
en brazos de su hija Mercedes. Escribió su testamento° en una cuartilla° de
papel, como si fuera el parte° de una batalla. Le habían regalado el estandarte°
que el conquistador Pizarro trajo hace cuatro siglos, y él le regaló el estandarte
en el testamento al Perú. Un escultor es admirable, porque saca una figura de
la piedra bruta:° pero esos hombres que hacen pueblos son como más que
hombres. Quisieron algunas veces lo que no debían querer; pero ¿qué no le

refuge

wall

cage

steel
disobeyed

lightning

saber

drum

thirsty
roared

will / sheet
report / banner

uncut

perdonará un hijo a su padre? El corazón se llena de ternura° al pensar en esos gigantes fundadores. Esos son héroes; los que pelean para hacer a los pueblos libres, o los que padecen en pobreza y desgracia por defender una gran verdad. Los que pelean por la ambición, por hacer esclavos a otros pueblos, por tener más mando, por quitarle a otro pueblo sus tierras, no son héroes, sino criminales.

> [g] *Busque "José de San Martín" para tener más información sobre este brillante militar y patriota argentino.*

José Martí, *La Edad de Oro* (Guanajuato, México: Ediciones La Rana, 1997), pp. 18-24.

Preguntas

1. ¿A qué se dedicó José Martí? ¿Con qué soñaba? ¿Cómo murió?

2. Comente el poema "Cultivo una rosa blanca". ¿Qué quería decir el poeta, según su opinión?

3. ¿De dónde era Simón Bolívar? ¿Quién lo ayudó cuando estaba en el exilio en Jamaica? ¿Qué países liberó de España?

4. ¿De dónde era Miguel de Hidalgo? ¿Cuál fue su profesión? ¿Vivió para ver la independencia de México?

5. José de San Martín fue militar en España aunque nació en Argentina. ¿Contra qué país peleó mientras estaba en España? Después de volver a Argentina, ¿qué hizo? ¿Por qué cruzó los Andes? ¿Qué le regalaron los peruanos (que después devolvió a Perú)?

6. ¿Tenemos héroes en este país? Si es así, dé algunos ejemplos.

Actividades

A. **Cronología**. Escoja uno de los cuatro héroes de la sección anterior, o el héroe chileno Bernardo O'Higgins, y haga una cronología de su vida.

B. **Viaje virtual.** La película *Viva Cuba* lleva a los espectadores desde un extremo de la isla al otro, mostrándoles varios puntos de interés. En grupos pequeños, escojan un país hispano y preparen un "viaje virtual", incluyendo por lo menos cinco sitios de interés. Pueden hacer un informe con textos y fotos o pueden hacer una remezcla *(mash-up)*, añadiendo videos.

C. **La música caribeña**. En la película hay ejemplos de varios géneros de música cubana. Escoja un género musical del Caribe y haga una presentación oral para la clase o para un grupo pequeño. Ideas: el merengue, la bachata, el son, la rumba, el mambo, el chachachá, el bolero, el danzón, la bomba, la plena, el regguetón. Si es posible, incluya ejemplos de la música que escoge con la información que presenta.

Músicos en una calle de La Habana

Bailarina afrocaribeña

Composición

Escriba una composición sobre uno de los siguientes temas:

1. El héroe que seleccionó para la actividad A u otro personaje que su profesor(a) recomiende.

2. La música caribeña en general o un género musical del Caribe que a usted le gusta. Si quiere, puede añadir archivos de sonido al texto y hacer comentarios acerca de la música que seleccione.

3. La comunidad cubana de Estados Unidos.

4. Un(a) exiliado(a) político(a) de Hispanoamérica. Si lo (la) conoce, hágale una entrevista. Si no, haga una investigación por Internet.

DEL RINCÓN LITERARIO

Tres poemas

Emilio Mozo, escritor y profesor cubano, dejó su país cuando tenía diecisiete años. Desde entonces vive en el extranjero (Canadá y Estados Unidos), donde ha escrito y publicado más de diez libros. Durante muchos años enseñó lengua, literatura y cultura hispánicas en Phillips Academy, en Andover, Massachusetts.

el Norte

hojas de agenda
tareas que cumplir
lugares que comer
llegar tarde
vagas amenazas°   *threats*
ser indispensable
supply & demand

cumpleaños que pasan
la Patria que queda
a otro lado del mar con su bruma tibia°   bruma… *warm*
de niños que sueñan   *mist*
bosques puros
que cantan de paz

me llamo Cuba

me llamo Cuba
bailo con el sol
chillo° con las gaviotas°   *I scream / seagulls*

me llamo Cuba
llevo anchas hojas de plátano

me llamo perla
bailo con el tiempo
brillo con el sol

me llamo Cuba
bailo lloro grito

exilio

frozen

congelado° en precipicios
está mi triste exilio
no de un país
ni es la lejanía de una isla
es ese otro
profundo en su verdad

fragrant

de estrellas olorosas°
donde la esperanza es peor que el amor

sombras de espíritu flotante
de noches calurosas y vibrantes
donde el cuerpo duerme
buscando la mano que no llega

consuélame tierra

de... crying

abrázame de llanto°
bésame de agonía
imprégname de soledad
floto en la monotonía de las cosas

Emilio Mozo, *Los mejores poemas de Emilio* (Salamanca: Centro de Estudios Ibéricos y Americanos de Salamanca, 2010), pp. 323, 321, 311.

Preguntas

1. ¿Cuáles son las imágenes que se mencionan en "el Norte"? ¿Qué estará diciendo el poeta sobre su vida en el Norte?

2. En "me llamo Cuba", ¿cuáles son las imágenes de la isla que evoca el poeta?

3. ¿Cómo interpreta usted los dos últimos versos de "me llamo Cuba"? ¿Qué estará expresando el poeta en la progresión "bailo lloro grito" con que termina el poema? ¿Sería diferente el sentimiento expresado si dijera "grito lloro bailo" o "grito bailo lloro", etc.? Comente.

4. En "exilio", ¿por qué dice el autor que su exilio "no es la lejanía de una isla"? ¿Qué significa "floto en la monotonía de las cosas"? ¿Por qué está su exilio "congelado"?

5. Después de leer "exilio", ¿cuál es la definición de "exilio" implícita en sus versos? Defínalo en dos o tres oraciones, usando sus propias palabras.

6. Relea "el Norte" y luego compare y contraste los dos poemas: "el Norte" y "exilio". ¿Cómo se puede describir el estado de ánimo del poeta en estos dos poemas?

OTRAS PELÍCULAS

Mire una de las siguientes películas y escriba una reacción personal. ¿Cómo se compara con *Viva Cuba?*

Antes que anochezca
2000
Dirección: Julian Schnabel
Guión: Cunningham O'Keefe, Lázaro Gómez Carriles, Julian Schnabel, Reinaldo Arenas, Jana Bokova
Actuación: Javier Bardem, Johnny Depp, Olatz López Garmendia

Azúcar amargo
1996
Dirección: Leon Ichaso
Guión: Orestes Matacena, Pelayo García
Actuación: René Lavan, Mayte Vilán, Miguel Gutiérrez

El cuerno de la abundancia
2008
Dirección: Juan Carlos Tabío
Guión: Arturo Arango, Juan Carlos Tabío
Actuación: Paula Ali, Tahimi Alvariño, Vladimir Cruz

Fresa y chocolate
1994
Dirección: Tomás Gutiérrez Alea, Juan Carlos Tabío
Guión: Senel Paz
Actuación: Jorge Perugorría, Vladimir Cruz, Mirta Ibarra

Habana Blues
2005
Dirección: Benito Zambrano
Guión: Benito Zambrano, Ernesto Chao
Actuación: Alberto Yoel, Roberto San Martín, Yailene Sierra

Habana Eva
2010
Dirección: Fina Torres
Guión: Julio Carrillo, Fina Torres, Jorge Camacho, Arturo Infante
Actuación: Prakriti Maduro, Yuliet Cruz, Juan Carlos García

Habanastation
2011
Dirección: Ian Padrón
Guión: Felipe Espinet
Actuación: Claudia Alvariño, Rubén Araujo, Blanca Rosa Blanco

Trópico de sangre
2010
Dirección y guión: Juan Delancer
Actuación: Michelle Rodríguez, Juan Fernández, Sergio Carlo

La última cena
1976
Dirección: Tomás Gutiérrez Alea
Guión: Constante Diego, Moreno Fraginals, Tomás Gutiérrez Alea, María Eugenia Haya
Actuación: Nelson Villagra, Silvano Rey, Luis Alberto García

Vistazo panorámico **IV**

Creencias y costumbres

La Iglesia Católica en Hispanoamérica

Según un sondeo de Latinobarómetro, la gran mayoría de los latinoamericanos son adherentes de la religión católica (el 71 por ciento). El 13 por ciento se consideran protestantes o evangélicos; este número está aumentando rápidamente y en el capítulo 6 veremos algunas razones que pueden explicar este fenómeno. Otras religiones mundiales también están representadas, pero son minoritarias y, en general, es difícil averiguar el número exacto de seguidores que tienen en toda la región.[1]

Niño guatemalteco (con teléfono celular) durante Semana Santa. Guatemala es famosa por sus celebraciones de esta fiesta con procesiones, marchas fúnebres y alfombras de flores y aserrín (*sawdust*) de colores.

De los católicos entrevistados por Latinobarómetro, no todos practican su religión. En Centroamérica el 48 por ciento dice que es practicante (la tasa más alta); en cambio, en los países del Cono Sur (Argentina, Chile, Uruguay, Paraguay) y en Venezuela solamente el 37 por ciento dice que la practica.

Sin embargo, la influencia de la Iglesia Católica es, y ha sido, muy importante en las creencias y costumbres de toda Latinoamérica. En el capítulo 8 se verá la importancia de las fiestas navideñas en varios países del mundo hispano. El carnaval, que tiene lugar inmediatamente antes del Miércoles de Ceniza (*Ash Wednesday*), es una

---

1 Latinobarómetro, 2005

fiesta popular que se celebra en países como Uruguay, Bolivia, Argentina, Colombia, etc., con bailes–a menudo de disfraces o máscaras–y desfiles de comparsas (*musical groups*) por las calles. El carnaval más grande del mundo es el de Río de Janeiro en Brasil. La semana que va del Domingo de Ramos al Domingo de Resurrección (Pascua) es conocida en el mundo cristiano como Semana Santa, y se la celebra en todos los países hispanos.

El Carnaval de Montevideo, Uruguay, se caracteriza por incluir desfiles, bailes, grupos de teatro y miles de participantes.

Breve cronología de la Iglesia Católica en Hispanoamérica

Se describe la historia de la conquista de Hispanoamérica como una combinación de "la cruz y la espada (*sword*)".

- En el siglo XV la Iglesia Católica llega a las Américas con los conquistadores: los curas, para conquistar almas; y los soldados, para conquistar tierras.
- Se fundan misiones desde Argentina hasta California.
- La Iglesia, dueña (*owner*) de muchas tierras y propiedades, establece escuelas, universidades, centros de asistencia social, hospitales.
- Al mismo tiempo, la Iglesia se alía (*allies itself*) con la Corona Española y apoya a la Corona contra los movimientos de independencia. No hay separación entre el Estado y la Iglesia.
- En el siglo XIX las antiguas colonias españolas del Nuevo Mundo se convierten en países autónomos, independientes de España; la Iglesia pierde mucha influencia.

Misión San Diego de Alcalá, fundada en 1769.

Costumbres relacionadas con la Iglesia Católica

Como es lógico, muchas costumbres del mundo hispano tienen que ver con la Iglesia Católica:

Los bautismos

El bautismo es un rito de iniciación. En la Iglesia Católica el agua bendita (*holy*) que se vierte (*is poured*) en la cabeza o en el cuerpo de un bebé (normalmente se bautiza a los recién nacidos) simboliza un antídoto contra el pecado (*sin*) original y significa la incorporación de un nuevo miembro a la comunidad cristiana. Los padrinos de bautismo están presentes junto con los padres y otros parientes. Los padrinos deben ser católicos y tienen que comprometerse (*commit*) a ayudar en la educación cristiana de la persona bautizada.

Los días del santo

El calendario de la Iglesia Católica tiene las fechas de las fiestas de todos los santos; por ejemplo, el 19 de marzo es el Día de San José. En tiempos pasados, era común darle a un recién nacido el nombre del santo del día en qué nació (e.g., si un bebé nacía el 19 de marzo recibía el nombre de José). En este caso, se celebra el día del santo y el cumpleaños el mismo día. Pero si alguien que se llama José nace en octubre, celebra su cumpleaños en octubre y también celebra su "santo" el 19 de marzo.

Las primeras comuniones

Es costumbre a la edad de 8 a 10 años hacer la primera comunión, un evento de mucha importancia en la vida de una persona católica. Primero, hay que seguir clases específicas de religión (llamadas catecismo). Después, hay una misa con una ceremonia especial, llena de pequeños símbolos; normalmente la persona que hace su primera comunión se viste de blanco y lleva una vela (*candle*). Después de la celebración religiosa, se acostumbra hacer una fiesta en donde el niño (o la niña) es el (la) gran protagonista.

Las bodas

Aunque mucha gente hispana se casa en una ceremonia civil, para muchos "casarse por la Iglesia" es un asunto de gran importancia. Muchas de las costumbres relacionadas con una boda en el mundo hispano son iguales a las de los países de habla inglesa (un vestido blanco para la novia, los anillos, ramos de flores, etc.). En México, hay una costumbre interesante: se pone un lazo (*tie, cord*) alrededor de los novios, símbolo de la unión inseparable de la pareja.

Boda mexicana. Foto gentileza de Eric y Ethel Faith Nahmad.

Las fiestas patronales

En una fiesta patronal, se celebra el santo patrón o la santa patrona del país o de la región. Casi todos los pueblos de Hispanoamérica tienen un santo

o una santa a quien, tradicionalmente, se rinde homenaje con una fiesta anual. Muchas de estas fiestas tienen elementos precolombinos, provenientes de las culturas indígenas. Hay misas, procesiones, bailes y/o ferias. Todo el mundo participa, desde los más jóvenes hasta los más ancianos. Estas celebraciones tienen aspectos religiosos, sociales y de simple diversión. Las fiestas patronales son una expresión de la identidad de una persona y de su relación con su pueblo; refuerzan los lazos entre los miembros de la comunidad.

Miles de bailarines participan en la celebración de la Virgen de Guadalupe, santa patrona de Sucre, Ecuador (más conocida por ser la patrona de México y también la "patrona de las Américas").

En el capítulo 5 vimos la influencia africana en la "santería" de Cuba, y en el capítulo 6 veremos la influencia de las creencias indígenas americanas en la práctica del catolicismo en varias partes del mundo hispano. También en el capítulo 6 veremos la influencia del judaísmo, religión minoritaria en Hispanoamérica pero con un número considerable de seguidores en algunos lugares, como en Ciudad de México, por ejemplo.

Análisis

1. ¿En qué siglo llegó la Iglesia Católica a Hispanoamérica? ¿Qué instituciones fueron fundadas por la Iglesia allí?

2. ¿Con qué institución se alía la Iglesia Católica hasta el siglo XIX? ¿Qué pasó en ese siglo?

3. ¿Quiénes están presentes en un bautismo?

4. ¿Qué es el "día del santo" de una persona católica y cuándo se celebra?

5. ¿A qué edad se hace la primera comunión? ¿Qué hace la persona antes de hacer su primera comunión?

6. ¿Qué es una fiesta patronal? ¿Quiénes participan en ella? ¿Qué funciones cumple?

Capítulo **6**

Ritos y tradiciones

Cinco días sin Nora

PRESENTACIÓN

Cada cultura tiene sus ritos y tradiciones, sus costumbres para los momentos importantes de la vida. ¿Cómo celebramos los nacimientos *(births)*? ¿los matrimonios? ¿Cómo lamentamos a los muertos? ¿Qué ritos y ceremonias hay en el mundo hispano? ¿En qué se diferencian de los de Estados Unidos o Canadá?

La película *Cinco días sin Nora* trata de una familia en Ciudad de México. La madre de la familia, Nora, pone la mesa para la cena de la Pascua judía (Pésaj o, en inglés, *Passover)*. Parece que va a haber una gran celebración familiar ese día. Pero Nora los sorprende a todos.

RITOS Y TRADICIONES

Vocabulario

católico(a)	*Catholic*
convertirse (ie)	*to convert*
evangélico(a)	*Protestant, Evangelical*
judío(a)	*Jewish*
musulmán, musulmana	*Muslim*
el peregrinaje	*pilgrimage*
el/la seguidor(a)	*follower*

Presencia judía en Hispanoamérica

- En 1492 los judíos de España tienen que salir del país o convertirse a la religión católica. Varios "conversos" (judíos que se habían convertido al catolicismo) llegan con Cristóbal Colón a las Américas.

- En los siglos XVI y XVII los "cripto-judíos" llegan a Nueva España, huyendo (*fleeing*) de la Inquisición; tienen que esconder su afiliación religiosa, o sea, practicar el judaísmo en secreto. La Inquisición se extiende hasta Hispanoamérica.

- En los siglos XIX y XX llegan inmigrantes judíos de muchas regiones del mundo, principalmente de Alemania y Europa oriental.

Población judía de Latinoamérica, según el Congreso Judío Latinoamericano

Rango (América Latina)	País	Población judía 2009
1	Argentina	230.000
2	Brasil	130.000
3	Chile	62.000
4	México	40.700
5	Uruguay	33.000
6	Venezuela	15.000
7	Panamá	8.000
8	Colombia	7.400
9	Perú	3.000
10	Costa Rica	3.000
11	Paraguay	1.500/2.000
12	Cuba	1.500
13	Guatemala	1.000
14	Bolivia	700
15	Ecuador	450
16	El Salvador	300
17	República Dominicana	250
18	Surinam	200
19	Nicaragua	50
20	Honduras	40

La religión en México

La gran mayoría de los hispanoamericanos son católicos. En México, donde tiene lugar la película, hay más seguidores de esta religión que en cualquier otro país del mundo, con excepción de Brasil.

Religión	Número de seguidores en México, 2010[1]
Católica	84.217.138
Protestante, evangélica, pentecostal	7.590.489
Otras religiones	2.326.338
Sin religión	4.660.690

---

1 Instituto Nacional de Estadística y Geografía de México, 2010.

El número de protestantes, evangélicos y pentecostales está aumentando, y los testigos de Jehová, los mormones y los adventistas del séptimo día también han conseguido muchos conversos. Según el proyecto "Perfiles y tendencias del cambio religioso en México (1950-2000)", mucha gente mexicana cambia de religión porque busca una solución a sus problemas. El movimiento pentecostal "ha ganado terreno debido que prohíbe específicamente consumir alcohol, cigarro y gastar el dinero en mujeres, lo cual tiene un impacto positivo en la vida de los habitantes... Otros factores que han favorecido el cambio religioso en las comunidades indígenas son la escasa presencia de templos católicos, la adopción de las lenguas indígenas por parte de otras religiones [traducciones de la Biblia y celebraciones en estas lenguas] y la flexibilidad de éstas para que una persona pueda desempeñarse (*perform, act*) como pastor [sin tener que abandonar la vida familiar]".[2]

Análisis

1. ¿Cuándo llegaron los primeros conversos a las Américas?
2. ¿Por qué no podían practicar su religión abiertamente los "cripto-judíos"?
3. ¿De dónde llegaron muchos judíos a Hispanoamérica en los siglos XIX y XX?
4. ¿Qué religión predomina en México? ¿Por qué está aumentando el número de protestantes, evangélicos, pentecostales, Testigos de Jehová, etc.?

Costumbres y tradiciones de origen indígena

Cuando los conquistadores españoles llegaron a México, se encontraron con dos grandes civilizaciones: la maya y la azteca. Hoy se ven representaciones de las religiones indígenas en todas partes del país: templos, esculturas, monumentos, etc. La Ciudad de México fue fundada sobre la ciudad de Tenochtitlán, que los aztecas consideraban el centro del universo.

Todavía en México se practican algunos ritos que tuvieron su origen en costumbres indígenas. Un ejemplo es el Día de los Muertos, basado en creencias indígenas que el cristianismo incorporó a sus propias celebraciones (como se ve en la sección que está al final de este capítulo).

Otro ejemplo es la costumbre de las Posadas. En el México prehispánico se celebraba al dios azteca Huitzilopochtli durante lo que es ahora el mes de diciembre. Según la leyenda, este dios guió a los aztecas desde Aztlán (en el suroeste de lo que hoy es Estados Unidos) a Tenochtitlán (hoy Ciudad de México) y les dijo que reconocería su nuevo hogar al ver un águila en un nopal (cactus) comiendo una serpiente.

En la bandera mexicana se ve un águila en un nopal comiendo una serpiente.

---

2 José Luis Olín Martínez, "Analizan investigadores cambio religioso en México", Agencia de Noticias del CONACYT, 15 abril 2008. http://ciencias.jornada.com.mx/noticias/analizan-investigadores-cambio-religioso-en-mexico

Durante las celebraciones en honor a Huitzilopochtli, la gente adornaba sus casas y había procesiones, danzas, canciones (y, al final, sacrificios humanos). Después de convertirse al cristianismo, suprimieron los sacrificios humanos e incorporaron himnos y bailes de tradición católica para celebrar el nacimiento de Cristo. Hoy, entre el 16 y el 23 de diciembre hay procesiones de casa en casa representando la llegada de José y María a Belén *(Bethlehem)*. Frente a cada casa cantan un verso pidiendo posada o alojamiento *(lodging)* y desde adentro les contestan con otro verso diciendo que no hay lugar para ellos. Cuando la procesión llega a la casa donde se celebrará la fiesta, se canta el verso pidiendo posada y desde adentro les cantan un verso invitándolos a entrar. La fiesta normalmente incluye ponche, atole (una bebida a base de maíz), tamales y una piñata llena de dulces.

 Busque "Posadas México" para ver imágenes de esta celebración navideña.

Análisis

1. ¿Con qué civilizaciones indígenas se encontraron los conquistadores españoles en México?
2. ¿Qué ciudad moderna fue fundada sobre Tenochtitlán?
3. ¿Cuándo celebraban los aztecas al dios Huitzilopochtli? ¿Qué hacían durante las celebraciones?
4. ¿Qué son las Posadas? ¿Cuándo y cómo se celebran?

Cinco días sin Nora	
Directora y guionista:	Mariana Chenillo nació en Ciudad de México en 1977 y se graduó del Centro de Capacitación Cinematográfica de esa ciudad en 1995. Su primer largometraje, *Cinco días sin Nora,* ganó siete Arieles (el equivalente mexicano del Oscar) en 2010, incluso a la mejor película, a la mejor ópera prima *(first work)* y al mejor guión original.
Personajes principales:	Nora: madre de la familia
	José: padre de la familia
	Rubén: hijo de Nora y José
	Bárbara: esposa de Rubén

Alberto Nurko: doctor de Nora

el rabino Jacowitz

Moisés: estudiante de judaísmo

Fabiana: cocinera y ayudante de Nora

| **Actores/ actrices principales:** | Fernando Luján *(El coronel no tiene quien le escriba, En el país de no pasa nada)* hizo el papel de José; por este trabajo ganó un Ariel al mejor actor de 2010. El actor y músico Ari Brickman hizo el papel de Rubén. Cecilia Suárez *(Spanglish)* interpretó a Bárbara, Max Kerlow al rabino Jacowitz, Juan Carlos Colombo al doctor Nurko, Silvia Mariscal a Nora. Angelina Peláez ganó un Ariel por su interpretación de Fabiana (mejor coactuación femenina). |

Vocabulario

La muerte

el ataúd	*coffin*
el cadáver	*cadaver*
el cementerio	*cemetery*
el cuerpo	*body*
el/la difunto(a)	*deceased person*
enterrar (ie)	*to bury*
el entierro	*funeral*
matarse	*to kill oneself*
el panteón	*cemetery (L. Am.); mausoleum*
el suicidio	*suicide*
el/la suicida	*person who commits suicide*
la tumba	*grave*
el velorio	*vigil for a dead person, wake*

La religión

convertirse (ie); convertirse en espíritu	*to convert; to change into a spirit*
la cruz	*cross*
el judaísmo	*Judaism*
la ley judía	*Jewish law*
la Pascua judía (Pésaj)	*Passover*
el/la rabino(a)	*rabbi*
rezar	*to pray*
la sinagoga	*synagogue*
la vela	*candle*

Expresiones

llevar a cabo	*to carry out*
pedir disculpas, disculparse	*to ask for pardon, excuse oneself*
planearlo todo	*to plan it all*
¿Qué más le (te) da?	*What do you care?*

Otras palabras

el hielo (seco)	*(dry) ice*
la pizza de chorizo	*sausage pizza*
la receta	*recipe*
el suegro (la suegra)	*father-in-law (mother-in-law)*

NB: This vocabulary list will help you understand and also discuss the film. Most of the words occur at least twice in the film.

Exploración

Antes de ver *Cinco días sin Nora*, se recomienda leer las siguientes preguntas como guía del argumento y para una mejor comprensión del contenido de la película. Su profesor(a) puede asignarle como tarea que prepare las respuestas a todas las preguntas o solo a algunas de ellas.

1. ¿Qué hace Nora al principio de la película? Describa las primeras escenas.

2. ¿Qué pasa cuando José sube al apartamento de Nora para llevarle la carne congelada *(frozen)?*

3. ¿A quiénes llama José por teléfono?

4. ¿Por qué viene el rabino Jacowitz? ¿Por qué está preocupado? Según la ley judía, ¿qué tienen que hacer con el cuerpo de "Dora"? ¿Qué hacen los hombres que llegan al apartamento con él?

5. ¿Qué le promete José a Rubén?

6. Después de hablar con el portero *(doorman)*, ¿de qué se da cuenta José? ¿Adónde va? ¿Qué es lo que quiere hacer ese mismo día?

7. Cuando los hombres que vinieron con el rabino Jacowitz le dan la factura *(bill)* a José, parece que no le gusta lo que ve. En el Panteón de Jesús, ¿qué le ofrecen a José por solo 5 por ciento más? ¿Qué llevan al apartamento los empleados del Panteón de Jesús?

8. ¿Por qué no puede José llevar a cabo su plan de enterrar a Nora ese mismo día?

9. Según José, ¿de qué tratan todas las religiones? ¿Qué le responde Moisés?

10. ¿Por qué no quiere José que Fabiana prepare la cena de Pésaj? ¿Cómo reacciona Fabiana cuando le dice directamente que no lo haga?

11. ¿Qué nota el rabino Jacowitz cuando llega a la casa? ¿Por qué dice que se va y que "esto ha sido realmente una falta de respeto"? ¿Qué le dice Rubén?

12. ¿Por qué se llevan tan bien Fabiana y Moisés? ¿Qué tienen en común? Si Moisés no estudiara para ser rabino, ¿qué estudiaría, según lo que le cuenta a Fabiana?

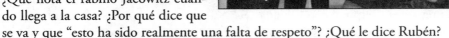

13. ¿Quién es Leah? ¿Desde dónde viene? ¿Por qué la invitó Nora?

14. ¿Por qué parece sorprendido Rubén cuando José ofrece quitarle el maquillaje *(make-up)* a Nora? ¿Qué hace José cuando Rubén se va del cuarto? ¿Qué encuentra en el escritorio de Nora?

15. ¿Qué quiere Rubén que José haga? ¿Qué tiene que ver con esto Simón, el suegro de Rubén, y la remodelación de la sinagoga?

16. ¿Qué pasa cuando todos llegan al panteón para el entierro? ¿Por qué decide Rubén no enterrar a su madre allí?

17. Cuando llegan a casa con el cuerpo de Nora, ¿qué problema tienen? ¿Cómo lo resuelve José?

18. ¿Logra Nora llevar a cabo sus planes? ¿Qué pasa entre Leah y el doctor Nurko? ¿Cree usted que Nora tenía una segunda intención al invitar a su prima? ¿Qué encuentra José después de la cena?

Notas culturales

1. Según la tradición judía, el período de duelo *(mourning)*, que se llama la *shivá*, dura siete días, aunque hoy, en muchos casos, se reduce a tres días o menos. Durante este tiempo la familia se junta, normalmente en casa del difunto. A veces llegan miembros de la *Jebrá Kadishá* ("sociedad sagrada") para ayudar a la familia. En la película, son los que llegan con el rabino Jacowitz. El *shomer* (en ese caso, Moisés) vigila el cuerpo y recita salmos u otros versos religiosos. Durante la *shivá*, no se puede trabajar, saludar, tener relaciones sexuales, afeitarse, usar zapatos de cuero *(leather)* ni sentarse en una silla ni en un mueble (por eso se quitan los cojines del sofá y los ponen en el suelo).

2. El velorio: Es costumbre entre los católicos del mundo hispano hacer un velorio cuando muere alguien. Se prepara el cuerpo, como Fabiana quiere hacer con Nora, y se lo coloca en el ataúd, como los empleados del Panteón de Jesús quieren hacer con el cadáver de Nora. (Fabiana le pone un rosario a Nora, aunque Nora era judía ortodoxa.) Los fa-  miliares y amigos vienen a rezar por el alma de la persona difunta. Normalmente se sirven comida y bebidas (en México, por ejemplo, café, chocolate, pan dulce, galletas). El velorio es parte del novenario, nueve días de rezos por el alma del muerto. Según la creencia de muchos católicos, durante este período el alma de la persona muerta anda en el mundo, entre sus seres queridos.

3. Los nombres: Rubén le dice "Nana" a Fabiana. Fue su niñera ("nana") cuando era pequeño. A Leah le dice "tía" aunque Leah y Nora eran pri-  mas, no hermanas; "tía" indica que la considera una pariente cercana, parte de la familia extensa. Fabiana es la forma femenina de Fabián, un santo católico.

4. En 1860 el presidente mexicano Benito Juárez decretó la Ley de Libertad de Cultos y, por primera vez, se permitió la prác-  tica abierta de religiones no católicas. (Antes, la Iglesia Católica era la única religión permitida oficialmente.) Hoy la gran mayoría de los judíos de México viven en la capital, donde hay más de 20 sinagogas.

Monumento a Benito Juárez, primer presidente mexicano de ascendencia indígena. Hizo varias reformas que limitaron el poder de la Iglesia Católica. Según él: "Entre los individuos como entre las naciones, el respeto al derecho ajeno es la paz".

Temas de discusión, comentario o análisis

Discuta, comente o analice los siguientes temas con sus compañeros; su profesor(a) puede asignarle como tarea que escriba un párrafo sobre alguno(s) de ellos.

1. En la película se ven ejemplos de costumbres funerarias judías y cristianas. Describa las diferencias. ¿Tienen mucha importancia para los personajes de la película estos ritos? Y usted, ¿qué opina? ¿Son importantes los ritos funerarios para su familia? ¿para usted? Si ha ido al entierro de un(a) pariente o amigo(a), describa los ritos que se practicaron.

2. ¿De qué manera trata José de humillar a Moisés por sus creencias religiosas? (Por ejemplo, ¿qué le da cuando ve que Moisés tiene frío?) ¿Cómo descubre José que Moisés se convirtió al judaísmo? ¿Por qué cree usted que le pregunta a Moisés si el rabino Jacowitz lo considera como de su familia? ¿Se acuerda usted de

    una situación semejante entre sus amigos o familiares, un choque de valores entre un creyente y un no creyente?

3. ¿Cree usted que Nora todavía estaba enamorada de José? ¿Por qué sigue José sin casarse? ¿Por qué vive tan cerca de Nora aunque hace quince años que Rubén no vive allí? ¿Lo cambió la experiencia de tener que pasar varios días en el apartamento de Nora? ¿Cree usted que José todavía la quiere? ¿La entiende?

4. Describa la escena de 1969, cuando Nora sale del hospital. ¿Quién está en la puerta cuando Nora y José se van? Nora le dice a José, "¿[Es] Que no ves que yo de verdad quiero estar bien?" ¿Qué pasa después? ¿Por qué no fue internada Nora, según José? ¿Es mejor internar a la gente con grandes problemas psicológicos o no? ¿Conoce usted a alguien que sufra de depresiones? ¿Qué se puede hacer para ayudar o apoyar a esa persona?

5. ¿Qué le dice el rabino Jacowitz a José sobre la muerte de Nora? ¿Por qué quiere que Simón, el suegro de Rubén, haga una llamada al panteón? ¿Qué le responde José? ¿Qué actitudes frente al suicidio vemos en la película? ¿Cómo reacciona Leah, por ejemplo? ¿Se puede considerar el suicidio una "ofensa" contra los seres queridos (o contra la religión)?

Evaluación

Mariana Chenillo ha dicho en varias entrevistas que *Cinco días sin Nora* se basó, en parte, en la historia de sus abuelos maternos. Ellos habían estado casados muchos años y después divorciados muchos años, y vivían en la misma calle. Su abuela podía ver si su abuelo recibía visitas. Ella había intentado suicidarse varias veces y él siempre decía que no quería saber nada de ella. Cuando al final su abuela se suicidó, su abuelo se cambió de apartamento, guardó muchas de las cosas de su ex esposa y, según la directora, su actitud hacia ella empezó a cambiar.

1. ¿Cómo cambia José a través de la película? ¿Cree usted que la película se puede considerar una historia de amor? ¿de reconciliación?

2. Dice la directora, "El humor es la premisa principal, es una herramienta para poder contar hechos bastantes dolorosos, con la misma profundidad que en un argumento dramático. Es como un velo transparente que te permite ver lo que hay detrás". ¿Qué elementos cómicos hay en la película? ¿Qué función tiene el humor? ¿Cree usted que la película logra sostener el efecto cómico?

3. ¿Conoce películas en inglés que traten el tema de la muerte pero que también tengan elementos cómicos? ¿Cuáles? ¿Cómo se comparan con *Cinco días sin Nora*?

4. En general, ¿le gustó la película? ¿Por qué sí o por qué no?

PERSPECTIVAS

El "Cristo negro" de Esquipulas

Entrevista con Yolanda Magaña, una salvadoreña de la ciudad de Santa Ana. Actualmente vive y trabaja en Redwood City, California. Se mantiene en contacto permanente con su familia y sus amigos en El Salvador.

¿Nos podría describir un rito o una tradición especial para usted o para su familia, Yolanda?

Para mí el Día del Señor de Esquipulas es muy especial. Es el 15 de enero.

¿Qué hacen ustedes ese día?

Hacemos una romería,° un viaje al pueblo de Esquipulas en Guatemala. Salimos de madrugada y vamos toda la familia. Hacemos paradas en el camino para ver paisajes y desayunar. Llegamos a Esquipulas y vamos a la iglesia, donde escuchamos la misa. Después, vamos a un lugar cerca de un río para almorzar.

pilgrimage

¿Hay comidas y bebidas típicas?

Llevamos comida hecha en casa, normalmente tamales, pollo, sándwiches, sodas, café. Después de almorzar, regresamos a la plaza frente a la iglesia donde hay una feria con ventas de cosas típicas: ropa, sandalias, adornos para la casa, joyería y cosas religiosas.

¿Cuántas personas van a Esquipulas para la celebración?

Llega gente de toda Centroamérica y de México, más de un millón de personas. Muchos van a pie y algunos entran de rodillas° a ver al "Cristo negro", una estatua que se hizo en el siglo XVI. Cuando era chiquita, mis papás viajaban todos los años montados a caballo a la romería. Llevaban comida para los días que iban a estar en el camino y alquilaban cuartos por la noche. El viaje duraba ocho días. Antes de regresar, adornaban los caballos con guirnaldas° de muchos colores y usaban sombreros que también adornaban con flores.

de... on their knees

garlands

Más tarde, me acuerdo que fui algunas veces con mi papá y mis hermanos en tren. Nos divertíamos mucho; pasamos por pueblos muy bonitos donde en cada estación comíamos diferentes comidas típicas. Cuando regresábamos mi papá nos decoraba los sombreros con muchos adornos de colores. Era un viaje muy divertido.

Busque "Esquipulas Nueva York" para ver un video de Luis Argueta acerca de un evento cultural-religioso de los guatemaltecos de Nueva York y para escuchar música de marimba típica de Guatemala.

Desde tiempos prehispánicos, van peregrinos a Esquipulas. Antes de la llegada de los españoles, en este lugar los mayas adoraban al dios guerrero Ek Chuah. La escultura del "Cristo negro", que se encuentra dentro de la basílica, se hizo de madera de tono claro en 1594; después de muchos años de veneración adquirió el tono oscuro que tiene ahora.

Preguntas

1. ¿De dónde es Yolanda Magaña?
2. ¿Dónde está Esquipulas?
3. ¿Qué día se celebra el santo patrón de esa ciudad?
4. ¿Cómo celebran la fiesta Yolanda y su familia hoy en día? ¿Cómo lo celebraban sus padres?
5. ¿Qué dios maya adoraban los indígenas de Esquipulas antes de la llegada de los españoles?
6. ¿Cuándo se hizo el "Cristo negro"?

La Pachamama, o Madre Tierra

Entrevista con Carlos Bustillo, de Cochabamba, Bolivia

¿Podría describir un ritual especial para la gente de Bolivia?

Sí, hay muchos rituales grandes y pequeños, rituales andinos en honor a la Pachamama. La gente boliviana hace una ceremonia especial, un sahumerio,° que en quechua se llama *q'owa*. Se usan hierbas especiales y otros elementos, como incienso o mirra.°

¿Hay lugares especiales donde se consiguen las hierbas?

Sí, hay lugares de feria o mercados donde se vende el preparado. Existe una persona que conoce cómo prepararlo según la necesidad que ha pedido la persona. Por ejemplo, si le dice "Quiero que la Pachamama me bendiga° mi casa" le vende ciertas hierbas y elementos. Estando uno en su casa, se prende carbón° en un brasero y se pone el preparado encima de las brasas. El humo que desprende° la *q'owa* se lleva por toda la casa para que la Pachamama la bendiga. Algunas personas hasta limpian la casa antes de hacer este ritual.

¿Se practica en días especiales la q'owa?

Bueno, hay diferentes épocas para realizar la *q'owa*; tradicionalmente en Cochabamba se practica cada primer viernes del mes. Se hace en las casas y también en muchos negocios. También se hace en el día "martes de challa" en los carnavales° de cada año. En todo este ritual se echa chicha u otro alcohol al suelo. La chicha es una bebida de maíz fermentado, pero puede ser otra bebida, como el vino, el aguardiente.° Se echa "a los cuatros suyos";° es decir, a las cuatro esquinas de la casa, negocio o terreno para darle de beber a la Pachamama. En Bolivia antes de servirse un vaso de chicha, cerveza, etc., antes de tomar, se le invita a la Pachamama; se derrama° un poco al suelo diciendo "Esto es para la Pachamama". Al hacer estos ritos, mostramos respeto y agradecimiento a la Pachamama.

¿Cuál es el origen de ese ritual?

Viene desde los antiguos indígenas que cultivaban los terrenos andinos. Ellos observaban las estrellas, el sol y tenían un calendario muy exacto. Para el indígena la Pachamama es el cosmos, el universo, la madre tierra, la naturaleza.

En el solsticio de invierno del 21 de junio se hacen ofrendas a la Pachamama porque es un día importante; es el día más corto del año y la noche más larga.

Glosses (left margin):

burning of some substance to produce aromatic smoke
myrrh

bless

charcoal
gives off

celebrations just before Lent

clear liquor, brandy / the four territories of the Inca Empire, to the north, south, east and west of Cuzco, the capital

se... you spill

A partir de ese día se inicia la siembra.° Se hacen ofrendas para que la tierra sea fértil, para que la Pachamama dé buenos frutos en las cosechas. Es un proceso de reciprocidad; se da alimento a la Pachamama y ella da su bendición, su ayuda.

sowing season

Busque *"fiesta de la Pachamama" para aprender más sobre esta diosa andina y las fiestas en su honor y para escuchar música típica de la región.*

También este día 21 de junio llegan miles de visitantes de todas partes del mundo a Tiwanaku, sitio de la capital de una cultura preincaica.° Allí se ubi-

pre-Inca

Puerta del Sol, Tiwanaku, Bolivia

can° frente a la Puerta del Sol donde se presencia° la llegada de los primeros rayos del sol. Levantan los brazos con las palmas abiertas y reciben la energía del "padre Sol". Para los indígenas empieza el nuevo año andino.

se… they place themselves

se… they experience

Por último puedo decirle que, aunque siempre se hacían estos ritos en el campo, han crecido en las ciudades. Hay una visión de refundar Bolivia con la nueva Constitución Política del Estado, donde están incluidos todos los pueblos indigenistas; es decir es ahora un gobierno "plurinacional" que los incluye.

Preguntas

1. ¿De qué ciudad de Bolivia es Carlos Bustillo?
2. ¿Qué es la Pachamama?
3. ¿En qué se consiste la *q'owa?* En Cochabamba, ¿cuándo se hace la *q'owa,* tradicionalmente?
4. ¿Qué quiere decir "se echa a los cuatro suyos"?
5. ¿Por qué es importante el 21 de junio en la región andina? ¿Qué empieza poco después? ¿Qué pasa en Tiwanaku ese día?
6. ¿Qué quiere decir Carlos cuando comenta "Es un proceso de reciprocidad"?

Celebración del solsticio de invierno (Inti Raymi), Pujili, Ecuador.

DE LA PRENSA

"La virgen de Guadalupe en México"

Ernesto Licona Valencia, Benemérita Universidad Autónoma de Puebla, México

Desde tiempos inmemorables el cerro° del Tepeyac ha sido un lugar sagrado. Como santuario, ha sido donde ha habitado "nuestra madre", desde siempre ha sido "lugar de peregrinación".° Cronistas° españoles señalaron que a pesar de la evangelización y la existencia de varias iglesias dedicadas a la virgen María, los indígenas no las visitaban y preferían el cerro del Tepeyac para venerar a Tonantzín y "llegaban de muchos lugares lejanos". El cerro del Tepeyac ha sido un lugar sagrado desde tiempos prehispánicos. Hogar de la deidad femenina más importante del mundo mexica donde se originó la vida y el universo, "ombligo° del mundo", Tonantzín es la madre de los dioses.

Con la conquista y el establecimiento de los españoles en nuestro territorio nunca perdió esa vocación sagrada, lugar donde se llevaban y llevan a cabo sacralidades.° Lo que afirmamos es que a pesar de la conquista militar, a pesar de revoluciones e invasiones extranjeras, el Tepeyac no ha perdido el don de productor de epifanías.

Lo que hicieron los españoles fue sustituir la deidad femenina de Tonantzín por otra deidad, una virgen cristiana a quién se le nombró Guadalupe. El reemplazo se logró a partir de una aparición. Con el paso de los años Tonantzín se convirtió en Guadalupe y hasta la fecha el cerro del Tepeyac alberga° el santuario más importante de México, espacio sagrado que cada 12 de diciembre recibe a más de cinco millones de mexicanos procedentes de distintos rumbos° del país. Es necesario afirmar que el culto antiguo y contemporáneo de la guadalupana es fundamentalmente un fenómeno religioso colectivo y nacional que tiene antecedentes prehispánicos, que se reconstruyó con la llegada de los españoles y sobrevivió hasta nuestros días. En este sentido, el culto a la Virgen de Guadalupe es la creación más compleja y singular de nuestra sociedad, tanto en el pasado como en el presente. La Virgen de Guadalupe es un símbolo porque encarna a un pueblo y rememora° la formación de una nación. Es un emblema porque condensa muchas cosas y acciones en una sola imagen y porque vincula° ideas y fenómenos de los más diversos. Está presente en la política, en procesos históricos importantes de la nación mexicana, es mercancía° en los ámbitos° comerciales, aparece prácticamente en todos los hospitales de México y centros de beneficencia,° es signo estético y su nombre se pronuncia cotidianamente° en las familias mexicanas. Es una imagen que auxilia° en lo espiritual, pero también se empleó para empuñar° un arma y exigir un cambio social, es un símbolo porque su color moreno sirvió para identificar a todo un pueblo, porque funciona en un espectáculo de rock, porque viaja por el ciberespacio. Es un símbolo porque su influencia y eficacia se ancla° en una poderosa creencia, en la idea de que es la madre de todos los mexicanos. La Virgen de Guadalupe, escribió Octavio Paz, es y ha sido madre protectora tanto del indio como del criollo, del policía como del bandolero° o del mestizo. Del guerrillero y del caudillo. Del banquero y del líder obrero.

Marginal glosses:
- hill
- pilgrimage / Chroniclers
- navel
- sacred acts
- houses
- directions
- recalls
- it connects, binds
- merchandise / circles charity
- daily
- serves, assists / brandish
- se... is anchored
- outlaw

Nominaciones como: "es una madre", "es mi segunda madre", "una madre que intercede por mí", "la Virgen es mi mamá", "mi santa madre", "la madre de México", "la madre de los mexicanos", "es la madre de todo México"; otra más como "emperatriz de América", que va más allá de nuestras fronteras, son expresiones que significan un profundo arraigamiento° en la mentalidad de los habitantes de México.

rootedness

Su culto se manifiesta en todos lados, tanto en pueblos como en ciudades, en presidencias municipales, oficinas sindicales, galerones industriales, esquinas barriales° o cuartos de vivienda campesina e indígena. Sin duda, como mencionó Octavio Paz, la fiesta de Guadalupe es el ritual más significativo de México, es la fecha central en el calendario emocional del pueblo mexicano.

neighborhood

Altar a la Virgen de Guadalupe en una parada de taxis, Ciudad de México.

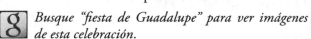 Busque *"fiesta de Guadalupe"* para ver imágenes de esta celebración.

Fragmento de Ernesto Licona Valencia: "La celebración de la Virgen de Guadalupe en la ciudad de Puebla", *Revista de Antropología Experimental*, Número 5, Texto 16 (Jaén, España: Universidad de Jaén), 2005.

Preguntas

1. ¿Por qué llegaban al cerro de Tepeyac los indígenas de México, hasta en tiempos coloniales, después de la evangelización y la existencia de iglesias católicas?

2. ¿Quién es Tonantzín?

3. ¿Qué hicieron los españoles para establecer el culto a la Virgen María en Tepeyac?

4. ¿Qué simboliza la Virgen de Guadalupe en México? ¿Cuándo se celebra su fiesta? ¿Cuántas personas llegan al cerro de Tepeyac ese día? (NB: En todo el país ese día hay misas especiales, procesiones, fiestas, comidas, fuegos artificiales, altares en las casas y en lugares de trabajo.)

Actividades

A. **Investigación**. En grupos pequeños, busquen información sobre un día de fiesta hispanoamericano y preparen un informe oral para la clase. Ideas: el Día de los Muertos (México), el Día de los Reyes Magos, el Día de los Santos Inocentes, el Día del Amor y la Amistad.

B. **Entrevista.** Entreviste a una persona hispanoamericana sobre un rito o una ceremonia importante para él o para ella. Puede ser la celebración de un bautismo, del día de un santo, de la primera comunión, de una boda, etcétera, o puede ser la descripción de un velorio o de un entierro.

C. **Remezcla** *(Mash-up).* En grupos pequeños, hagan una remezcla sobre un festival hispanoamericano. Incluyan fotos, videos, música o un archivo audio.

Composición

Escriba una composición sobre uno de los siguientes temas:

1. Una fiesta patronal en Hispanoamérica. ¿Cuándo y dónde se celebra? ¿Tiene elementos indígenas? ¿En qué consisten los preparativos? ¿Cuánto tiempo dura? ¿Qué hace la gente durante esta fiesta? ¿Hay bailes? ¿comidas o bebidas especiales?

2. El día de fiesta, festival o rito que escogió para la actividad A o B.

DEL RINCÓN LITERARIO-ARTÍSTICO

El Día de los Muertos

Según Octavio Paz (1914-1998)—autor mexicano que recibió el Premio Nobel de Literatura en 1990—a los mexicanos les encantan las fiestas y las celebran con imaginación y gusto. "Somos un pueblo ritual", dice Paz. En el capítulo "Todos santos, Día de Muertos" de su libro *El Labertino de la soledad*, Paz nos cuenta:

"Para los antiguos mexicanos la oposición entre muerte y vida no era tan absoluta como para nosotros. La vida se prolongaba en la muerte. Y a la inversa. La muerte no era el fin natural de la vida, sino fase de un ciclo infinito. Vida, muerte y resurrección eran estadios de un proceso cósmico, que se repetía insaciable". …

carece… lacks
passage
insignificance

"También para el mexicano moderno la muerte carece de° significación. Ha dejado de ser tránsito°, acceso a otra vida más vida que la nuestra. Pero la intrascendencia° de la muerte no nos lleva a eliminarla de nuestra vida diaria. Para el habitante de Nueva York, Paris o Londres, la muerte es palabra que jamás se pronuncia porque quema los labios. El mexicano, en cambio, la frecuenta, la burla, la acaricia, duerme con ella, la festeja, es uno de sus juguetes favoritos y su amor más permanente. … Nuestras canciones, refranes, fiestas y reflexiones populares manifiestan de una manera inequívoca que la muerte no nos asusta porque 'la vida nos ha curado de espantos°'".[3]

fear, fright

Según la tradición indígena mexicana, los muertos regresan a este mundo todos los años, el Día de los Muertos. La celebración del Día de los Muertos tiene raíces precolombinas. Independientemente de esto, el calendario católico ha establecido desde la antigüedad el dos de noviembre como Día de los Fieles Difuntos. La Iglesia —como en muchos otros casos—ha hecho coincidir en un mismo día, en México, ambas tradiciones: la indígena y la católica. Allí es costumbre ir al cementerio la noche del primero de noviembre, adornar las tumbas de los seres queridos con flores y velas, llevarles sus comidas y bebidas favoritas y permanecer junto a ellos hasta el día siguiente. Se come un pan especial, llamado "pan de muerto" y calaveras *(skulls)* de azúcar.

---

3 Octavio Paz, *El laberinto de la soledad* (México: Ediciones Cuadernos Americanos, 1947), pp. 56 y 60.

Mariana Chenillo habló del Día de los Muertos y de *Cinco días sin Nora* en una entrevista: "Creo que la película es una mezcla de diferentes costumbres. Está la postura particular del personaje principal, el contexto de la comunidad judía y una parte muy mexicana que viene de la tradición prehispánica con el Día de los Muertos. Los difuntos siguen siendo parte de la familia, cada año se les pone un altar con las cosas que les gustaban y eso permite una presencia de la muerte en lo cotidiano que da lugar° al humor y a poder hablar de ella con menos solemnidad".

cotidiano… *daily life that allows for*

Mariana Chenillo, en una entrevista con Liliana López Sorzano, "Cinco días sin Nora", *El Espectador*, 3 diciembre 2009.

Calaveras (*skulls*) de azúcar. A veces llevan el nombre de una persona conocida por el comprador, así que se la puede regalar a esa persona para que se "coma su calavera".

Altar para un ser querido, con calaveras de azúcar, chocolate, tamales, pan dulce, velas, flores de cempasúchil *(marigold),* una cerveza y dos pequeños pasteles en forma de tumba.

 Busque "Christine Dargahi" para ver imágenes de otras obras de esta artista mexicano-americana.

Se hacen calaveras de papel, de papel maché, de metal y de muchas otras cosas; las que se ven en la foto son de madera.

Don Macho Calavera y doña Hembra Calavera, por Christine Chabiel Dargahi

También hay calaveras literarias, que cuentan de forma humorística algo sobre la vida de una persona (que puede estar viva todavía) y que normalmente son en verso. Una calavera literaria es un pequeño epitafio-epigrama. Este ejemplo trata del artista/muralista Diego Rivera y data de 1929:

> Este pintor eminente,
> cultivador del feísmo,
> se murió instantáneamente
> cuando se pintó a sí mismo.

Preguntas

1. Según Octavio Paz, ¿por qué no era tan absoluta la frontera entre la vida y la muerte para los antiguos mexicanos? ¿Cuál es la diferencia entre la actitud mexicana ante la muerte y la actitud de una persona de Nueva York, Londres o París, según Paz?

2. ¿Cuándo se celebra el Día de los Muertos? ¿Qué hacen los mexicanos ese día?

3. Según Mariana Chenillo, ¿cómo muestra la película *Cinco días sin Nora* la influencia de los indígenas mexicanos?

4. Mirando el altar, ¿qué se podría decir de la persona que conmemora? ¿Qué cosas le gustaban, probablemente?

5. ¿Qué es una "calavera literaria"? ¿Cree usted que Diego Rivera era un hombre guapo?

OTRAS PELÍCULAS

Mire una de las siguientes películas y escriba una reacción personal. ¿Cómo se compara con *Cinco días sin Nora?*

El hijo de la novia
2001
Dirección: Juan José Campanella
Guión: Juan José Campanella, Fernando Castets
Actuación: Ricardo Darín, Héctor Alterio, Norma Aleandro

Morirse está en hebreo
2007
Dirección: Alejandro Springall
Guión: Alejandro Springall, Jorge Goldenberg, Ilán Stavans
Actuación: Blanca Guerra, Martha Roth, Sergio Kleiner

Quinceañera
2006
Dirección y guión: Richard Glatzer, Wash Westmoreland
Actuación: Emily Ríos, Jesse García, Chalo González

El regalo de la Pachamama
2008
Dirección y guión: Toshifumi Matsushita
Actuación: Christian Huaygua, Luis Mamani, Faniy Mosques

Vistazo panorámico V

Estructura económica y familiar

La situación económica de los hispanoamericanos varía de un país a otro, según circunstancias históricas y políticas, recursos naturales locales, nuevas tecnologías, etc. En el capítulo 7 veremos qué factores afectan o pueden afectar la situación socioeconómica de un país, y en el capítulo 8 qué influencias tienen en la familia los problemas económicos y/o políticos en momentos de crisis. En general, ¿qué ventajas económicas tiene Hispanoamérica, y qué problemas o desafíos enfrenta?

Ventajas económicas de Hispanoamérica

Trabajador en una mina de plata, Potosí, Bolivia

- Hispanoamérica posee grandes reservas de petróleo, gas natural y recursos minerales. Según la Organización Latinoamericana de Energía, Latinoamérica (incluyendo países no hispanos como Brasil) posee el 13 por ciento de las reservas mundiales de petróleo (muchas de estas en Venezuela y México) y el 5 por ciento de las reservas de gas natural (muchas de estas en Venezuela y Bolivia). En cuanto a los recursos minerales, México y Bolivia son reconocidos por sus reservas de plata, Chile por el cobre, Bolivia por el estaño (*tin*), Perú por el oro y el zinc. Argentina, Bolivia y Chile poseen el 85 por ciento de las reservas mundiales de litio (*lithium*), un recurso muy importante por la actual demanda mundial de baterías eléctricas para automóviles.

- Latinoamérica tiene más de un tercio del agua del mundo y la mitad de los bosques tropicales. Su gran variedad climática y geográfica, y la existencia de tantas áreas con abundante sol y agua, permiten el cultivo de alimentos para consumo y exportación. Además, hay una biodiversidad extraordinaria, con miles de especies de plantas y animales únicos a la región. Muchos países hispanoamericanos tienen áreas que nunca han sido exploradas, mucho menos explotadas.

Las cataratas del Iguazú

- Muchos de los países de Hispanoamérica tienen parques industriales, universidades y centros de investigación científica y tecnológica excelentes.
- Según la Comisión Económica para América Latina y el Caribe (CEPAL), entre 1990 y 2007 el número de hogares de clase media, en los diez países latinoamericanos que tienen el 80 por ciento de su población, aumentó 56 millones (12 millones de este aumento ocurrió en Brasil). En general, la tasa bruta de natalidad (*live birth rate*) está bajando; y la participación de las mujeres de clase media y baja en la fuerza laboral tiende a elevar los ingresos familiares y a mejorar sus niveles de consumo.

Tasa bruta de natalidad

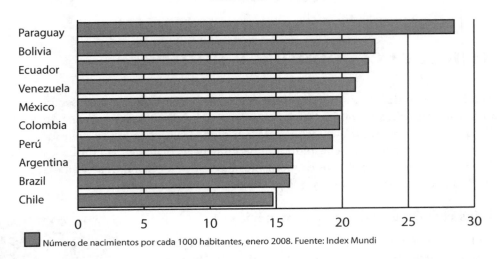

Número de nacimientos por cada 1000 habitantes, enero 2008. Fuente: Index Mundi

- En general, Hispanoamérica no tiene grandes conflictos étnicos ni religiosos, contrariamente a lo que sucede en otras partes del mundo.
- La tasa de desempleo urbano ha bajado del 11 por ciento en 2002 al 7 por ciento en 2011 (CEPAL). En realidad, como se verá en el capítulo 8, la situación del desempleo en Argentina, Paraguay y Uruguay era mucho más alta que el 11 por ciento entre 2001 y 2003, lo que significa que en esos países la mejora económica ha sido mucho más importante.

Desventajas económicas de Hispanoamérica

- Desafortunadamente, todavía hay mucha gente sin recursos económicos en Hispanoamérica. Según la CEPAL, en 2009 el 33,1 por ciento de la población de Latinoamérica (183 millones de personas) vivía en la pobreza—es decir, la tercera parte de los habitantes de la región. Esa suma incluía un 13,3 por ciento en condiciones de pobreza extrema o indigencia.
- En algunos países hay una marcada división entre ricos y pobres. Según la CEPAL, aunque Latinoamérica no es la región más pobre del mundo, es donde hay más desigualdad y ha sido así durante las últimas cuatro décadas:

En Latinoamérica...

—El 20 por ciento de la gente más pobre recibe el 2,9 por ciento de los ingresos totales.

—El 20 por ciento de la gente más rica recibe el 57,9 por ciento de los ingresos totales.

Los grupos más vulnerables tienen menos acceso a la educación, a la salud, a un medio ambiente saludable y a las oportunidades de trabajo.

- El deterioro de los abundantes recursos naturales en Hispanoamérica está aumentando rápidamente. Esta situación se refleja en la deforestación, desertificación, contaminación del agua, degradación de los suelos (*soil*) y en un creciente número de especies animales y vegetales en peligro de extinción. Para la región, las pérdidas económicas resultantes son considerables.

En Costa Rica y en las Islas Galápagos hay programas para proteger la tortuga laúd o baula (*leatherback*), la más grande del mundo, que está en peligro de extinción. El ecoturismo es una fuente de ingresos muy importante en muchos países hispanoamericanos.

- La exportación de materias primas (*raw*) aporta enormes ganancias a las empresas pero deja menos impuestos (*taxes*) para el estado que los productos industriales. La agricultura y la ganadería (*cattle raising*), que son muy importantes para la economía de la región, son vulnerables a los fenómenos climáticos –por ejemplo, a sequías (*droughts*) e inundaciones– y a los cambios en los precios internacionales.

- El narcotráfico es un problema muy grave en ciertos países, particularmente en Colombia y México. Centroamérica, situada entre estos dos países, también sufre en forma pronunciada los efectos del problema.

Análisis

1. ¿Qué porcentaje de las reservas mundiales de petróleo tiene Latinoamérica? ¿y de gas natural?

2. ¿Cuál es un ejemplo de un recurso mineral abundante en México? ¿en Chile? ¿en Bolivia?

3. ¿Por qué es importante el hecho de que Latinoamérica tiene más de un tercio del agua del mundo? ¿la mitad de los bosques tropicales?

4. ¿Está creciendo o disminuyendo la clase media en Latinoamérica? ¿Y en su país?

5. De los diez países del cuadro "Tasa bruta de natalidad", medida de nacimientos por cada 1.000 habitantes, ¿cuál tiene la tasa más alta de natalidad? ¿más baja? ¿Sabe cuál es la tasa bruta de natalidad en su país?

6. ¿Cuál es la tasa de desempleo urbano en Latinoamérica, según la CEPAL?

7. ¿Cuántas personas latinoamericanas vivían en la pobreza en 2009?

8. ¿Qué porcentaje de los ingresos totales en Latinoamérica está en manos del 20 por ciento de la gente más rica? ¿del 20 por ciento de la gente más pobre? ¿Qué quiere decir esto para la región?

9. ¿Qué efecto tiene la explotación de los recursos naturales en la ecología de Latinoamérica?

10. ¿Cuáles son algunos problemas asociados con una economía basada en la agricultura y la ganadería?

11. ¿En qué regiones ha tenido el tráfico de drogas ilegales las consecuencias más negativas?

Capítulo 7

Sociedad y economía

La nana

PRESENTACIÓN

¿Qué factores afectan la situación socioeconómica de los ciudadanos de un país, las oportunidades de trabajo, de educación, de tener tiempo libre? ¿Por qué crecen tan rápidamente las ciudades de Hispanoamérica? ¿Cómo cambian las nuevas tecnologías la manera en que se vive, se divierte durante las horas libres, se trabaja?

La película *La nana* tiene lugar en Santiago de Chile. En Chile la palabra **nana** se usa para referirse a una empleada doméstica (aunque también puede significar **abuela** o **niñera** como en otros países hispanos). Muchas veces las nanas viven con la familia en la casa en donde trabajan. En este caso, Raquel, la nana, vive con un matrimonio y sus cuatro hijos.

SOCIEDAD Y ECONOMÍA

Vocabulario

analfabeto(a)	*illiterate*
el arriendo	*rental*
la delincuencia	*crime*
enfrentar	*to face*
el espectáculo	*show*
la función	*performance*

la indigencia	*extreme poverty, indigence*
la tasa bruta de natalidad	*live birth rate (measure of number of live births)*
la tasa de desempleo	*unemployment rate*

Pequeño perfil socioeconómico de Chile[1]

Población: 17.133.000
Esperanza de vida: 78,5 (Hombres 75,5; Mujeres 81,5) (promedio, 2005-2010)
Tasa de desempleo: 8,3%
Tasa bruta de natalidad por 100 habitantes: 1,5 (promedio, 2005-2010) (NB: En 1950-55, era de 3,6)
Población analfabeta de 15 y más años de edad: 2,9%
Personas en situación de pobreza e indigencia, en áreas urbanas y rurales: 11,5%
Población urbana: 87,5% (NB: En 1970, 72,96%)
Personas mayores de 65 años: 9,2% (NB: En 1950, 4,3%)

Tiempo libre

Espectáculos de artes escénicas[2]

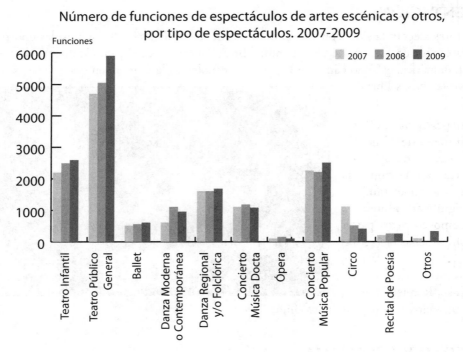

Número de funciones de espectáculos de artes escénicas y otros, por tipo de espectáculos. 2007-2009

---

1 Comisión Económica para América Latina y el Caribe, *Anuario estadístico de América Latina y el Caribe 2010*

2 Instituto Nacional de Estadísticas (INE) de Chile.

Cine[3]

Número de espectadores, por país de origen de la película. 2007-2009

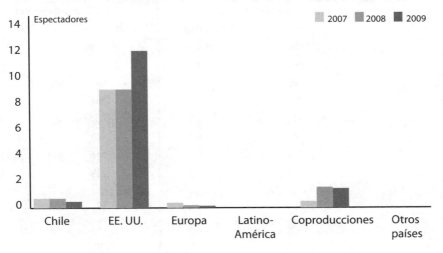

Arriendos de películas en Bazuca, según género. 2009

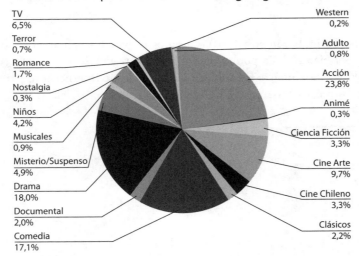

TV 6,5%
Terror 0,7%
Romance 1,7%
Nostalgia 0,3%
Niños 4,2%
Musicales 0,9%
Misterio/Suspenso 4,9%
Drama 18,0%
Documental 2,0%
Comedia 17,1%

Western 0,2%
Adulto 0,8%
Acción 23,8%
Animé 0,3%
Ciencia Ficción 3,3%
Cine Arte 9,7%
Cine Chileno 3,3%
Clásicos 2,2%

NB: Bazuca es una compañía chilena que alquila y vende películas, libros, música, etc.

3   Instituto Nacional de Estadísticas (INE) de Chile.

Televisión

Horas de Programación Totales, de Origen Nacional y Extranjera, según género de Programa 2009

Género del Programa	Televisión Nacional		Televisión Extranjera	
	Horas	Porcentaje	Horas	Porcentaje
TOTAL	**24.597**	**100,0**	**15.208**	**100,0**
Conversación	3.486	14,2	0	0,0
Dibujos Animados	169	0,7	3.523	23,2
Documentales	278	1,1	184	1,2
Eventos	948	3,9	67	0,4
Informativos	6.461	26,3	13	0,1
Instruccional	122	0,5	196	1,3
Misceláneos	7.594	30,9	243	1,6
Películas	37	0,1	2.558	16,8
Reality Show	1.879	7,6	766	5,0
Reportajes	889	3,6	245	1,6
Series y Miniseries	927	3,8	4.807	31,6
Telenovelas	642	2,6	2.604	17,1
Videoclips	1.166	4,7	2	0,0

FUENTE: Consejo Nacional de Televisión, CNTV (informes culturales)

Internet[4]

Según un sondeo de Latinobarómetro 2010, Chile es el país hispanoamericano que más usa Internet, con el 58 por ciento de la población con conexión y el 24 por ciento conectándose a diario. En general en Latinoamérica, los tres principales usos de Internet son: para buscar información (25%), para correo y Messenger (23%) y para entretenerse (16%).

Uso de Internet (%)	
Chile	58
Argentina	54
Venezuela	51
Uruguay	47
Costa Rica	47
Perú	46
Colombia	45
México	38
Panamá	36
Ecuador	32
Bolivia	31
Guatemala	26
Paraguay	25
El Salvador	24
Honduras	24
Nicaragua	23

---

4   www.latinobarometro.com, 2010

Problemas principales

Según el mismo sondeo de Latinobarómetro 2010, Chile está entre los once países latinoamericanos cuyos ciudadanos consideran que la delincuencia es el problema más grave que enfrenta la nación, reemplazando al desempleo por primera vez desde hace muchos años.

Análisis

1. ¿Hasta qué edad vive el chileno promedio?

2. La tasa bruta de natalidad es 1,5 por cada 100 habitantes en Chile ahora. ¿Ha subido o bajado desde 1955?

3. De cada 100 chilenos de 15 y más años de edad, ¿cuántos son analfabetos?

4. De cada 100 chilenos, ¿cuántos viven en la pobreza?

5. En Chile, ¿ha crecido o disminuido, desde 1970, el porcentaje de gente que vive en ciudades?

6. De cada 100 chilenos, 9 tienen más de 65 años de edad. En 1950, ¿cuántos tenían más de 65 años?

7. En 2009, los residentes de Chile asistieron a unas 6.000 funciones de teatro general (no infantil). ¿A cuántas asistieron en 2008? ¿Qué otro tipo de espectáculo ganó popularidad entre 2008 y 2009?

8. Además del teatro general, ¿en qué tipo de funciones gastan más los chilenos?

9. Cuando los chilenos van al cine, ¿de qué país es la película que van a ver, en la mayoría de los casos? ¿Por qué será? (Gastón Biraben menciona algunas razones que explican este fenómeno en la entrevista del capítulo 2.) ¿Qué significa esto para la industria cinematográfica nacional?

10. ¿Qué clase de películas se alquilan más en Chile? ¿menos?

11. ¿Cuántas horas de televisión nacional se pueden ver en Chile? ¿de programación extranjera? ¿Qué tipos de programas son más populares?

12. ¿Qué porcentaje de los chilenos tiene conexión a Internet? ¿Para qué la utilizan estas personas, principalmente?

13. Según el sondeo de Latinobarómetro 2010, en Chile, ¿cuál es el problema más grave que enfrenta la nación?

La Nana

Director:	Sebastián Silva nació en 1979 en Santiago de Chile. Además de cineasta, es dibujante, pintor y músico. *La vida me mata* salió en 2007. *La nana* (2009) fue su segundo largometraje.
Guionistas:	Sebastián Silva y Pedro Peirano

Personajes principales:

Raquel: la nana

Pilar: la señora de la casa

Mundo: el señor de la casa

Camila: hija adolescente de Pilar y Mundo

Lucas: hijo adolescente de Pilar y Mundo

Mercedes: primera mujer que llega a la casa para ayudar a Raquel

Sonia: segunda mujer que llega a la casa para ayudar a Raquel

Lucy: tercera mujer que llega a la casa para ayudar a Raquel

Vocabulario

La rutina de la casa

arreglar	*to fix, arrange*
la aspiradora	*vacuum cleaner*
la bandeja	*tray*
barrer	*to sweep*
la cocina	*kitchen*
cocinar	*to cook*
el comedor	*dining room*
criar	*to bring up (e.g., a child)*
el delantal	*uniform, apron*
desinfectar (con cloro)	*to disinfect (with bleach)*
echar	*to throw out, fire*
el/la empleado(a)	*employee*
ensuciarse la ropa	*to get one's clothes dirty*
hacer aseo	*to clean*
lavar (las sábanas, las toallas)	*to wash (sheets, towels)*
limpiar	*to clean*
el patrón, la patrona	*boss*
pedir/dar permiso	*to ask for/give permission*
sucio(a)	*dirty*
las tareas (del hogar)	*(household) tasks, chores*
trapear (el piso)	*to mop (the floor)*
el uniforme	*uniform*

Las emociones

apenado(a)	*upset*
aprensivo(a)	*apprehensive, worried*
el/la cabro(a); loco(a) como cabro(a)	*kid (child) or kid goat; crazy (as a goat)*
echar de menos a alguien	*to miss someone*
ingrato(a)	*ungrateful*
Me da pena (vergüenza).	*I'm embarrassed.*
¡No se meta (te metas) en esto!	*Stay out of this!*
odiar	*to hate*
pedirle perdón a alguien	*to ask someone for forgiveness*
¡Qué lata!	*What a pain! What a drag!*
¡Se pasa! (¡Te pasas!) (i.e., de generoso[a])	*You're going above and beyond! It's too much!*

Otras palabras y expresiones

acabarse; se nos acabaron los (las)…	*to run out; we're out of…*
el chaleco	*vest*
la maqueta de barco	*model ship*
la máscara	*mask*
el pesebre	*nativity scene*
la pieza	*room*
la piscina	*swimming pool*
¿Qué onda(s)?	*(colloquial, L. Am.) What's up?*
rezar	*to pray*
Tengo que cortar.	*I have to hang up.*
trotar	*to jog*
el truco	*trick*

NB: This vocabulary list will help you understand and also discuss the film. All but a few of the words occur at least twice in the film.

Exploración

Antes de ver *La nana,* se recomienda leer las siguientes preguntas como guía del argumento y para una mejor comprensión del contenido de la película. Su profesor(a) puede asignarle como tarea que prepare las respuestas a todas las preguntas o solo a algunas de ellas.

1. ¿Dónde está Raquel al principio de la película? ¿Hace mucho que ella vive con la familia? ¿Qué están celebrando?

2. ¿Por qué toma pastillas Raquel?

3. ¿Qué le pide Camila a Raquel antes de ir a su pieza para estudiar con su amiga?

4. ¿Cómo empieza su día Raquel? ¿Qué ha hecho ya cuando despierta a Pilar y Mundo llevándoles la bandeja con el desayuno?

5. ¿Por qué se enoja Camila con Raquel? ¿Qué le dice Raquel sobre las colaciones *(snacks)*? ¿Qué le dice Camila al salir?

6. ¿Por qué llama Pilar desde la universidad? ¿De qué se queja? ¿Qué dice que va a hacer?

7. ¿Adónde va Raquel para pasar su día libre? ¿Qué hace?

8. ¿A quién había tachado *(crossed out)* Raquel en su álbum de fotografías?

9. ¿Quién es Mercedes? ¿De dónde es? ¿Cómo la trata Raquel?

10. ¿Cuál es la solución que la madre de Pilar sugiere para las "peleas de nanas"? ¿A quién manda a la casa?

11. ¿Qué pasa cuando Raquel deja a Sonia afuera y cierra la puerta con llave para que no pueda entrar? ¿Cómo reacciona Sonia?

12. Lucy le pide permiso a Pilar para salir de noche. ¿Qué quiere hacer?

13. Cuando Raquel acusa a Lucy de no terminar sus tareas, de no trapear el piso, ¿qué le responde Lucy?

14. ¿Cómo reacciona Lucy cuando ve a Raquel desinfectando el baño?

15. ¿Adónde van Raquel y Lucy para celebrar la Navidad? ¿Quién llama a Raquel durante la cena? ¿Qué le dice Raquel?

16. Casi al final de la película, se celebra otro cumpleaños. ¿Quién lo organiza?

17. ¿Cómo termina la película?

Notas culturales

1. El director de *La nana*, Sebastián Silva, basó la película en dos mujeres que trabajaron para su familia y que también se llaman Raquel y Lucy. Después de ver la película, Lucy estaba llorando y Raquel estaba riéndose. El director filmó la película en la casa de su familia, donde creció. Ha dicho que la casa era la prisión de Raquel (el personaje) y también su refugio, que todos los días limpiaba su propia prisión.

2. Se ven varios ejemplos de la práctica de la religión católica en la película. Pilar reza con los niños y pide la caridad de Dios para "toda la gente que sufre y que necesita". Les hace la señal de la cruz en la frente a los niños antes de acostarlos (una forma de bendecirlos). Le dice a Raquel que los niños rezaron por ella todas las noches y que a lo mejor los rezos le hicieron bien y que por eso se ve mejor. Se ven cruces en varias partes de la casa.

3. Note que en el español de Chile a veces no se oye una **-s** final (**gracia'**, **bueno' día'**, **quiere'** o **puede'** en vez de **quieres** o **puedes**). La película contiene muchas palabras coloquiales; por ejemplo, **po** en vez de **pues**, **el poto** *derriere, fanny;* **taquilla** *cool;* **el paco** *cop;* **pavo(a)** *silly;* **desubicado(a)** *tactless;* **fome** *boring;* **¡pucha!** *Darn!;* **pitudo** *high-falutin', fancy* y **roto(a)** *low-class person.*

4. Note que Pilar tutea a Raquel, pero Raquel le dice "señora Pilar" y la trata de usted. Raquel le dice "don Mundo" a Mundo y los dos usan la forma de usted. Raquel tutea a Mercedes porque es joven pero trata a Sonia y a Lucy de usted. Cuando Lucy y Raquel están mirando telenovelas de noche, cada una en su cuarto, Lucy le propone a Raquel que se tuteen y empiezan a tutearse.

5. En Chile las telenovelas se llaman **culebrones** *(big snakes),* porque son largas y serpente-

antes *(winding, twisting)*. Ahora hay muchos "reality shows" hechos en Chile, y son muy populares, como se vio en la presentación al principio del capítulo.

6. Lucy pregunta "¿Puedo pedir tres deseos?" cuando le dan el pastel de cumpleaños; en muchos países hispanos la persona que cumple años pide tres deseos en vez de uno antes de apagar las velas.

7. En la casa se ve un árbol de Navidad, una costumbre que llegó de otros países a Chile, pero también se ve el pesebre tradicional. La abuela dice que necesita más colores y añade algunas cosas no tradicionales.

Temas de discusión, comentario o análisis

Discuta, comente o analice los siguientes temas con sus compañeros; su profesor(a) puede asignarle como tarea que escriba un párrafo sobre alguno(s) de ellos.

1. Compare los personajes de las tres nanas que llegan a la casa para ayudar a Raquel. Por ejemplo, ¿cómo reaccionan Mercedes y Lucy cuando Raquel desinfecta el baño con cloro? ¿Cómo reaccionan las tres cuando Raquel las deja afuera, luego de cerrar la puerta con llave?

2. Después de mirar la etiqueta del chaleco que le dan el día de su cumpleaños, Raquel parece triste y tira el chaleco al suelo. (Note que muchas veces Raquel no dice nada sino que expresa sus emociones por medio de gestos y acciones.) Mira la etiqueta de uno de los chalecos de Pilar con interés y en su día libre pasea por una zona elegante de Santiago. ¿Por qué compra Raquel un

chaleco semejante al de Pilar? ¿Por qué le dice la vendedora que los chalecos allí son caros? Según usted, ¿son importantes las marcas de la ropa? ¿Por qué sí o por qué no?

3. ¿Qué nombre le pone Mercedes al gatito? ¿De dónde es ella? ¿Viven las familias de Raquel y Lucy cerca de Santiago? ¿Por qué fueron todas a Santiago, la capital? ¿Cómo podría afectar a la organización social este movimiento de migración de la población a las grandes ciudades?

4. Pilar le da un delantal, o uniforme, a Lucy el primer día que llega a trabajar. Le dice a Lucy que se lo ponga para no ensuciarse la ropa. ¿Por qué se mira en el espejo Lucy cuando se lo pone por primera vez? ¿Qué representa el uniforme que las nanas llevan? ¿Es apropiado el uso de uniformes en esta situación? ¿Hay situaciones en las cuales el uso de uniformes se puede justificar? Si es así, dé ejemplos.

5. Sonia le pregunta a Raquel por qué se preocupa tanto por los chicos y le dice que van a crecer, irse y olvidarse de ella. ¿Cree usted que Sonia ha tenido esta experiencia antes? Raquel responde que ella es parte de la familia, que es feliz. Cuando Lucy le pregunta por su familia (en el norte de Chile), Raquel dice que no le gusta hablar de ellos y que "Los niños me adoran". ¿Cuál es la relación que Raquel tiene con su mamá? ¿con la familia en Santiago?

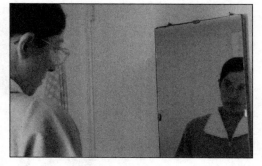

6. ¿Cómo es la relación entre Lucas y Raquel? ¿entre Camila y Raquel? ¿Quién busca a Raquel para que vaya al comedor a celebrar su cumpleaños? ¿Quién le quiere enseñar un truco cuando ve que ella se siente mal? (Cuando Raquel ve que Lucas le muestra un truco a Mercedes, parece apenada.) ¿Cómo cambia la relación entre Camila y Raquel? Cuando Mundo entra y ve la maqueta de barco rota, ¿cómo defienden los dos muchachos a Raquel?

7. "La señorita Mercedes ya no existe" le dice Sonia al muchacho que trae las verduras. ¿Qué quiere decir con eso? El día antes de que la lleven a la clínica, Raquel se pone la máscara de gorila y se mira al espejo. Según su opinión, ¿por qué se queda mirándose tanto tiempo? ¿Cómo se sentirá? Comente.

8. Según su opinión, ¿qué hará Raquel en el futuro?

Evaluación

1. ¿Le parece realista el personaje de Raquel? ¿Por qué sí o por qué no? ¿Cree que el director siente compasión por ella?

2. ¿Habría querido usted ver a alguien de la familia de Raquel (por ejemplo, un hermano, sus padres) o saber algo más de su niñez? ¿Hay escenas que no son necesarias? Si usted hubiera sido el director, ¿qué habría añadido a la película? ¿omitido?

3. En general, ¿le gustó la película? ¿Por qué sí o por qué no?

4. ¿Habría sido distinta la película si hubiera tenido lugar en Estados Unidos?

PERSPECTIVAS

Las clases sociales en Perú

Entrevista con Humberto Cana. Humberto nació en Cuzco, Perú, y creció en Lima. Se especializó en administración de empresas en una universidad pública de la ciudad de Nueva York.

¿Puede describir un poco la distribución de la riqueza de Perú? ¿Hay una gran brecha° entre ricos y pobres?*

gap

Podría decirse que la brecha entre pobreza y riqueza empezó en la colonia con los conquistadores. Se desarrolló en la revolución y la república. Pero en los años ochenta y noventa esta brecha entre riqueza y pobreza llegó a su punto máximo. En la presente década, está disminuyendo.

Lamentablemente es difícil para la gente con acceso restringido a la educación salir de la pobreza. En la década actual hay educación de calidad pero es cara y limitada.

entrepreneurs

Por otro lado, es interesante ver que los nuevos emprendedores° creativos son los nuevos ricos. Estas personas, a veces sin educación formal, pasaron a la clase media y algunos a la clase alta.

Hace quince años en Lima cuando se le preguntaba a la gente "¿Cómo estás en el trabajo?" la gente respondía "Estoy tratando de sobrevivir" o "Trabajo para sobrevivir". En la actualidad, esa respuesta es muy diferente. Mucha gente dice: "Estoy ocupado". "El tiempo es oro". La visión cambió de una idea pesimista a una idea progresista.

¿Está creciendo la clase media?

Sí. La clase media está creciendo y ahora es más diversa. Antes, la división entre las clases sociales tenía mucho que ver con el color de la piel. Si una persona tenía más herencia española o extranjera, tenía un estatus mayor. Hoy en día, el color de la piel no es importante, sino las posesiones materiales y el conocimiento. Se puede ver que mucha gente va al teatro o asiste a obras de música y viaja dentro del país. Hay eventos artísticos y gastronómicos. Un chef peruano ahora famoso ha creado la cultura de ir a comer a un restaurante elegante y sentirse como una estrella de cine. Los precios de los platos pueden alcanzar° a los estándares internacionales y se puede ver que los restaurantes están llenos y ocupados.

reach

La clase media demanda gimnasios, clases de yoga y tai chi. La gente busca servicios de calidad y se queja más. El consumidor de la clase media está aprendiendo a reclamar° sus derechos como consumidor y desea tener mejores servicios por el precio pagado. Antes esa idea no existía, ahora es muy común. Los medios de comunicación apoyan estas nuevas ideas. Tenemos estrellas de

demand

cine, peruanos de provincias, que están triunfando en Europa y ya no son los peruanos tradicionales de herencia española.

¿Hay grandes diferencias entre las zonas rurales y las ciudades?

Las diferencias entre las zonas rurales y las ciudades se encuentran en la salud, la educación, la infraestructura y el idioma.

Los servicios de salud no son los mejores en las zonas rurales. No hay doctores especialistas que ofrezcan los servicios completos. Por ejemplo, si uno quiere tener una cirugía° complicada tiene que viajar a Lima o a las grandes ciudades. Las zonas rurales no ofrecen estos servicios. En las ciudades, a veces se puede encontrar anuncios en inglés para los nuevos clientes extranjeros que están llegando, mientras que en las zonas rurales los doctores muchas veces tienen que hablar el idioma local, como el quechua en la sierra peruana o el shipibo en comunidades de la selva. Muchas veces los doctores con menos experiencia viajan a provincias y practican con la gente de bajos recursos económicos.

surgery

La educación en las zonas rurales es también de baja calidad, en general; sin embargo, se puede ver que hay esfuerzos de mejoras, especialmente en algunas universidades privadas. Las universidades públicas, donde la clase media y baja estudia, en su mayoría no disponen de° los mejores profesores y del ancho° de banda de la conexión a Internet en sus aulas.° Es triste ver que Internet aún no llega al campo de la sierra y la selva peruana. El acceso es limitado en la ciudad y en algunos casos aún es caro.

no... don't have
width / classrooms

La infraestructura está uniendo a los pueblos en el Perú, pero aún hace falta de instalaciones de agua y luz en las zonas rurales. La distribución de agua es por tres horas al día en algunos lugares. Hay gente que tiene luz en su casa, pero en algunos casos no hay alumbrado° público y solo hay transporte público hasta las 6:00 o 7:00 de la noche, por lo cual la gente carece de seguridad y la vida nocturna es limitada. En las grandes ciudades, todo lo contrario, hay más negocios nocturnos como restaurantes, bares, casinos, teatros, cines y la economía funciona, pero también la delincuencia y el asalto crecen. Los peruanos aprendemos a dormir con un ojo abierto y con el otro cerrado, o sea siempre estamos alertas.

lighting

Un revisador de la traducción de la biblia de quechua al español me comentó que la infraestructura ha mejorado en los pueblos andinos. Hace cinco o siete años muchos campesinos no tenían trabajo. En los últimos años la construcción de autopistas,° centros de educación, postas médicas, etc. trajo modernidad a los pueblos; sin embargo, es insuficiente. Ese señor también me dijo que la gente que trabaja en el campo usa el quechua para expresar sus sentimientos de alegría y tristeza y usa el español para el trabajo.

highways

En muchos países ahora, el desempleo es un problema grande para los jóvenes. ¿Cómo afecta el desempleo a los jóvenes de Perú?

Según el Instituto Nacional de Estadística e Informática, cada año entran unos 275 mil nuevos trabajadores al mercado laboral y casi todos son jóvenes. Este grupo de la población económicamente activa es el más afectado por el desempleo debido a la falta de experiencia laboral y escasa capacitación.°

escasa... limited training

En el Perú no solo se tiene que tratar el desempleo sino también el subempleo porque su efecto es igual de dañino° para los jóvenes. El subempleo se puede definir como tener ingresos por debajo del mínimo (que es de 650-700 soles o unos 250 dólares al mes), trabajar entre diez y doce horas diarias y no tener beneficios sociales ni seguridad en el trabajo.

¿Es el caso de muchas empleadas domésticas?

Sí, las empleadas del hogar se encuentran entre los grupos más vulnerables. Muchas jóvenes entre 14 y 21 años de edad sin entrenamiento empiezan ganando $28 a $40 por mes más alojamiento° y comida. Algunas no terminan la secundaria y continúan con una mala paga pero otras terminan y continúan con carreras técnicas.

El desempleo como el subempleo genera exclusión y marginalidad social, migración a cualquier país donde la situación esté mejor que el Perú, miseria, pandillaje° por causas económicas, deterioro de la salud mental, ansiedad, tristeza, trastornos° en las relaciones sociales (deterioro de la autoestima y motivación), pérdida de autonomía e independencia.

¿Cuál es la relación entre la educación y el progreso económico?

En los últimos años, los padres de familia llegaron a la conclusión de que teniendo mejor educación pueden alcanzar un mejor nivel de vida. Por consiguiente, los padres de familia invierten buena proporción del presupuesto° familiar en la educación. Hay ciudades del Perú donde los padres de familia destinan° un poquísimo presupuesto para su alimentación con el propósito de dar una mejor educación a sus hijos, o sea, dejar de comer para educarse.

En muchos casos, la educación a nivel de postgrado° puede ser mucho más cara en Perú que en el extranjero. Hacer un postgrado en universidades privadas peruanas es más costoso que hacer un postgrado en Argentina, México, Chile, España u otros países europeos, y muchos egresados° no pueden obtener visas. Hay becas pero no son fáciles de obtener y a veces las tasas de interés son muy altas o hay que saber hablar y escribir un idioma extranjero. El idioma se ha convertido en una gran barrera para los egresados universitarios.

En el Jirón de la Unión en Lima, Perú, hay tiendas, grandes almacenes, restaurantes, cafés, hoteles y muchos sitios turísticos, como la Plaza de Armas y la Catedral de la Merced. La calle original fue construida en 1535.

En mi opinión, la educación mejora los problemas económicos y aumenta la clase media. La única forma de ser competitivo en este nuevo mercado es a través del fomento de investigación técnica, creatividad empresarial, proyectos sostenidos en las zonas rurales y urbanas, programas de uso práctico y reales en las zonas rurales y ciudades. Asimismo,° el gobierno tiene que garantizar el control adecuado y sin corrupción de los fondos dedicados para la mejora del sistema de educación.

Likewise, Also

Preguntas

1. Según Humberto, ¿cuándo empezó la brecha entre ricos y pobres en Perú? En los años ochenta y noventa, ¿estaba más o menos marcada que en esta década?

2. ¿Qué ejemplo da Humberto de la gente que pasa a la clase media (o alta)?

3. Según Humberto, ¿con qué tenía mucho que ver la división de las clases sociales en el pasado? ¿Está creciendo la clase media de Perú? ¿Qué están aprendiendo los consumidores de clase media?

4. ¿Qué diferencias hay entre las zonas rurales y las ciudades en cuanto a los servicios médicos? ¿Qué lengua tienen que hablar los doctores en la sierra con algunos de los pacientes que no hablan español? ¿en las comunidades de la selva? (NB: Perú tiene tres regiones geográficas: la costa, la sierra y la selva.)

5. ¿Es igual la calidad de educación en las zonas rurales que en las ciudades, según Humberto? ¿Hay acceso a Internet en las zonas rurales?

6. En cuanto a la luz y el agua, ¿qué diferencias hay entre la ciudad y el campo? ¿y en cuanto a la inseguridad?

7. Según el amigo de Humberto, ¿cuándo hablan quechua las personas que viven en el campo?

8. ¿Cómo afecta el desempleo a los jóvenes peruanos? ¿Cómo se define el subempleo? ¿Cuáles son algunos de los efectos negativos del desempleo o del subempleo, según Humberto?

9. ¿Cuáles son algunos obstáculos para los jóvenes peruanos que quieren seguir con sus estudios después de asistir a la universidad?

10. Según Humberto, ¿por qué es importante un buen sistema de educación para ser competitivo en el "nuevo mercado"? ¿Está usted de acuerdo? ¿Por qué sí o por qué no?

El narcotráfico en México y el fenómeno de los "ninis" en el país

Entrevista con María Sánchez. María nació en la ciudad de Oaxaca, en México, y estudió ciencias biológicas en el Instituto Politécnico Nacional. Ha trabajado como microbióloga en varios programas de investigación en México y en Estados Unidos.

En casi todos los periódicos mexicanos ahora, parece que un tema omnipresente es el narcotráfico, más ubicuo que el desempleo, la recesión, etc. ¿Cómo afecta el narcotráfico a la gente?

Es un problema muy complejo, localizado durante mucho tiempo principalmente en algunos estados del norte. El gobierno está tomando acciones para controlarlo pero no han funcionado y el problema se está extendiendo a otros estados del país. El problema se empeoró en México a finales de los ochenta cuando disminuyeron las rutas de tráfico de droga Colombia-Estados Unidos.

En los últimos años la violencia ha aumentado mucho. Según algunos cálculos aproximados, desde 2006 hasta 2011 ha habido 40.000 muertos, víctimas de la violencia relacionada con el narcotráfico.

¿Cuál es el papel de Estados Unidos en este problema?

Estados Unidos es el principal consumidor de las drogas, un mercado de miles de millones de

Policías en Ciudad Juárez, cerca de El Paso, Texas, y la frontera con Estados Unidos

dólares. El 80 por ciento de las drogas ilegales que entran a Estados Unidos son introducidas por los carteles mexicanos. Estados Unidos es consumidor, pero sus autoridades también colaboran con el gobierno mexicano para el control del narcotráfico. Y al mismo tiempo es la puerta de salida° de armas legales e ilegales. Los narcos mexicanos usan rifles AK-47 comprados en los estados del sur de Estados Unidos, algo que los colombianos no hacían, en general. Estas armas han llevado la violencia a un nivel inimaginable. Entre las víctimas hay muchos jóvenes. Según datos oficiales unos 2.500 adolescentes o "niños soldados" de los narcos han muerto en los últimos cuatro años.

¿Los "niños soldados"?

Los "niños soldados" son menores de 18 años contratados° por los narcos. Los narcos les dan armas, los entrenan y los usan para luchar y como carne de cañón° para fortalecer o expandir sus rutas. Al contratarlos y armarlos, les dan una imagen falsa de poder y eso los hace más agresivos. Les dan un sentido de pertenencia° a algo.

En México ahora hay muchos jóvenes que ni trabajan ni estudian, los "ninis".

¿Nos puedes describir un poco más el fenómeno de los "ninis"?

Se llaman así porque **ni** trabajan **ni** estudian. Es un problema social causado por la superpoblación, la disminución de la calidad de educación, la falta de

---

puerta... point of exit

employed

carne... cannon fodder

belonging

espacios para ir a la escuela y la falta de empleo. Por ejemplo, a veces hay como 500 espacios para ir a una escuela superior y solicitan° 2.000 jóvenes; así que, ¿qué hacen los otros 1.500? La tasa de natalidad en México ha bajado mucho; ahora es más o menos igual que en Estados Unidos, dos hijos por mujer, pero no hay suficiente trabajo para esta nueva generación.

apply

¿Cuántos "ninis" hay ahora en México?

Se calcula que hay aproximadamente 7 millones de "ninis". No tienen oportunidades, así que eso causa problemas sociales.

Según un estudio reciente de Nexos[5], los mexicanos creen en sí mismos más que en el país donde viven o sea, dudan de las instituciones políticas y económicas del país y son más individualistas en ese aspecto, poniendo sus esperanzas en sí mismos y en la familia. ¿Por qué será eso, en tu opinión?

Es que siempre ha habido corrupción en el gobierno, lo que ha creado una desconfianza° hacia él, pero esta desconfianza hacia el gobierno al mismo tiempo ha fortalecido la unión y el apoyo intrafamiliar. En general, las familias mexicanas son unidas y se apoyan entre sí. En Oaxaca este apoyo se extiende a comunidades enteras. Se acostumbra la *guelaguetza*, uso y costumbre que viene desde tiempos pre-coloniales. Las personas hacen préstamos en especie.° Si alguien está organizando una fiesta o por alguna razón necesita alguna cosa como, por ejemplo, azúcar, lo solicita al vecino; por ejemplo, cinco kilos de azúcar. Cuando el vecino lo necesita se lo devuelve. Entonces nadie pierde ni abusa° de nadie. También se prestan días de trabajo. La comunidad coopera porque todos saben que los van a apoyar cuando lo necesiten.

lack of confidence

préstamos... loans in kind

takes advantage

En la lengua zapoteca, la palabra *guelaguetza* quiere decir "ofrenda" (*offering*). Hay una celebración en Oaxaca, en julio, cuando las ocho regiones del estado "ofrecen" sus bailes, productos, etc., y este festival también se llama la Guelaguetza. En la foto se ve a un grupo de mujeres bailando la Danza de la Piña, producto importante de la región. Photo courtesy of Christopher Stowens.

 Busque "Guelaguetza" para ver ejemplos de música y danza tradicional de Oaxaca.

---

5 "El mexicano ahorita: Retrato de un liberal salvaje", *Nexos*, 1 febrero, 2011: "En proporción abrumadora *(overwhelming)* los mexicanos creen en sí mismos más que en el país donde viven. Todo o casi todo lo esperan de su propio esfuerzo, poco o nada de la calidad política, económica o social de la nación que han construido. A falta de un sueño común o una visión solidaria que vincule *(unites)* los destinos individuales, los mexicanos tienden a poner sus sentimientos de pertenencia en la familia. No existe más, si alguna vez existió, algo parecido a un sueño o una aspiración común, un sueño mayoritario que comparta siquiera *(even)* la mitad más uno de los mexicanos. Se diría que la unidad nacional ha volado en pedazos *(has blown to pieces)*".

Preguntas

1. Según María, ¿cuándo empeoró el problema del narcotráfico en México y por qué?

2. ¿Cuántos muertos causó la violencia relacionada con el narcotráfico en México desde 2006 hasta 2011, según algunos cálculos?

3. ¿Qué país es el principal consumidor de las drogas ilegales que trafican los carteles mexicanos?

4. ¿Qué compran los narcos en las fronteras del sur de Estados Unidos y qué tiene que ver esto con el aumento de la violencia en México?

5. ¿Cree usted que se deben cambiar las leyes sobre la compra de armas en Estados Unidos? ¿Por qué sí o por qué no?

6. ¿Cómo usan los narcos a sus "niños soldados"?

7. ¿Quiénes son los "ninis" mexicanos? ¿Cuántos hay? ¿Existe este problema en su país?

8. Según un estudio de *Nexos*, los mexicanos ponen sus esperanzas en sus propios esfuerzos y en la familia y no confían en el gobierno. ¿Cómo explica María este fenómeno?

9. Describa la costumbre de la *guelaguetza*. ¿Dónde y cuándo se originó? ¿Qué quiere decir en la lengua zapoteca?

Las nuevas tecnologías y la brecha digital en Hispanoamérica

Entrevista con Polkan García, de Bogotá, Colombia. Polkan es el director de innovación de Futura Networks, empresa que produce "Campus Party", una serie de reuniones de los apasionados del mundo por las nuevas tecnologías.

En general, se dice que los teléfonos celulares se pueden considerar una tecnología "igualitaria" porque los utilizan hombres y mujeres, jóvenes y mayores, gente de todas las clases sociales, etcétera. En Latinoamérica, como en otras partes del gap *mundo, ¿hay una brecha° en el uso de las nuevas tecnologías entre las personas de diferentes recursos económicos?*

En general, se considera que los teléfonos celulares son una tecnología "igualitaria". Sin embargo se debe aclarar que actualmente un teléfono es un aparato con se... *you can access* el cual se puede acceder° tanto a la red telefónica como a aparatos para conectarse a la red de datos (Internet), situación que hasta no hace mucho no era así.

En Colombia la telefonía celular apareció en 1994, hace menos de veinte años, con una penetración increíble. Ya no había que llevar cables a cada uno de los hogares, y ahora en el país prácticamente cada persona tiene una línea telefó- *brought with it* nica. Y esto ha conllevado° un gran cambio cultural.

Pero en 2007 se rompe el paradigma de nuevo cuando aparecen los teléfonos inteligentes, o *smartphones*, que ofrecen la posibilidad de conectarse a dos de las redes más grandes del mundo: la telefónica y la de datos (Internet). Estos *gama... high end* aparatos son conocidos como de "gama alta"°; es decir, costosos todavía para una gran parte de la población, aunque la variedad [de modelos y precios] ha permitido popularizarlos.

La popularización de los *smartphones*, con un estimado de ventas de 150 millones de dólares para el 2014 en Latinoamérica, es un claro indicador de la tendencia mundial respecto al tipo de uso de los aparatos telefónicos.

Entonces, cuando la brecha parece que se está cerrando, el mercado la abre de nuevo con este tipo de aparatos. Ahora los segmentos de población que no tienen posibilidad de acceder a estas tecnologías están cada día más alejados de las dinámicas sociales "normales", como los servicios del estado, los nuevos tipos de empleo o los nuevos modos de educación, por ejemplo.

¿Qué se puede hacer para mejorar la situación?

Uno de los ejemplos es la cobertura° social de Internet en Brasil, aunque no tanto en otros países: los "cafés Internet" terminaron supliendo la demanda de conectividad de la población con menos recursos. Es decir, la sociedad se autorregula° una vez más en servicios por demanda.°

En Colombia hay una apuesta inmensa por° la implementación pronta de la tecnología llamada popularmente 4G, que es la integración real de las redes de datos y las telefónicas, basada completamente en el protocolo IP. Se espera que sea el equivalente de lo que sucedió con la aparición de la telefonía celular pero ahora con Internet, y seguramente así será.

El gobierno ha consolidado un conjunto° de iniciativas que pretenden° atacar la "alfabetización digital" en varios frentes. Pero no son solo tecnologías y operadores en lo que hay que trabajar; la formación° es un aspecto importantísimo. El portal "colombiaaprende" es una muestra de ello (insuficiente todavía) que junto a otras iniciativas como "Computadores para educar", "Compartel" y "MiPyme digital" deja en evidencia la intervención del estado y su búsqueda por permear otros sectores de la sociedad.

¿Cómo han cambiado las nuevas tecnologías la manera de trabajar en Hispanoamérica?

En ingeniería, el efecto de las nuevas tecnologías puede considerarse una consecuencia obvia, pero en otras disciplinas no tanto. La gente de artes que trabaja en la web está aumentando exponencialmente el almacenamiento° y procesamiento de datos. Ocurre lo mismo en leyes [derecho], en lo referente al tema de propiedad intelectual y modernización de la legislación nacional e internacional.

Un ejemplo es el chat de BB—BlackBerry—que esencialmente es social pero ha permeado lo laboral. Es común escuchar a las personas decir que llegarán a su casa a "conectarse un ratico" a "mandar un correíto de trabajo".

La multitarea es cada vez más común, asociada a la ubicuidad.° Un representante de ventas ya no tiene que esperar a regresar a la oficina a preguntarle algo al técnico; desde su teléfono tiene el soporte que necesita para atender bien a su cliente.

Y ¿cómo afectan estas nuevas tecnologías la manera de pasar el tiempo libre?

El ocio,° gracias a las tecnologías digitales, se ha transformado tanto que en menos de veinte años, desde la aparición de Atari Games Inc., es una de los sectores de la economía que no solo se ha consolidado, sino que se ha convertido en una industria de más de 10 mil millones de dólares.

Esto ha afectado las formas tradicionales de ocio. No es extraño encontrar que una reunión de amigos se convierte en una "fiesta de Wii", en la cual se

coverage

se… regulates itself / por… on-demand
apuesta… huge wager on

combination / are trying

training

storing

ubiquity, presence everywhere

leisure time

reúnen a hacer coreografías de los videos de Michael Jackson o a cantar con el karaoke de "Glee", o a pasar un fin de semana en la "maratón" de la serie que quería ver en TV y no pudo porque el trabajo no se lo permitió o porque no tiene el canal en su suscripción por cable.

Poder conectar un televisor de alta resolución a la red de datos le ofrece la posibilidad de ver videos musicales en lugar de limitarse al audio únicamente. Y cualquiera de los invitados puede colaborar con su lista de música guardada en su teléfono o reproductor° de mp3.

player

Para ir al cine se revisa primero en Flixster la clasificación° de la película o simplemente, si se tiene una suscripción en Netflix, se puede mirar la película desde la comodidad de su casa.

rating

Si el plan no es entretenimiento digital, una ayuda para tomar la mejor decisión se puede obtener en sitios como TripAdvisor y encontrar restaurantes o actividades muy bien puntuadas° que posiblemente no conocía. En Colombia existe "vive.in", un portal de entretenimiento.

ranked, scored

Los GPSs asociados a teléfonos y redes sociales producen una mezcla interesante de puntuación y descubrimiento de actividades; por ejemplo, planear salidas de senderismo,° montañismo, cross country, o ver la ruta que siguieron otros grupos de deportistas y poder repetirla, con la seguridad de tener las anotaciones necesarias para disfrutar de lo mejor del viaje.

hiking

Por supuesto los libros digitales (que hasta ahora son imitación de los libros en papel, pero serán sin duda espectáculos multimediales en futuros próximos), revistas y lo que estábamos acostumbrados a consumir en papel, cada día será más fácil y barato tenerlo en formato digital.

¿Qué papel tienen estas tecnologías en la capacidad para organizarse en Hispanoamérica (como ciudadanos, como personas con intereses en común, etc.)?

suggests, proposes

La llamada *social media* plantea° una diversidad de canales nuevos de comunicación.

Es probable que movimientos sociales como los generados en algunos de los países árabes en contra de injusticias sociales y regímenes totalitarios se copien en otras partes del globo, generando a mediano plazo una modificación del *status quo*. Las recientes protestas estudiantiles organizadas por medio de Facebook y Twitter en Chile, y la aparición de *flash mobs* allí, es otro ejemplo.

Protesta estudiantil en Santiago de Chile, organizada por medio de Facebook, Twitter, etc.

Busque "protestas estudiantiles en Chile" o "movilización estudiantil en Chile"
g
para saber más sobre este movimiento de 2011 que tuvo un gran impacto en esa nación. ¿Por qué protestaban los estudiantes? ¿Qué consiguieron del gobierno?

Preguntas

1. ¿Por qué era importante la introducción del teléfono celular en Colombia, según Polkan? ¿Por qué habrá sido problemática la telefonía allí antes (por ejemplo, razones geográficas que se vieron en el capítulo 1, razones de la brecha entre riqueza y pobreza que Humberto Cana describe)?

2. ¿Qué hace el gobierno colombiano para intentar cerrar la brecha digital? (Vaya a uno de los sitios web que Polkan menciona para ver un ejemplo.)

3. ¿Cómo han cambiado las nuevas tecnologías la manera en que se trabaja en Hispanoamérica?

4. Cuando Polkan habla de ocio y de las nuevas tecnologías, ¿qué clase de diversiones menciona? ¿Qué artistas, programas de televisión, sitios web menciona? ¿Le sorprende esto? Explique por qué sí o por qué no.

5. ¿Qué es "vive.in"?

6. ¿Qué dice Polkan de los libros digitales? ¿Qué piensa usted de esta predicción?

7. ¿Qué medios sociales utilizaron los estudiantes chilenos para organizar protestas en 2011? ¿Cuáles son algunos ejemplos del uso de los medios sociales para organizarse social o políticamente aquí en este país?

DE LA PRENSA

Los sueños de tres emprendedoras latinoamericanas

Lourdes Saavedra Pilco, indígena campesina de la sudoriental región peruana de Puno, cumplió su sueño de mandar a sus dos hijos a la universidad.

Catalina Sánchez Jiménez, del sureño estado mexicano de Oaxaca, persiste en su objetivo de crear una fuente de trabajo para que su familia migrante regrese a casa. Ya logró la vuelta de su esposo y uno de sus hijos.

Por su parte, la también indígena peruana Victoria Quispe creó junto a otras mujeres una empresa de tejido° de lana° de alpaca, cuyas ganancias alcanzan inclusive para financiar un comedor° para niños y ancianos.

*knitting / wool
dining hall*

Las tres son mujeres fuertes y están orgullosas de la autonomía económica lograda junto a sus comunidades. Las suyas son historias de éxito con un denominador común: capacidad de asociarse para superar° la pobreza y potenciar° su identidad cultural.

*overcome /
promote,
strengthen*

Esto es particularmente meritorio si se considera que los indígenas constituyen el grupo más pobre de América Latina y el Caribe, con menor acceso a educación, empleo, salud y servicios básicos, pese a que representan casi 10 por ciento de la población regional, según estudios de la CEPAL. La desigualdad étnica es una constante en la región.

Lourdes, Catalina y Victoria participan activamente en tres proyectos presentados al concurso anual "Experiencias en innovación social", realizado por la CEPAL con el apoyo de la Fundación W.K. Kellogg desde 2004.

Este premia emprendimientos sociales que se enmarcan° en las áreas de salud comunitaria, educación básica, juventud, nutrición, generación de ingresos, desarrollo rural, responsabilidad social y voluntariado.

*Este... This
(contest) rewards
social projects
grouped*

Ellas se destacan° por su creatividad e innovación. No inventaron nada nuevo, siguen haciendo lo de siempre, pero supieron modernizar sus quehaceres° tradicionales para mejorar su calidad de vida.

Nopal de la nostalgia

Oaxaca es uno de los estados mexicanos más pobres y con más migrantes que viven en Estados Unidos. Las mujeres que se quedan cultivan en la tierra árida el nopal, una cactácea° con alto valor nutricional y amplio consumo en México, y sobreviven con las remesas° enviadas por sus familiares.

Así era la vida de Catalina Sánchez y sus vecinas hasta que decidieron darle un uso productivo a las remesas y procesar el nopal. "Vendíamos el nopal sentadas en la calle, pero no ganábamos y desperdiciábamos° mucho", recordó.

Con la ayuda de la Fundación para la Productividad en el Campo, crearon una planta para envasar° el nopal, además de mole (una salsa) y chocolate, y se asociaron con una empresa de migrantes de California, Estados Unidos. Ahora exportan productos de "nostalgia culinaria".

Hace poco firmaron un contrato con un supermercado mayorista° mexicano y esperan hacer lo mismo con una cadena estadounidense. La producción de nopal, que realizaban como una acti-

Nopal con tunas *(prickly pears)*

vidad marginal en sus huertas,° se hace ahora de manera industrial y orgánica, generando empleo. "No nos conformamos con esto, queremos traer a todos los migrantes de regreso a su comunidad, a su pueblo, a su país", planteó° Catalina.

Tejidos de mujer quechua

Como tantas indígenas, Victoria Quispe apenas vendía sus tejidos a los turis-

tas en el distrito de Mañazo, en Puno. Pero con la ayuda de una monja,° un grupo de mujeres, entre las que se encontraba Victoria, creó una empresa de tejido manual con lana de alpaca: Artesanías Pachamama S.A. Todas se juntan a tejer en los días soleados del altiplano.

Hace algunos años, una de las socias viajó a Estados Unidos a una feria para mostrar los productos. Allí, cuenta Victoria, "se percató,° con tristeza, de que muchas de nuestras chompas (suéteres) no se vendieron y estaban ahí, arrumadas,° porque eran de mala calidad".

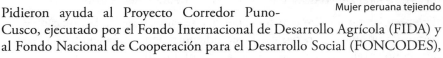

Mujer peruana tejiendo

Pidieron ayuda al Proyecto Corredor Puno-Cusco, ejecutado por el Fondo Internacional de Desarrollo Agrícola (FIDA) y al Fondo Nacional de Cooperación para el Desarrollo Social (FONCODES), y accedieron° a asistencia técnica para mejorar la calidad de sus prendas° y adecuarla° al gusto de los consumidores.

became eligible / items of clothing make it suitable

"Nos hemos mantenido firmes en las buenas y en las malas.° Ahora todos los productos que enviamos se venden porque son de buena calidad", aseguró Victoria.

en… in good times and bad

Cada una gana U$25 por prenda, cuentan con un contador,° se distribuyen el trabajo en reuniones semanales y ganan lo suficiente para además solventar° un comedor comunitario para los niños y ancianos. Así cumplen su sueño.

accountant
pay for

El engorde° del ganado altiplánico

fattening up

También en las alturas del altiplano peruano, en los márgenes del lago Titicaca, Lourdes Saavedra relata otra historia de éxito de una comunidad quechua. "Nosotros hemos sufrido bastante la pobreza, dependíamos de las cosechas de granos y cuando caía el granizo,° no teníamos ni para comer", relató.

hail

Lourdes es parte de un proyecto apoyado por la organización internacional de desarrollo CARE Perú, que ha capacitado° a 3.000 familias en el engorde y comercialización de ganado.° "Demorábamos° dos a tres años en hacer esto, pero ahora lo hacemos en tres meses. Y lo hacemos en nuestros cobertizos° con alimento molido, balanceado, que producimos nosotros mismos: cebada, habas, arvejas,°" contó.

qualified, trained
cattle / It took us
sheds

cebada… barley, beans, peas

Hoy cada familia vende entre ocho y quince animales al año en los mercados de Lima, la capital, y del sureño departamento de Arequipa. La comunidad sigue organizada.

"Yo soy del campo, me faltaba el dinero, pero ahora ya podemos sustentar° los gastos de mis dos hijos, que van a la Universidad Nacional del Altiplano", comentó Lourdes. "Es indispensable que los tomadores de decisiones reconozcan la innovación social como protagonista central del desarrollo de la región", planteó Martín Hopenhayn, director de la División de Desarrollo Social de la CEPAL, en el prólogo del libro *De la innovación social a la política pública: Historias de éxito en América Latina y el Caribe,* publicado en noviembre de 2010.

provide for

"Los sueños de tres emprendedoras latinoamericanas", *Notas de la CEPAL*, Número 67, marzo 2011.

Preguntas

1. ¿Qué porcentaje de la población de Latinoamérica es de ascendencia indígena, según la CEPAL? ¿Cuál es su situación económica, en general?

2. ¿Quién es Catalina Sánchez? ¿De dónde es? ¿Cómo es la tierra allí?

3. ¿De qué vive mucha gente oaxaqueña? ¿Dónde vendía Catalina el nopal antes? ¿Qué hizo para mejor su situación?

4. ¿Quién es Victoria Quispe? ¿De dónde es? ¿Qué hizo con un grupo de mujeres? Cuando una de las mujeres viajó a Estados Unidos, ¿de qué se dio cuenta? ¿Qué hizo el grupo para resolver el problema?

5. ¿Quién es Lourdes Saavedra? ¿Qué aprendió a hacer?

6. ¿Qué sueños cumplieron las tres mujeres?

Actividades

A. **Investigación.** Escoja un país hispanoamericano y haga un "pequeño perfil socioeconómico" como el perfil de Chile en la presentación (la primera sección: Población… Personas mayores de 65 años). Puede encontrar información en el sitio web de la CEPAL (o puede hacer una búsqueda utilizando el sitio del gobierno del país). Prepare un informe oral para la clase o para un grupo pequeño. ¿Cómo se comparan entre sí los países seleccionados por los diferentes participantes de la clase?

B. **Wiki.** En grupos pequeños, escojan un tema relacionado con la economía en Hispanoamérica y hagan un wiki. Ideas: la nacionalización del petróleo en Venezuela, México o Bolivia; la represa hidroeléctrica Itaipú entre Paraguay y Brasil; uno de los tratados de libre comercio de Hispanoamérica (por ejemplo, el que existe entre Estados Unidos, Canadá y México); la explotación de plata en Bolivia en el pasado o de oro en México; la deforestación o desertificación en alguna región de Hispanoamérica. Un miembro del grupo va al sitio "wiki" y escribe una entrada. El segundo edita lo que se escribió y hace otra entrada. Sigan hasta que todos hayan contribuido y estén contentos con el wiki. Pueden añadir fotos, videos, etc. Compartan sus wikis con la clase.

C. **El narcotráfico.** En grupos pequeños, cada persona lee un artículo en español sobre el narcotráfico en Hispanoamérica y hace un resumen para el grupo. Para encontrar artículos recientes, haga una búsqueda en Internet o pídale ayuda a su profesor(a).

D. **Debate.**

1. En general, ¿ha tenido buenos o malos efectos el Tratado de Libre Comercio entre México, Estados Unidos y Canadá?

2. Para combatir el problema del narcotráfico, ¿se debe legalizar la marijuana, la cocaína y/u otros narcóticos y establecer más programas para el tratamiento y rehabilitación de las personas adictas a las drogas?

Composición

Escriba una composición sobre:

1. La información que recogió al hacer la actividad A o B.

2. El narcotráfico en México o Colombia.

3. Las nuevas tecnologías: ¿Cómo están cambiando la manera en que los hispanoamericanos trabajan o pasan sus horas libres?

Del rincón literario

"Un pastel de milhojas" —Isabel Allende

Isabel Allende nació en Chile en 1942. Es la autora de diecinueve libros, entre los que están incluidos *La casa de los espíritus, Inés del alma mía* y *La isla bajo el mar*. Dice que en el Chile donde ella nació no era común pasar de una clase social a otra:

"Ascender en la escala social antes era imposible, bajar era más frecuente, a veces bastaba cambiarse de barrio o casarse mal… El dinero pesaba poco.° Tal como no se descendía de clase por empobrecerse, tampoco se subía por amasar una fortuna, como pudieron comprobar árabes y judíos que, por mucho que se enriquecieran, no eran aceptados en los círculos exclusivos de la 'gente bien'.

> pesaba… *didn't matter much*

Los extranjeros rara vez se dan cuenta de cómo funciona este chocante sistema de clases, porque en todos los medios° el trato es amable y familiar… Ahora pocos se atreven a emplear la palabra 'roto' en público, porque cae pésimo, pero la mayoría la tiene en la punta de la lengua. Nuestra sociedad es como un pastel de milhojas,° cada ser humano en su lugar y su clase, marcado por su nacimiento. La gente se presentaba—y todavía es así en la clase alta—con sus dos apellidos para establecer su identidad y procedencia.° Los chilenos tenemos el ojo bien entrenado para determinar la clase a la cual pertenece una persona por el aspecto físico, el color de la piel, los manierismos y, especialmente, por la forma de hablar".

> circles
>
> pastel… *puff pastry*
>
> *provenance, ancestry*

Isabel Allende, *Mi país inventado: Un paseo nostálgico por Chile* (New York: HarperCollins Publishers, 2003), pp. 64-65.

Preguntas

1. En la película *La nana*, Raquel dice que una empleada que trabajaba en la casa era una ladrona y que Lucas se refería a ella como "la rota". Cuando Raquel entra en una boutique para mirar los chalecos, ¿qué le dice la vendedora? ¿Cómo sabe ella que probablemente Raquel no sea una persona con mucho dinero?

2. ¿Tenemos un sistema de clases con diferencias marcadas en este país? Si es así, ¿cuáles son los factores que "marcan" a una persona o que la sitúan dentro de una clase social? ¿Cree usted que hay mucha desigualdad económica en este país, aunque no sea muy evidente u obvio cuando se conoce a alguien por primera vez? Justifique su respuesta.

3. En Chile, la actitud de los jóvenes en cuanto al sistema de clases en general está cambiando (como en el Perú de Humberto Cana). ¿Cree usted que también hay diferencias entre las generaciones en este país? Explique.

OTRAS PELÍCULAS

Mire una de las siguientes películas y escriba una reacción personal. ¿Cómo se compara con *La nana?*

A Day without a Mexican
2004
Dirección: Sergio Arau
Guión: Sergio Arau, Yareli Arizmendi, Sergio Guerrero
Actuación: Caroline Aaron, Tony Abatemarco, Melinda Allen

El baño del Papa
2007
Dirección y guión: César Charlone, Enrique Fernández
Actuación: César Troncoso, Virginia Méndez, Mario Silva

Bolivia
2001
Dirección: Adrián Caetano
Guión: Adrián Caetano, Romina Lanfranchini
Actuación: Freddy Flores, Rosa Sánchez, Óscar Bertea

Cama adentro
2004
Dirección y guión: Jorge Gaggero
Actuación: Norma Aleandro, Norma Argentina, Marcos Mundstock

María llena eres de gracia
Dirección y guión: Joshua Marston
Actuación: Catalina Sandino Moreno, Guilied López, Orlando Tobón

Capítulo **8**

Inestabilidad económica y familia

Conversaciones con Mamá

Presentación

Muchos países de Hispanoamérica iniciaron el siglo XXI en medio de una grave crisis económica. Esa crisis ya había empezado en los años noventa del siglo pasado pero empeoró a principios de este siglo. Los cuatro países hispanoamericanos del Cono Sur que tuvieron gobiernos militares o dictatoriales durante las décadas de los setenta y los ochenta (Argentina, Uruguay, Paraguay y Chile) alcanzaron situaciones de máxima depresión económica entre 2001 y 2003. En

particular, Argentina sufrió la mayor crisis económica de toda su historia en el año 2001. ¿Qué consecuencias políticas puede tener una crisis económica en el país afectado? ¿Y qué efectos tiene, o puede tener, en la familia? ¿en la sociedad?

La película *Conversaciones con Mamá* tiene lugar en Buenos Aires, Argentina, y explora la relación entre una madre, viuda de ochenta y dos años, y su único hijo Jaime, de cincuenta años. Situada en el año 2001, cuenta la historia de Jaime, economista, casado, con dos hijos, una hermosa casa, dos autos y una vida relativamente cómoda. Un día Jaime se queda sin trabajo, víctima de la recesión económica, y todo cambia. Para poder pagar la hipoteca de la casa, el colegio de sus hijos y los demás gastos familiares, tiene que vender el departamento donde vive su madre. Pero sus planes cambian cuando en una de sus conversaciones con Mamá, ella le cuenta que tiene novio y que no piensa dejar su departamento.

INESTABILIDAD ECONÓMICA Y FAMILIA

Vocabulario

analfabeto(a)	*illiterate*
el Cono Sur	*Southern Cone (usually used to refer to the countries in the southern part of South America: Argentina, Brazil, Paraguay, Uruguay, Chile)*
el departamento	*apartment*
los gastos	*expenses*
la hipoteca	*mortgage*
el índice	*rate*
la indigencia	*extreme poverty, indigence*
el presupuesto familiar	*family budget*
la tasa de natalidad	*birth rate*
la tasa de desempleo	*unemployment rate*

Pequeño perfil socioeconómico de Argentina[1]

Población: 40.117.096 (NB: en 2001: 36.260.130)

Esperanza de vida: 76,95 (Hombres 73,71; Mujeres 80,36); (NB: en 1960: 65,1)

Tasa de desempleo: 7,8% (NB: en 2001, 25%)

Tasa de natalidad por cada 1.000 habitantes: 17,54

Población analfabeta de 15 y más años de edad: 2,8% (NB: en 1990: 6%)

Personas en situación de pobreza e indigencia, en áreas urbanas y rurales: 30% (NB: en 2001, casi 60%)

Población urbana: 92%

Distribución por edad:

Personas menores de 14 años: 25,5% (NB: en 2001: 28,3%)

Personas entre 15 y 64 años: 64,3% (NB: en 2001: 61,8%)

Personas mayores de 65 años: 10,2% (NB: en 2001: 9,9%)

Población, desempleo y familia

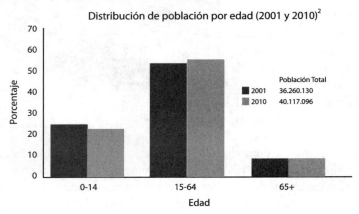

Distribución de población por edad (2001 y 2010)[2]

---

1   Datos para 2010. Fuentes: *CIA World Factbook*; Instituto Nacional de Estadística y Censos (INDEC); Comisión Económica para América Latina y el Caribe, *Anuario estadístico de América Latina y el Caribe 2010*; y *The Montevideo-Oxford Latin American Economic History Database*

2   Instituto Nacional de Estadística y Censos (INDEC) (http://www.censo2010.indec.gov.ar/index.asp)

Tasa de desempleo en el Cono Sur (1999-2010)[3]

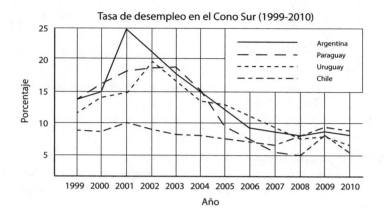

Tasa de desempleo en el Cono Sur (1999-2010)

País	1999	2000	2001	2002	2003	2004	2005	2006	2007	2008	2009	2010
Argentina	14,0	15,0	25,0	21,5	17,3	14,8	11,6	8,7	8,5	7,9	8,7	7,9
Paraguay	14,0	16,0	17,8	18,2	18,5	15,1	9,4	7,5	5,6	5,4	7,9	5,7
Uruguay	12,0	14,0	15,2	19,4	16,0	13,0	12,2	10,8	9,2	7,6	7,6	6,8
Chile	9,0	9,0	10,1	9,2	8,5	8,5	8,1	7,8	7,0	8,3	9,6	8,7

Análisis

1. Entre 2001 y 2010, ¿ha aumentado o disminuido la población total de Argentina? ¿En qué proporción aproximadamente: más o menos del 10 por ciento?

2. También entre 2001 y 2010, ¿ha aumentado o disminuido la población de menores de 14 años? ¿de personas entre 15 y 64 años? ¿de personas mayores de 65 años? ¿Cómo influye o puede influir en la economía de un país el aumento o la disminución del número de personas en ciertos grupos de edad? Comente.

3. ¿Cuál es la edad promedio de (esperanza de) vida de los argentinos (en 2010)? ¿Cuál era esa edad promedio en 1960? ¿Qué significa esa diferencia en el promedio de vida para el presupuesto familiar?

4. ¿Se gasta hoy día más o menos que antes en el cuidado de los padres o abuelos mayores de 65 años? ¿Por qué? ¿Existe este problema en su país? ¿Es más o menos grave aquí que en Argentina? Explique por qué.

5. De cada 100 argentinos de 15 y más años de edad, ¿cuántos son analfabetos? ¿Ha aumentado o disminuido el porcentaje de analfabetismo en Argentina desde 1990? ¿Sabe usted si hay analfabetismo en su país? ¿Es mayor o menor que el de Argentina (en 2010)?

6. De cada 100 argentinos, ¿cuántos viven en la pobreza? ¿Y cuántos vivían en la pobreza en 2001, el año de la gran crisis económica de Argentina? En términos comparativos, ¿están hoy día los argentinos económicamente mejor o peor que en 2001?

7. De cada 100 argentinos, ¿cuántos están sin trabajo? ¿Cuántos estaban sin trabajo en 2001? Entre 2001 y 2010, ¿ha aumentado o disminuido el porcentaje de desempleo en ese país?

---

3 www.indexmundi.com

8. En general, hay una gran relación entre desempleo y pobreza: cuando aumenta el desempleo también aumenta la pobreza. ¿Qué otras cosas suelen aumentar paralelamente con el desempleo? Por ejemplo, ¿aumenta la violencia? ¿el crimen? ¿los suicidios? ¿Qué más…? Comente.

9. Según el cuadro de «Tasa de desempleo en el Cono Sur (1999-2010)», ¿cuál fue el año de mayor desempleo en Argentina? De cada 100 argentinos, ¿cuántos estaban desempleados ese año? ¿En qué grupo de edad estaban probablemente los argentinos que perdieron su trabajo debido a la crisis económica ese año: menores de 14 años, entre 15 y 64 años, o mayores de 65 años? ¿Cómo afecta o puede afectar a la familia cuando un miembro de ese grupo de edad se queda sin trabajo? Explique.

10. Si comparamos la situación económica de los otros tres países hispanoamericanos del Cono Sur, según el mismo cuadro de «Tasa de desempleo en el Cono Sur (1999-2010)», ¿cuál fue el porcentaje de desempleo más alto que tuvo Paraguay, y en qué año? ¿Y Uruguay? ¿y Chile?

11. Deduciendo de esos datos estadísticos, ¿cuál de los cuatro países de la región fue el más afectado por la crisis económica de los primeros años del siglo XXI? ¿Cuál el menos afectado? Actualmente (datos de 2010), ¿cuál es el porcentaje de desempleo de cada uno de estos cuatro países? ¿Qué país tiene el porcentaje más bajo de desempleo? ¿Y cuál el más alto? Comente.

12. En los países hispanoamericanos del Cono Sur, según las estadísticas del cuadro, los años de mayor desempleo y crisis económica fueron entre 2001 y 2003, aproximadamente. En su país, ¿cuál es o fue la tasa de desempleo más alta de los últimos años? ¿Cuál es la tasa de desempleo ahora, en los últimos meses? En general, ¿qué impacto tiene el desempleo en la economía de un país o región? ¿en la sociedad? ¿en la familia? ¿Qué impacto ha tenido en su familia? ¿en la de sus amigos? ¿en su comunidad? Comente.

Conversaciones con Mamá

Director y guionista:	Santiago Carlos Oves nació en Buenos Aires, Argentina, en 1941 y murió en la misma ciudad en 2010. Dirigió diez películas y escribió el guión de siete de ellas, entre las que se incluyen: *Revancha a un amigo* (1987), su primer largometraje, *Asesinato a distancia* (1998), *Gallito ciego* (2001), *Conversaciones con Mamá* (2004) y *La mujer que estaba sola y se cansó de esperar* (2010), filme que estaba en post-producción cuando falleció.
Personajes principales:	Mamá: madre de Jaime, viuda de ochenta y dos años
	Jaime: hijo único de Mamá, economista de cincuenta años

Gregorio: novio de Mamá, jubilado de sesenta y nueve años

Dorita: esposa de Jaime

Lucrecia: madre de Dorita y suegra de Jaime

Enfermero

Pablo: hijo de Jaime y Dorita

Julieta: hija de Jaime y Dorita

Actores/ actrices principales:	China Zorrilla (Mamá), actriz y directora teatral uruguaya de importante carrera internacional, con premios en cine, radio y televisión. En 2008, el gobierno de Francia la distinguió con la condecoración de la Legión de Honor en el grado de *Chevalier*, y en 2011 el gobierno de su país la homenajeó con un sello de correo. Eduardo Blanco interpreta a Jaime; ha actuado en la trilogía del director Juan José Campanella: *El mismo amor, la misma lluvia* (1999), *El hijo de la novia* (2001) y *Luna de Avellaneda* (2004). Ulises Dumont, conocido actor de cine, teatro y televisión, hace el papel de Gregorio. Silvina Bosco interpreta a Dorita, Floria Bloise a Lucrecia y Tito Mendoza al enfermero.

Vocabulario

La economía y la familia

cobrar	*to charge*
cobrar la pensión	*to collect or draw one's pension*
cobrar el sueldo	*to get paid, collect a salary*
el departamento	*apartment*

el geriátrico	*nursing home*
hipotecar	*to mortgage*
la huelga	*strike*
el/la jubilado(a)	*retired person, retiree*
jubilarse	*to retire*
la manifestación	*demonstration*
el paro	*strike*
perder (ie)	*to lose*
quedarse sin trabajo	*to lose one's job*
la suegra	*mother-in-law*
el yerno	*son-in-law*

Otras palabras

acostumbrarse (a)	*to get used to*
asustar	*to frighten*
avisar	*to notify*
la basura	*junk*
el basurero	*junkman*
la bruja	*witch*
la capa de goma	*raincoat (literally, "rubber cape")*
el cartel	*poster, sign*
la charla	*chat*
desalmado(a)	*heartless*
envenenado(a)	*poisoned*
el letrero	*sign*
la pancarta	*sign (used in demonstrations)*
la pileta	*(Argentina, Bolivia, Uruguay) swimming pool*
presentir (ie)	*to have a feeling, to sense*
tejer	*to knit*
el tocino	*bacon*
trasnochar	*to stay up late*
el velorio	*wake*
el veneno	*poison*

Expresiones

el/la anarco(a) jubilado(a)	*(colloquial) anarquist retiree*
estar angustiado(a)	*to be worried*
estar en la edad del pavo	*to be in the awkward years*
¡Fuerza!	*Be strong!, Hang in there!*
no ser para tanto	*not to be such a big deal*
ser grave	*to be serious*
valer la pena	*to be worth it*

NB: This vocabulary list will help you understand and also discuss the film. All but a few of the words occur at least twice in the film.

Exploración

Antes de ver *Conversaciones con Mamá*, se recomienda leer las siguientes preguntas como guía del argumento y para una mejor comprensión del contenido de la película. Su profesor(a) puede asignarle como tarea que prepare las respuestas a todas las preguntas o solo a algunas de ellas.

1. En las primeras secuencias de la película se ve una manifestación. ¿Son jóvenes o personas mayores gran parte de los manifestantes? ¿Es una protesta silenciosa o ruidosa? ¿Qué tienen en la mano algunos? ¿Qué gritan los manifestantes?

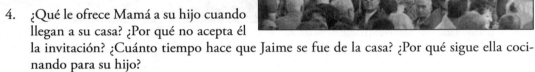

2. En la plaza, ¿dónde está Mamá? ¿Qué está haciendo? ¿Qué recuerda de cuando Jaime era niño?

3. ¿Por qué se asusta Mamá cuando llega su hijo a la plaza? ¿Por qué hablan de la muerte? ¿Por qué no quiere Mamá que la suegra de Jaime vaya a su velorio?

4. ¿Qué le ofrece Mamá a su hijo cuando llegan a su casa? ¿Por qué no acepta él la invitación? ¿Cuánto tiempo hace que Jaime se fue de la casa? ¿Por qué sigue ella cocinando para su hijo?

5. Cuando Mamá le pregunta a Jaime a qué vino realmente, por qué no la llamó por teléfono, como todos los días, ¿qué le contesta él? ¿Y qué le cuenta?

6. ¿Qué le dice Mamá a su hijo cuando él le sugiere que después de vender el departamento, ella puede ir a vivir con él, Dorita y sus hijos a su casa? Y en particular, ¿por qué le dice que no va a dejar su departamento?

7. ¿Qué le cuenta Mamá a su hijo de su novio? ¿Y cómo reacciona Jaime al escuchar esa noticia? ¿Por qué?

8. ¿Qué quiere Dorita que estudie su hija? ¿Y quiere estudiar eso Julieta? ¿Por qué? ¿Qué estudia Pablo? Según Julieta, ¿le gusta a él su carrera? ¿Qué es lo que realmente le gusta y quiere ser?

9. Según Mamá, ¿cuándo y cómo se conocieron ella y Gregorio? ¿Por qué le lleva tanto tiempo contarle a su hijo la historia de cuándo y cómo se conocieron ellos? Comente.

10. ¿Cómo es Gregorio, según Mamá? ¿Qué admira Mamá de él? Según ella, ¿por qué Gregorio le recuerda a Jaime cuando era joven?

11. ¿Adónde va Jaime para hablar con su hijo? ¿Qué ve allí y cómo reacciona cuando ve la escena? ¿Sabemos si el padre piensa que su hijo baila bien o mal? Explique.

12. ¿Qué dice Dorita que van a tener que vender si Jaime no saca a su madre del departamento?

13. ¿Por qué se considera Jaime «un ciudadano prototípico, un hombre medio, ordinario»?

14. Según usted, ¿por qué le dice Jaime a su madre: "Soy una apariencia, Mamá, una pura apariencia"? Y cuando ella le pregunta qué hay detrás de esa apariencia, ¿qué le responde él? Explique.

15. Después de confesarle a Mamá que él es "una pura apariencia", Jaime va a la ventana y ve que afuera empieza a llover. Mamá le recuerda que cuando era niño, a él la lluvia lo ponía triste. ¿Qué decidió comprarle ella un día y cómo cambió la actitud de Jaime después?

16. Cuando Mamá le pregunta a su hijo si se lleva bien con Dorita, su mujer, ¿qué le contesta Jaime?

17. En una de las primeras escenas de la película, cuando Mamá y Jaime estaban en el parque, él le preguntó si ella había llorado cuando murió su padre porque él no la había visto llorar. En ese momento ella le contestó que sí, que había llorado. Casi al final de la película, cuando están hablando del problema del departamento y de las relaciones entre Jaime y su esposa, Mamá retoma aquella pregunta de su hijo pero ahora le contesta la verdad. ¿Por qué no lloró Mamá cuando murió su esposo? Explique.

18. Cuando Jaime le pregunta a Mamá por qué no perdonó a su padre, ¿qué le contesta ella? ¿Y qué le responde Mamá cuando él le pregunta si quería a su marido?

19. Mamá tiene miedo de que si venden el departamento, a ella la van a mandar a un geriátrico porque con la familia de Jaime va a ser imposible vivir. ¿Por qué no quiere vivir en un geriátrico? ¿Por qué quiere quedarse en su departamento?

20. ¿Por qué quiere saber Mamá si Jaime va a vender el departamento cuando ella se muera? ¿Por qué quiere ella que esa noche se quede a cenar Jaime? ¿Qué le dice a su hijo cuando salen a la puerta a esperar a Gregorio?

21. ¿Qué pasa en la última escena con Dorita?

22. Las escenas finales tienen lugar "un tiempo después". ¿Dónde y con quién está viviendo Jaime ahora? ¿Cómo se llevan los dos? ¿Qué pasó con Mamá? ¿Qué hay de nuevo en la vida de Jaime?

23. ¿Cómo termina la película? Describa el final. ¿A qué escena le recuerda esta última parte? Comente.

Notas culturales

1. La película está situada en 2001, año en que Argentina sufrió la mayor crisis económica de su historia, y empieza con una manifestación de gente mayor, probablemente jubilados la mayoría, que protestan porque quieren cobrar (su pensión o su sueldo). La manifestación refleja la situación crítica que vivía el país en 2001 (ver cuadro ilustrativo en la página 215).

2. El tango: El tango es un baile tradicional del Río de la Plata (Argentina y Uruguay) que se originó en las últimas décadas del siglo XIX como resultado de la fusión cultural entre inmigrantes europeos, africanos (descendientes de esclavos) y nativos de la región. En general, las

letras cuentan historias tristes de amor y los instrumentos típicos son la guitarra, el bandoneón *(type of small accordion),* el piano y el contrabajo *(double bass).* Desde 2009 el tango está incluido en la lista del Patrimonio Cultural Inmaterial de la Humanidad de la UNESCO. En la película, Pablo quiere ser bailarín de tango y lo vemos en una escena practicando el baile con su pareja en una clase de tango.

Busque "tango argentino" para escuchar y ver bailar este baile tan popular en el Río de la Plata y hoy día en muchos otros países del mundo.

3. El puchero: El puchero es un cocido o guiso de carne (o gallina, o pollo) con una variedad de verduras. Las verduras típicas del puchero rioplatense son papas, cebollas, zanahorias y zapallos; también se le puede agregar batata, choclo *(corn on the cob),* chorizo y tocino. En la película, Mamá le cuenta a Jaime que cocinó puchero pero que usó pollo porque no pudo conseguir gallina.

4. El mate: El mate, como el té, es una infusión; se prepara con hojas de yerba mate (Ilex *paraguaiensis),* planta originaria de la zona tropical de América del Sur y cultivada, especialmente, en Paraguay, Uruguay y Argentina. Ya los indios guaraníes (y otros grupos indígenas que tenían comercio con los guaraníes) tomaban mate en la época precolombina; esa costumbre fue adoptada por los colonizadores españoles que llegaron a la región y hoy

día los países donde más se toma mate son también Paraguay, Uruguay y Argentina. A diferencia del té, del café o del chocolate caliente –que se toman en tazas individuales— el mate es una bebida social que se toma con amigos y/o miembros de la familia usando el mismo recipiente (también llamado "mate") y la misma bombilla, especie de tubo delgado con filtro, que se pasa de una persona a otra.

Busque "los beneficios de tomar mate" para ver qué es el mate, cuáles son sus componentes y qué beneficios tiene para la salud.

5. La película contiene palabras coloquiales de Argentina, como por ejemplo: **el cagón (la cagona)** *coward, wimp*; **el quilombo** *mess*; **la pavada** *silly, insignificant thing*; **zurdo** *leftist, communist*.

6. El "voseo": En varios países de Hispanoamérica (e.g., Guatemala, Honduras, Nicaragua, El Salvador, Paraguay, Argentina, Uruguay) se usa el "voseo" en vez del "tuteo" para la conversación informal. Eso significa que se usa el pronombre sujeto **vos** en vez del **tú**. En estos casos, el verbo se conjuga de forma similar a la de **vosotros**, aunque varía la acentuación y puede tener otros cambios particulares según el país. En *Conversaciones con Mamá*, se oye, por ejemplo, "¿Vos te llevás bien con tu mujer?", "¿Y sabés por qué no lloré?", "¿Vos lo querés?", "Sos un buen hijo".

Temas de discusión, comentario o análisis

Discuta, comente o analice los siguientes temas con sus compañeros; su profesor(a) puede asignarle como tarea que escriba un párrafo sobre alguno(s) de ellos.

1. La muerte. Varias veces se toca el tema de la muerte en la película. ¿Cuándo se menciona por primera vez ese tema en la conversación de Jaime y su madre? ¿En qué otros momentos se vuelve a hablar de la muerte en la conversación? ¿Qué importancia o significación tiene la muerte para Mamá? ¿Y para Jaime? Según su opinión, ¿es la muerte uno de los temas principales o un tema secundario de *Conversaciones con Mamá*? ¿Por qué? Comente.

2. Tiempos paralelos en la película. *Conversaciones con Mamá* cuenta dos historias paralelas —la de Jaime y la de su madre— que se dan en forma de contrapunto a través de los "flashbacks" de Mamá: en el pasado, cuando Jaime era niño, y en el presente, durante la crisis económica en que se sitúa la acción. ¿Qué se puede reconstruir a través de esos "flashbacks" acerca de la vida de Jaime y de su madre? ¿Cómo se separan visualmente los segmentos del pasado de los del presente? ¿Qué influencia tuvo en Mamá ese pasado reflejado en los "flashbacks"? ¿Y en Jaime?

3. Memoria y olvido. En la película se ven reflejadas y dramatizadas, en el caso de Mamá, dos formas de memoria: una relacionada con su pasado lejano, cuando Jaime era chico y todavía vivía su esposo; y otra relacionada con el pasado relativamente reciente. ¿Cómo le funcionan a Mamá esas dos memorias? ¿Con qué pasado están relacionados sus olvidos? ¿Se notan con más frecuencia esos olvidos a medida que progresa la acción de la película? ¿Cree usted que Jaime se da cuenta de que su madre tiene, tal vez, principios del mal de Alzheimer? ¿Cuándo se da cuenta usted de que el problema de la falta de memoria de Mamá puede ser síntoma de esa enfermedad? Explique.

4. La función (o el papel) del departamento en la película. ¿Cuál es el dilema de Jaime respecto al departamento en relación con su madre y su familia? Si vende el departamento, ¿cómo afectaría la relación con su madre? Y si no vende el departamento, ¿cómo afectaría (y afecta) su relación con su esposa? Si usted estuviera en el lugar de Jaime, ¿qué haría con el departamento? ¿Lo vendería? ¿Tomaría la misma decisión que toma Jaime? ¿Por qué? Comente.

5. Identifique y comente <u>dos</u> de las siguientes citas, y dé, en lo posible, el contexto y la significación o importancia de la cita:

    a. "Queremos comer"…, "Queremos cobrar"…

    b. "Te pregunto si vas a llorar cuando me muera".

    c. "Tiene 69 años, mamá... ¡Vos tenés 82!"

    d. "Y…, ¿se lo dijiste?"

    e. "Es hora de que los ricos se den cuenta de una vez que tienen que meter la mano en el bolsillo para darles a los pobres algo de lo que les sobra".

    f. "Bailen con el corazón".

    g. "Sos un buen hijo".

6. Elementos simbólicos. En la película hay varios elementos que se mencionan o ven más de una vez y que adquieren valor simbólico o metafórico. Escoja <u>tres</u> de los siguientes ítems, describa dónde o cuándo aparecen y dé su interpretación personal de lo que simbolizan o pueden simbolizar: el llanto (o llorar), el tejido (o tejer), el departamento, la comida, la plaza (o el banco de la plaza), la lluvia, la pileta, las fotos…

7. Biografía comentada de Jaime. Con los datos de la película, prepare una biografía de Jaime, desde su niñez hasta el momento en que termina la película, posterior a la muerte de su madre y a su divorcio de Dorita. Incluya sus comentarios, deducciones y críticas.

Evaluación

1. ¿Son realistas los personajes de Mamá, Jaime y Dorita? ¿Y los de Julieta y Pablo? Según su opinión, ¿cuál de estos personajes es el (la) más realista? ¿Y el (la) menos realista? ¿Por qué?

2. ¿Cree usted que algunos personajes —como la suegra de Jaime, Dorita, los hijos— necesitan más desarrollo o están presentados de manera estereotipada? Por ejemplo, deduciendo de lo que se ve en la película, ¿se justifica el calificativo de "bruja" para la suegra? ¿la queja de Mamá de que sus nietos no la quieren? ¿la ignorancia que parecen tener Jaime y Dorita de los deseos y sentimientos de sus hijos? Comente.

3. En general, ¿le gustó la película? ¿Por qué sí o por qué no?

4. ¿Conoce películas en inglés que traten el tema de la vejez o de problemas relacionados con la vejez como, por ejemplo: el problema de la vivienda, de la muerte, de la soledad; el problema de personas con enfermedades que requieren cuidado especializado a largo plazo,

el de personas con síntomas de Alzheimer, etc. Si la respuesta es "sí", ¿cuál es y cómo se compara con *Conversaciones con Mamá*?

5. ¿Sería diferente la película si Jaime y Mamá fueran estadounidenses (por ejemplo, de Boston o de San Francisco) en vez de ser argentinos de Buenos Aires? ¿Por qué? Explique.

PERSPECTIVAS

"La inestabilidad económica ha sido un factor constante en mi vida adulta"

Entrevista con Gloria Girardin, profesora uruguaya residente en Buenos Aires, Argentina, desde hace muchos años. Enseña inglés en la Universidad de Buenos Aires y también trabaja como traductora para editoriales en Argentina.

¿Podrías describir a tu familia y el barrio donde creciste y te criaste?

Me crié en un barrio de gente modesta y casas bajas. Vivía con mis padres en una de esas casitas de dos habitaciones° y un pequeño patio. Soy hija única, pero mis padres no lo eran, por lo que tengo muchos primos con quienes compartí una infancia feliz. En mi barrio, todos los chicos pasábamos mucho tiempo juntos, jugando en la vereda° o entrando y saliendo de las casas de cada uno.

A menudo los padres influyen o tratan de influir en la elección de carrera para los hijos, como vemos en Conversaciones con Mamá. *Otras veces, los hijos, especialmente si tienen padres profesionales, se sienten casi en la obligación de seguir los pasos de su padre, madre, tío(a), etc. En tu caso particular, ¿hubo algún tipo de presión familiar en la elección de tu carrera?*

Mi padre era empleado y mi madre ama de casa.° No tenían mucho dinero pero tampoco lo necesitaban. Lo que más les importaba era mi educación y consideraron que lo mejor era que estudiara en un colegio privado, donde cursé el ciclo primario y el secundario,° y aprendí inglés. Mis padres y sus amigos valoraban mucho las artes y la literatura, por lo que todos se sorprendieron cuando, al terminar el colegio, decidí estudiar ciencias económicas, en lugar de alguna carrera humanística. Pero nadie se opuso en absoluto.° Y también apoyaron, cuatro años más tarde, mi decisión de dejar la economía y dedicarme a la literatura y las lenguas extranjeras.

Dando un salto temporal de unos años y pasando ahora a tu vida de casada, ¿te parece que hay diferencias significativas en la forma en que te criaron tus padres y en la forma en que tú y tu esposo criaron al hijo que tienen?

Un par de años después de casarnos, mi marido y yo tuvimos que salir de Montevideo y venir a vivir a Buenos Aires, por razones políticas y económicas. Aquí nació nuestro único hijo. Él vivió su infancia en un departamento, en una zona céntrica de una ciudad grande, sin la experiencia de jugar libremente en la calle con los niños del barrio. Creo que esa es casi la única diferencia entre su formación° y la mía. También estudió en la escuela pública, que por esa época y en esta ciudad consideramos la más indicada para brindarle° una

Glosses (left margin):
rooms, referring to a living room and bedroom

sidewalk

ama… housewife

cursé… I went to elementary and secondary school

se… opposed it at all

upbringing

más… most appropriate to give him

buena educación. Como yo, mi hijo eligió sin ninguna presión su carrera, pero él se decidió desde el principio por las humanidades y nunca cambió de orientación.

¿Por qué será que hoy día muchos jóvenes —como los hijos de Jaime en Conversaciones con Mamá— *han perdido el interés en las carreras tradicionales y quieren seguir caminos profesionales alternativos?*

Me parece que en la actualidad los jóvenes eligen sus estudios con mayor libertad, en parte porque las carreras tradicionales ya no garantizan un futuro seguro (recordemos cuando en 1982-83 muchos ingenieros y abogados tuvieron que trabajar como taxistas aquí en Argentina) y en parte porque hay muchas carreras nuevas e interesantes en el campo de la comunicación, la informática y las artes visuales, por ejemplo.

¿Crees que la inestabilidad económica de un país influye en la vida familiar? En particular, ¿podrías comentar si eso ha tenido influencia en tu familia?

La inestabilidad económica ha sido un factor constante en mi vida adulta, de manera que ha pasado a constituir un elemento omnipresente en nuestras actividades y relaciones. Nos hemos adaptado a la falta de estabilidad y creo que no nos afecta casi en nada. Estamos acostumbrados a vivir con lo que tenemos, en el momento en que lo tenemos, y a prescindir de lo que no podemos tener sin angustiarnos mayormente.° Pasamos momentos difíciles durante la dictadura militar, cuando la empresa donde trabajaba mi marido entró en quiebra° y dejaron de pagar los sueldos. Todos nuestros amigos estaban en situaciones semejantes, y recuerdo que a veces tomábamos las cosas con sentido del humor. Una vez llamé a una amiga por teléfono, le pregunté qué estaba haciendo y me dijo: "estoy viendo con qué puedo disfrazarme para ir al trabajo hoy". Es que no alcanzaba° el dinero para comprar ropas nuevas y debíamos arreglarnos combinando de distintas maneras las que teníamos.

Al empezar la película se ve una manifestación en protesta por la falta de empleo, probablemente como consecuencia de la crisis de diciembre de 2001 en Argentina, que es cuando parece situarse la acción de Conversaciones con Mamá. *¿Participó tu familia, o alguien de tu familia, en alguna protesta similar a la que se ve reflejada en la película?*

La crisis del 2001 fue otro momento de dificultades económicas. Esta vez, participamos en las protestas generalizadas que se extendieron por todo el país, bajo la forma de asambleas populares, manifestaciones, trabajo en partidos políticos, etc. Hubo total acuerdo en mi familia con respecto a la importancia de esta participación, aunque cada uno eligió un lugar distinto desde el cual llevarla adelante: yo me integré° a la asamblea de mi barrio, al igual que mi marido, pero él trabajó más con los residentes uruguayos en Argentina, mientras que mi hijo militó° sobre todo en el frente estudiantil.

Un aspecto de costumbre o tradición hispana que vemos en la película, en la relación entre Jaime y su madre, es que los hijos se deben hacer cargo° de sus padres, especialmente cuando estos ya son ancianos. En tu país y en tu medio familiar, ¿son los padres responsabilidad de los hijos?

y… *and going without what we can't have without getting too stressed* entró… *went bankrupt*

no… *wasn't sufficient*

me… *joined*

was politically active

hacer… *take care*

se… it's understood

En mi medio, se da por descontado° que es responsabilidad de los hijos cuidar de sus padres viejos. Esto se toma con naturalidad y, aunque es tarea ardua, sin mayores conflictos. Los padres ayudan a sus hijos mientras pueden (los míos y los de mi marido, por ejemplo, nos facilitaron la compra del departamento en el que vivimos en Buenos Aires) y después son los hijos los que ayudan a los padres cuando ellos no están en condiciones de arreglárselas solos.° En mi caso, como hija única, me encargo del cuidado de mi madre, quien a su vez cuidó de mi padre hasta que él murió.

en… able to manage on their own

Gloria Girardin con su madre y su hijo

Teniendo en cuenta que tus padres también habrán vivido épocas de inestabilidad económica en Uruguay o en Argentina, o en ambos países, ¿dirías que hay diferencias o similitudes entre la vida que llevó tu madre y la tuya en momentos de crisis económica nacional?

Encuentro claras diferencias entre la vida que llevó mi madre y la mía, como consecuencia no solo de la situación económica inestable que nos tocó vivir, sino también de otros tipos de cambios sociales. Mientras que mi madre, pese a tener un título de ayudante de arquitecto, jamás trabajó fuera del hogar, a mí nunca se me ocurrió no hacerlo. Pero no creo que esto fuera solo por la necesidad de "ganarme la vida" (es decir, porque mi marido no pudiera "mantenerme"), sino que para mi generación y en mi medio seguir y ejercer una carrera ya era el destino esperable para cualquier mujer. En cuanto a mi propia familia (marido e hijo), la verdad es que no podría decir cómo nos influyó la inestabilidad económica porque ¡nunca vivimos en situación de absoluta estabilidad!

Preguntas

1. ¿Dónde se crió Gloria Girardin? ¿Y qué recuerda de su barrio, de su familia y de sus amigos cuando era niña?

2. ¿Qué carrera siguió Gloria después de terminar la escuela secundaria? ¿Influyeron sus padres en esa decisión? Comente.

3. ¿Por qué Gloria y su esposo dejaron Montevideo y se mudaron a Buenos Aires? ¿Hay muchas diferencias entre la forma en que fue criada Gloria y la forma en que ella y su esposo criaron a su hijo? Explique.

4. Según Gloria, ¿por qué hoy día muchos jóvenes argentinos ya no están tan interesados en seguir carreras tradicionales como en el pasado? ¿Piensa usted que en este país también pasa algo similar? Comente.

5. Hablando de la inestabilidad económica crónica en Argentina, dice Gloria: "Nos hemos adaptado a la falta de estabilidad y creo que no nos afecta casi en nada". ¿Hay ironía en ese comentario? ¿Por qué sí o por qué no?

6. ¿Cómo reaccionaron los argentinos después de la crisis de 2001? ¿Y cómo reaccionaron Gloria y su familia? ¿Por qué?

8 *Busque "Crisis económica Argentina 2001" para comprender mejor la época en que se sitúa la acción de* Conversaciones con Mamá.

7. En la tradición hispana, ¿quiénes son responsables de cuidar a los ancianos de la familia? ¿Está de acuerdo Gloria con esa tradición? ¿Por qué? En este país, ¿se sigue la misma tradición? Según usted, ¿por qué sí o por qué no?

8. ¿Cómo explica Gloria las diferencias entre la vida que llevó su madre y la vida que llevó ella como consecuencia de la situación económica inestable que a ambas les tocó vivir? Comente.

Conversando sobre situación económica y familia

Graciela Canovi nació y creció en Buenos Aires, Argentina. Se especializó en sicología en la Universidad Nacional de Buenos Aires. Ha vivido y trabajado como sicóloga en varios países, entre ellos España, Paraguay y Argentina, su país natal.

¿Puedes contarnos algo de tu niñez y de tu familia? ¿Tienes hermanos?

Yo nací y crecí en una familia tradicional argentina donde mi padre trabajaba y mi madre era ama de casa. A mi padre le encantaban los libros; leía mucho y tenía una biblioteca inmensa. Creo que de él heredé mi afición a la lectura y mi amor por el estudio. No tuve hermanos así que soy un buen ejemplo de hija única.

Graciela Canovi en su rincón de libros antiguos

¿Te casaste? ¿Tuviste hijos?

Me casé a los 42 años —con Tomás, español, 12 años menor— que no es la edad típica para casarse de mi generación, pero sí la de los hijos o nietos de intelectuales donde se le da más importancia al aspecto intelectual que al económico, por lo que te casas cuando realmente te apetece.° No tuvimos hijos por falta de interés de mi esposo, resultado de su generación en Europa, donde lo importante era vivir bien, divertirse, viajar y tener cero de responsabilidad, todo lo contrario a lo que implicaba e implica ser padres adultos.

te... *you feel like it*

Leí en una entrevista que te hicieron hace un par de años que trabajaste durante mucho tiempo con madres solteras y con niños de la calle. ¿Fue eso antes o después de casarte? ¿Puedes contarnos algo de tu experiencia profesional con ambos grupos?

Terminé mi carrera antes de casarme e inicié mi experiencia laboral como profesional en la Secretaría del Menor y la Familia, trabajando con madres solteras, a las cuales se les otorgaba° un subsidio por seis meses y se las alojaba en pensiones° de la capital, donde las trabajadoras sociales (sicólogas y asistentes

a... *who were given*
se... *they were lodged in rooming houses*

sociales) realizaban el control de la madre y su hijo. En el caso de "los chicos de la calle", se los sacaba de esa situación y se los obligaba a seguir tratamiento sicológico en Centros de Salud Mental. Luego se los ubicaba laboralmente en el ramo de gastronomía° para que tuvieran sus necesidades básicas satisfechas y se les daba alojamiento pago° también en pensiones de la capital. Todas estas experiencias fueron aquí en Argentina.

Según tu opinión, y teniendo en cuenta tu experiencia de trabajo con madres solteras, en particular con madres solteras adolescentes, ¿es un problema que afecta a todos los países por igual o es algo regional, tal vez étnico?

La madre soltera adolescente es algo que afecta principalmente a las sociedades de países con clima tropical, donde el desarrollo de la sexualidad es más temprano que en otros países. Por ejemplo, no es lo mismo el desarrollo sexual adolescente en Noruega que en Ecuador, Brasil, Paraguay o el norte de Argentina. Pude observar en Paraguay y en Formosa a madres solteras adolescentes que tienen hijos a edad temprana como modo de tener algo propio.° Asumen la maternidad con todo lo que eso conlleva° en lo personal, económico y social. Al hijo no lo comparten ni con los abuelos. Ellas viven para sus hijos y a través de ellos. Como en esas sociedades los jóvenes se casan a edad temprana, ellas deciden emanciparse a través de su hijo y en la mayoría de los casos pueden desconocer quién es el padre y de saberlo lo niegan para evitar compartir la maternidad. El hijo es solo de ellas.

¿Pasa lo mismo en las comunidades aborígenes, donde tengo entendido que también trabajaste?

No, eso no es igual en las comunidades aborígenes donde el desarrollo y el comportamiento adolescente están reglados por los mayores. En las comunidades tobas,° por ejemplo, el cacique, que es el jefe de la tribu, es quien lleva el ordenamiento socioeconómico de los grupos familiares. Es por ello que no se ven casos de madres solteras en las etnias. Y sorprendentemente se ve la paternidad° responsable, porque de no ser así, recaería en el cacique toda la responsabilidad. Ellos tienen sus propias leyes, su código, que lo hacen cumplir a rajatabla.° Luego ves que en ausencia del padre, por muerte, por ejemplo, es el cacique el que toma ese lugar para asuntos administrativos, sociales, legales o en su defecto° el abuelo materno es el que se convierte en padre, pero la madre nunca queda sola, de manera que ese fenómeno social es muy difícil encontrar en los pueblos originarios.° Esta experiencia con comunidades indígenas la tuve en el año 2003.

Desde tu perspectiva de sicóloga, ¿podrías comentar cómo ha afectado a la familia argentina la inestabilidad económica de los últimos años?

Ya se sabe que el *leitmotiv* de los argentinos es la situación económica, que por años viene afectando el desarrollo socioeconómico del país. Esto afecta a las familias de clase media en el desarrollo sicosocial. Se ven afectadas tanto en la vida diaria como en el futuro cercano puesto que el poder adquisitivo de la moneda disminuye la mayoría de las veces.° Por ejemplo, lo que no hace mucho podías hacer con diez pesos ya no lo puedes hacer ahora ni con cien. Se altera totalmente el ritmo de vida; ya no pueden concurrir° los hijos a los

se... they were given food service jobs
alojamiento... paid lodging

of their own

con... with everything that it brings with it

referring to indigenous group of Argentina, Bolivia, and Paraguay
fatherhood

que... which make them comply to the letter, strictly
en... by default, failing that

native

poder... currency's buying power generally declines
attend

mismos colegios privados, no pueden pertenecer al mismo club y a veces hasta deben mudarse por tener que ajustarse a casas más pequeñas por no poder solventar° los gastos.

En tu caso personal y familiar, ¿pasaste dificultades económicas debido a la situación económica inestable de tu país? Y si la respuesta es negativa, ¿qué hiciste para evitarlo?

En mi experiencia personal, si bien viví en una sociedad con inestabilidad económica permanente, no me afectó directamente. No sé si fue bueno o fue lo que me tocó vivir. Por decisión propia y para llevar una vida más común –siendo yo parte de una familia de intelectuales y profesionales—, empecé a trabajar a los diecisiete años como profesora de inglés en colegios bilingües durante doce años. Así conocí el mundo circundante.° Es que no puedes conocer la realidad si vives en una burbuja donde solo te conectas con gente igual a ti. Y yo creo que eso no es válido en una sociedad moderna.

Luego terminé la carrera de sicología y me inserté laboralmente como tal con mayores y mejores experiencias. Viví casada fuera de Argentina, en España y luego en Asunción (Paraguay), de manera que no me afectó la inestabilidad económica de los últimos años. Y en la actualidad, recientemente viuda, creo que estoy bien en lo financiero y también altamente preparada para cualquier inclemencia económica. Sin embargo, no puedo decir lo mismo en lo relacionado con cuestiones afectivas,° donde sí creo que soy muy vulnerable. ¡Qué paradoja!, ¿no? Siendo sicóloga...

pay

surrounding

emotional

Preguntas

1. ¿Qué nos cuenta Graciela de su niñez y de su familia? ¿Qué hacían sus padres? En particular, ¿qué recuerda ella de su padre?

2. ¿Cuántos años tenía Graciela cuando se casó con Tomás? ¿Era esa la edad típica para casarse entre la gente de su generación? ¿Quiénes, según ella, se casan cuando quieren, sin importarle la edad? ¿Por qué? ¿Cómo explica Graciela que ella y su esposo no hayan tenido hijos? Comente.

3. ¿Dónde se inició Graciela como sicóloga profesional? ¿Qué cuenta ella de su experiencia en ese lugar, trabajando con madres solteras y con chicos de la calle? ¿Qué tipo de ayuda se daba a las madres solteras y qué hacían las trabajadoras sociales? ¿Y cómo trataban de resolver la situación de los chicos de la calle? Explique.

4. Según Graciela, ¿dónde hay más casos de madres solteras adolescentes? ¿Por qué? ¿Qué observó ella en Paraguay y en Formosa respecto a la relación entre madres solteras adolescentes y sus hijos? ¿Cree usted que la situación de las madres solteras adolescentes en este país es similar a la de las mencionadas por Graciela? ¿Por qué sí o por qué no?

5. ¿Es común ver casos de madres solteras en las comunidades indígenas, según Graciela? ¿Por qué sí o por qué no? Comenta Graciela que en los pueblos originarios «sorprendentemente se ve la paternidad responsable». ¿Cómo se explica eso? Y si el padre muere, ¿quién asume la responsabilidad del padre ausente? ¿Sabe usted si en las comunidades aborígenes de este país también se ve la paternidad responsable? Comente.

6. ¿Cómo afecta la inestabilidad económica a las familias de clase media en la vida diaria y también en el futuro cercano? ¿Qué pasa con el poder adquisitivo de la moneda, por ejemplo? ¿Y en qué sentido «se altera totalmente el ritmo de vida»? Explique.

7. En el caso personal de Graciela, ¿le afectó directamente el hecho de vivir en una sociedad con inestabilidad económica permanente? ¿Por qué sí o por qué no? ¿Cuántos años tenía ella cuando empezó a trabajar? ¿Por y para qué?

8. ¿Por qué no le afectó a Graciela la inestabilidad económica argentina de los últimos años? ¿Cómo ve ella su situación económica presente y futura? ¿Y qué dice de lo relacionado con su parte afectiva? ¿Por qué le parece paradójica su situación en ese aspecto?

DE LA PRENSA

Latinoamérica celebra el Día de la Madre

La madre tiene en el diez de mayo uno de los días más importantes para México y Latinoamérica. Ramos° de rosas, reservas para la familia en restaurantes y cantinas, regalos o detalles° realizados por los más pequeños son los homenajes que se brindan a quien dio la vida°...

Bouquets

small gifts

se... that are given to she who gave one life

handicrafts

skill

Los más pequeños aprenden manualidades° en las escuelas para tan señalado día, aunque es un hábito° educativo que se va modificando con el tiempo. Las madres serán destinatarias de esas artesanías con las que los hijos cumplen con parte de su deuda amorosa.

Pero los más mayores tampoco quieren dejar pasar esta oportunidad de honrar a quien les dio la vida y el cariño necesario.

involucra... involves her offspring in commitment

injects, inspires

La madre involucra al vástago en el compromiso,° la estructura social y le insufla° confianza en sí mismo. Y es que como dice el dicho: 'madre no hay más que una'. A ello contribuyen muchas oficinas de gobierno, que dan el día libre a las madres y a los hijos para que festejen.

Por eso, muchos mexicanos compran rosas, reservan restaurantes y pasan el día en familia dedicándose a las mujeres. La madre es el miembro más venerado de la familia y el más querido, por eso, si en México realmente se quiere ofender a alguien gravemente, basta con insultar a su madre.

contemptible, shameless

Precisamente por este motivo, algunas de las peores expresiones mexicanas citan a la madre, como "vale madre" (poca importancia), "madreado" (golpeado), "madrazo" (golpe fuerte), madrecita (insignificante), "ni madres" (de ninguna manera), "no tener madre" (ser ruin°), "estar hasta la madre" (harto), "hablar o decir madres" (decir palabrotas) o "partir la madre" (golpear con fuerza).

circle

breast, tit

Paradójicamente, las mujeres también se sirven de este status para definir actitudes y, de esta manera, la periodista mexicana Fernanda Familiar analizaba el papel de la mujer en el ámbito° social y familiar bajo el epígrafe *Mamás de teta° grande*. La autora cuenta que eligió el título de la obra como una analogía de las mujeres que proveen, sirven, atienden y protegen siempre a los demás por encima de sus intereses.

Lo que en otros países se conoce como "superwoman" (mujer que trabaja fuera de casa y además atiende las demandas de su familia y se encarga de la limpieza del hogar), Fernanda lo resume con la acción y un día en que su pareja le contó que iba a abrir un negocio "antes de que terminara de explicármelo, yo ya le tenía la lista de personas con las que debía de comunicarse, el nombre de su secretaria, la inversión° inicial y la ganancia° de los próximos dos años", relató.

investment / earnings

"Es momento de que las mujeres en México nos demos cuenta de lo que implica ser 'mamá de teta grande', de los precios a pagar y de si queremos pagar esas facturas° tan grandes", añadió.

bills

La idea de hacer un día dedicado a honrar a las madres surgió en Filadelfia, Estados Unidos, en 1905, de la mano de Anna Jarvis en agradecimiento a su madre, y la fecha elegida fue el segundo domingo de mayo por ser el aniversario de la muerte de su progenitora.

En México, la celebración comenzó en 1922, según el investigador del Consejo Nacional para la Cultura y las Artes (Conaculta) de México Héctor L. Zarauz, autor de *México: Fiestas cívicas, familiares, laborales y nuevos festejos*.

 Busque "Origen del Día de las Madres en México" para escuchar un breve comentario sobre esta fiesta en México.

Se escogió mayo por ser el mes consagrado a la Virgen y el 10 porque en aquella época en México se pagaba en las decenas,° aunque otras fuentes sitúan el primer día de la madre mexicano en Oaxaca en 1913, cuando la esposa de un presbítero° metodista encontró una revista donde se comentaba el festejo y decidió retomar la idea.

en… on the 10th of the month

minister

México fue el primer país latinoamericano en sumarse a° esta conmemoración, y tal importancia adquirió la devoción a la madre que el 10 de mayo de 1949 se inauguró en la capital una gran escultura en honor a la madre.

en… to join

Existe abundancia de madres, que son casi la cuarta parte de la población mexicana. Con ello, de los 39,3 millones de mujeres mexicanas de más de 12 años, 25,4 eran madres, según datos oficiales.

Los regalos más comunes en este día son los electrodomésticos° aunque la sociedad está cambiando y las madres también, por lo que empiezan a preferir regalos para ellas, y no para la casa. Productos de belleza, cosmética, ropa, teléfonos móviles y viajes encuentran su hueco° entre los obsequios° para las madres, pero nunca faltan las flores.

home appliances

place / gifts

Las rosas siguen siendo las favoritas, pero el girasol, la lili o el acapulco° le siguen, explica a [la agencia de noticias] EFE David, trabajador en una floristería. "El 10 de mayo vendemos cinco veces más que cualquier otro día", asegura.

kind of lily

 Busque "En tu día Mami querida" para ver una galería de madres e hijos y escuchar una canción dedicada a todas las madres.

Hace ya diez años que, en el Día Internacional de la Mujer, la ONU° recordó que "la mujer nutre al mundo", y resaltó° la labor de las féminas en favor de los derechos humanos.

UN

highlighted

En Latinoamérica y el Caribe viven 60 millones de mujeres campesinas o trabajadoras rurales y según la Organización de las Naciones Unidas para la Agricultura y la Alimentación (FAO), por las condiciones, como el abandono forzado por problemas sociales como el desempleo (búsqueda en las ciudades mientras la familia sigue en el campo), o a raíz de otras circunstancias, en la región andina hay entre un 29 y el 55 por ciento de hogares que son matriarcados.°

headed by women

Cloe Ventura, "Latinoamérica celebra el Día de la Madre", *El Diario N.Y.*, 4 de mayo de 2010. Reproduced by permission of EFE News Services, Inc.

Celebrando el Día de la Madre en un restaurante de Buenos Aires. En Argentina se festeja el Día de la Madre el tercer domingo de octubre.

Preguntas

1. ¿Cuándo se celebra el Día de la Madre en México? Tradicionalmente, ¿qué aprendían los niños más pequeños en las escuelas para regalarles a sus madres en su día especial? ¿Por qué cree usted que ese "hábito educativo" es algo que "se va perdiendo con el tiempo"?

2. Según el artículo, en México, muchas oficinas de gobierno les "dan el día libre a las madres y a los hijos para que festejen". ¿Qué opina usted de esa práctica? ¿Le parece buena idea? ¿Por qué sí o por qué no? ¿Piensa usted que deben tener el Día de la Madre libre todas las madres que trabajan los domingos en este país? Comente.

3. ¿Por qué en México insultar a la madre es una ofensa grave? Explique.

4. ¿Qué significa en México si alguien dice que algo "vale madre"? ¿Y si dice que alguien recibió un "madrazo"? ¿O que "no tiene madre"? ¿O que "está hasta la madre"? ¿Hay expresiones similares en inglés? Según su opinión, ¿por qué sí o por qué no?

5. ¿A qué mujeres describe la periodista mexicana Fernanda Familiar con la expresión de "mamás de teta grande"? ¿Qué diferencia(s) hay entre una "mamá de teta grande" y una "superwoman"? Explique.

6. ¿Dónde y cuándo surgió la idea de tener un día dedicado a honrar a las madres? ¿Quién tuvo la idea inicial? ¿Qué día de mayo eligió ella? ¿Por qué?

7. ¿En qué año comenzó esta celebración en México? ¿Por qué se escogió mayo para festejar el Día de la Madre? ¿Y por qué el 10 y no el segundo domingo de mayo, como se celebraba en Estados Unidos desde 1905?

8. Según la Organización de las Naciones Unidas para la Agricultura y la Alimentación, ¿por qué en la región andina hay entre un 29 y un 55 por ciento de hogares que son matriarcados? Comente.

Fiesta de Navidad y tradición del pesebre —María Eugenia Ayala

María Eugenia Ayala, escritora paraguaya, autora de varios libros de poesía

Los festejos navideños fueron adquiriendo,° a lo largo del tiempo, diversas formas según el lugar, la época y las características religiosas de cada región o país. La representación del pesebre es la más antigua de las formas de recordar el nacimiento del Niño Dios.

fueron... took on

Desde los primeros tiempos de la cristiandad, los pesebres estaban constituidos por las figuras principales del misterio: la Virgen María, San José y el Niño Jesús. Con la finalización de la persecución de los cristianos, la demostración de la fe fue creciendo y de la mano de grandes artistas, con los materiales más variados desde el barro,° la madera o el plomo,° se recrearon las escenas del nacimiento que fueron creciendo con la inclusión de nuevos personajes.

clay / lead

Pesebre paraguayo. Foto gentileza del diario *Última Hora*, Paraguay.

Festejos navideños en Paraguay

Con aroma a flor de coco, en el Paraguay las calles de las ciudades se visten de luces de colores y motivos navideños; los adornos naturales con plantas y flores típicas es lo más usual para los pesebres. Los pesebres vivientes organizados en los barrios son pintorescos, con la flor del cocotero como una protagonista más de esta representación escénica del nacimiento más esperado de todos los tiempos.

En la Nochebuena, en todo el país las familias van a la Misa de Gallo así como también a visitar a los vecinos y familiares. Es una fiesta que se celebra con toda la familia. Por eso, muchas personas viajan largas distancias para reunirse en la casa de los familiares radicados° en el interior del país.

settled, living

A la hora de la cena, no puede estar ausente la sopa paraguaya,° el chipá guazú,° el ryguazú kaë (como se llama al pollo o pavo) el *clericot* elaborado a base de frutas, jugo de naranjas y un buen vino. Pero más allá de una cena en familia, motivos navideños característicos, es el momento de reflexión al que invitan estas fechas y tiene su origen en remotos años de nuestra existencia.

sopa... kind of bread made with corn flour
chipá... kind of pie made with fresh corn

 Busque "Navidad de ñanduties, villancico paraguayo" para ver ejemplos de pesebres, flores, frutas y otras cosas asociadas con las fiestas navideñas de Paraguay.

Poco se sabe acerca de cómo se fueron caracterizando los festejos meramente paraguayos; no obstante, invitamos a los lectores a realizar un viaje hacia el año 1492.

La primera Navidad en tierras americanas fue celebrada el 25 de diciembre de 1492 en "La Española", como bautizó Cristóbal Colón a la isla que conforman actualmente República Dominicana y Haití.

El almirante realizaba un reconocimiento de° los archipiélagos de la zona, cuando una mala maniobra° dañó irreparablemente la Carabela Santa María.

Los indígenas fueron amigables y ayudaron a rescatar la carga y a construir un fortín donde quedaría parte de la tripulación.°

Se utilizaron las maderas de la Santa María para levantar dicho fuerte, y se terminó de construir el 25 de diciembre. Por esa razón se lo llamó "La Navidad" (Natividad). Allí celebraron con gran emoción la Navidad de 1492, la primera Navidad de los colonos en América.

Los festejos navideños, sin embargo, se remontan° a las fiestas paganas romanas, a las Saturnales o Fiestas de Saturno, que se celebraban anualmente en el mes de diciembre con grandes festines,° banquetes, bebidas y bailes de los que participaban casi todos los pueblos en la antigüedad, excepto los verdaderos cristianos.

Origen de la representación del pesebre

El pesebre más antiguo que se inscribe en las amarillas páginas de la historia data del año 343 y mostraba al Niño Jesús en una cuna° acompañado por las figuras del asno, del buey° y de algunos pastores.° Ya en el mismo siglo IV aparecen las figuras de los tres Reyes Magos, de quienes se tiene recuerdo en el Evangelio° de Mateo: "Nacido Jesús en Belén° de Judea, en tiempo del rey Herodes, unos magos que venían del Oriente se presentaron en Jerusalén, diciendo: ¿Dónde está el Rey de los Judíos que ha nacido? Pues vimos su estrella en el Oriente y hemos venido a adorarle". Poco o nada más se sabe de ellos.

También fueron muy comunes en los primeros siglos los pesebres vivientes, hasta su prohibición en el año 1216 por parte del Papa Inocencio III, debido a los escándalos que protagonizaban los actores. Durante la Edad Media, con la protección de los mecenas° y el apoyo de los clérigos,° la creatividad de los artistas se volcó a reproducir° los temas bíblicos y a exponerlos en las iglesias. Carlos III, que era muy religioso, estimuló a los artesanos para recrear los pesebres, y hasta él mismo intervino en la creación de las figuras de su propio pesebre.

Hacia 1790 nace la fábrica de porcelanas de Capo di Monte interpretando un nuevo gusto en los pesebres que copiarían muchas otras partes de Europa. Uno de los religiosos que impulsó° la devoción al pesebre fue San Francisco de Asís y los padres franciscanos desde Italia lo trasladaron a España, donde se enriqueció con la fuerza interpretativa, aumentando en su aspecto escenográfico y la ubicación de los ropajes° de los personajes según la ciudad o la región. Desde España se trasladó hacia el Nuevo Continente. Con el correr del tiempo dejó de ser propiedad de los palacios para enriquecerse en la representación emotiva de los hogares. Los pesebres son tesoros familiares celosamente custodiados,° que son el orgullo de cada familia que los presenta el 25 de diciembre a familiares y amigos.

María Eugenia Ayala, "¿Cómo es la Navidad en Paraguay?", Portal Paraguayo *Yagua.com*, 15 de diciembre de 2005.

Preguntas

1. ¿Qué recuerda la representación del pesebre? ¿Cuáles son las figuras principales de un pesebre? En Paraguay, ¿cuál es la flor asociada con las fiestas navideñas, que se usa para adornar los pesebres familiares? En su familia, ¿tienen la costumbre de poner un pesebre y/o un árbol de Navidad para celebrar las fiestas de fin de año? Comente.

2. En general, ¿qué hacen las familias paraguayas en la Nochebuena? ¿Por qué muchas personas viajan al interior del país? ¿Celebran usted y su familia las fiestas de Navidad y/o Año Nuevo? ¿alguna otra fiesta en diciembre? ¿Cómo la(s) celebran? Explique.

3. ¿Qué no puede faltar en una cena de Nochebuena típica paraguaya? ¿Cuál es el ingrediente que se encuentra tanto en la sopa paraguaya como en el chipa guazú? ¿Qué es el *clericot*? ¿Conoce usted alguna bebida similar al *clericot*?

    Busque "sopa paraguaya" para ver en tres minutos cómo preparar la sopa paraguaya y escuchar al mismo tiempo la canción "Pájaro campana", una de las polcas más conocidas mundialmente para el arpa, dedicada al pájaro campana que en 2004 fue nombrado ave nacional de Paraguay.

4. Según este artículo, ¿dónde y cuándo se celebró la primera Navidad en tierras americanas? ¿Por qué? Explique.

5. Históricamente, ¿a qué fiestas paganas romanas se remontan los festejos navideños? ¿Por qué? ¿Qué similitud(es) y diferencia(s) hay entre la celebración de esas fiestas paganas pasadas y las de Navidad actuales? Comente.

6. ¿De qué año data el pesebre más antiguo que se conoce? ¿Qué figuras formaban parte de ese pesebre original? ¿Qué otras figuras se agregaron después, todavía en el siglo IV?

7. ¿Por qué se prohibieron los pesebres vivientes en el año 1216? ¿Qué papel tuvo el Rey Carlos III en la recreación de los pesebres?

8. ¿Quién fue uno de los religiosos que impulsó la devoción al pesebre? ¿Cómo llegó la costumbre de los pesebres a España? ¿Y al Nuevo Continente? Explique.

`http://` Celebrando la Navidad en siete países de Hispanoamérica

Si quiere saber cómo celebran la Navidad en Colombia, Perú, Argentina, México, Nicaragua, Honduras y República Dominicana, vaya a la página web del libro "http://www.hackettpublishing.com/title-support-pages" y lea "Celebrando la Navidad en siete países de Hispanoamérica".

Actividades

A. **Investigación.** Busque información sobre cómo se celebran las fiestas navideñas en un país de Hispanoamérica y prepare un informe oral para la clase. Incluya una comparación de similitudes y diferencias entre la celebración en el país que investigó y la celebración en su familia (o en su país) de la misma fiesta religiosa o de otra similar. (Alternativa: en grupos de dos o tres estudiantes, reúnan la información de dos o tres países y preparen el informe en clase inmediatamente antes de presentarlo oralmente.)

B. **Sondeo de opinión.** Comentando sobre las opciones de carreras de los jóvenes de hoy, especialmente de los uruguayos y argentinos, dice Gloria Girardin (en la entrevista incluida en este capítulo) que ella piensa que "en la actualidad los jóvenes eligen sus estudios con mayor libertad, en parte porque las carreras tradicionales ya no garantizan un futuro seguro… y en parte porque hay muchas carreras nuevas e interesantes en el campo de la comunicación, la informática y las artes visuales, por ejemplo". En grupos pequeños, consideren las siguientes preguntas: ¿Se puede decir lo mismo de los jóvenes de su país? ¿Está usted de acuerdo con la idea de que hoy día "los jóvenes eligen sus estudios con mayor libertad"? ¿Por qué sí o por qué no? Clasifiquen las respuestas y presenten a la clase las opiniones de "por qué sí" y "por qué no".

C. **Entrevista.** Entreviste a un(a) hispano(a) que usted conoce (un[a] amigo[a], alguien de su universidad, de su familia, de su comunidad…) sobre algunos de los siguientes temas:

    a. cómo y cuándo celebran la Navidad en su familia (¿otra[s] fiestas en diciembre y enero?, ¿el Día de la Madre?)

    b. su opinión sobre los hogares de ancianos y quién(es) cuida(n) de los familiares ancianos en su familia

    c. qué efecto(s) tuvo en su familia la crisis económica de los últimos años (pérdida de trabajo de algún familiar, dificultades económicas, etc.)

    d. ¿otros temas de su interés?

Haga un resumen de su entrevista para presentarla en clase.

D. **Debate: los "hogares de ancianos".** En general, para los hispanos, como se ve en *Conversaciones con Mamá* y en la entrevista con Gloria Girardin, es responsabilidad de los hijos hacerse cargo del cuidado de los padres ancianos. Por eso en Hispanoamérica hay relativamente muy pocos hogares de ancianos en comparación con el número de "nursing homes" que hay en Estados Unidos. Sin embargo, tanto en Hispanoamérica como en Estados Unidos hay personas que piensan que sus padres ancianos van a estar mejor cuidados en un "hogar de ancianos" y otras que piensan que nadie mejor que la familia para cuidar a sus padres ancianos. La clase se divide en dos grupos: uno que piensa que sus padres ancianos estarían mejor cuidados en un hogar de ancianos y otro que piensa que los padres ancianos se sentirían más felices si pudieran vivir con un(a) hijo(a) o al cuidado de su(s) hijo(s). Cada grupo debe preparar una lista de lo positivo y lo negativo de su posición.

E. **Comentario en contexto.** En grupos pequeños: (a) observen esta foto (en particular presten atención a la edad aproximada de los manifestantes) que aparece en las primeras escenas de *Conversaciones con Mamá*; luego (b) lean y comenten la siguiente cita de la entrevista con Alicia Bárcena incluida en el capítulo 2 (ver página 57); y después (c) presenten un resumen de sus ideas a la clase.

"Hay un desencuentro *(lack of communication)* con la juventud, que está cada vez más desencantada con la política y con lo público. Ha habido mucha confusión por parte de los medios *(media)*, y de todos nosotros; somos responsables de no haber entusiasmado más a la juventud *(for not having made the young people more enthusiastic)* en el trabajo de lo público, de lo social y de lo político. Es un gran riesgo *(risk)*. Veo a la juventud desencantada, desanimada *(discouraged),* sin identidad".

Alicia Bárcena, "Hacia una democracia más inclusiva", pp. 56-58

Composición

Escriba una composición sobre:

1. La información que recogió al hacer las actividades A o C.

2. La "crisis económica" de Argentina de 2001. Describa las causas y consecuencias.

3. Dos o tres temas reflejados en *Conversaciones con Mamá* pero aplicados a la realidad actual de su país. (En esta película se tocan varios temas importantes, algunos relacionados con la crisis económica argentina, como el desempleo y las dificultades económicas; y otros no, como los problemas de la vejez, la soledad, la incomunicación y la crisis matrimonial.)

4. Efectos de la inestabilidad económica en las familias. Lea, analice y opine sobre el siguiente comentario de Graciela Canovi (sacado de la entrevista incluida en este capítulo):

"Ya se sabe que el *leitmotiv* de los argentinos es la situación económica, que por años viene afectando el desarrollo socioeconómico del país. Esto afecta a las familias de clase media en el desarrollo sicosocial de las mismas. Se ven afectadas tanto en la vida diaria como en el futuro cercano puesto que el poder adquisitivo de la moneda disminuye la mayoría de las veces. Por ejemplo, lo que no hace mucho se podía hacer con diez pesos ya no se puede hacer ahora ni con cien. Se altera totalmente el ritmo de vida; ya no pueden concurrir los hijos a los mismos colegios privados, no pueden pertenecer al mismo club y a veces hasta deben mudarse por tener que ajustarse a casas más pequeñas por no poder solventar los gastos".

DEL RINCÓN LITERARIO

Carta para Narita

Milia Gayoso, cuentista y periodista paraguaya, autora de varios libros de cuentos para niños y jóvenes

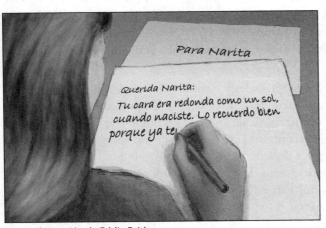

Narita. Ilustración de Eddie Faith.

Tu cara era redonda como un sol, cuando naciste. Lo recuerdo bien porque ya tenía ocho años. Nos fuimos al hospital con papá, los dos nerviosos y felices porque ya estabas por llegar. Mamá se había internado° a la mañana temprano para esperar los dolores de parto° en un lugar seguro, porque era bastante miedosa y tenía muy poca resistencia al dolor.

se... *had checked in*

birth

Naciste a las dos y media de la tarde, y todos nos pusimos muy felices. Cuando me dijeron que eras una nena, mi alegría fue inmensa, porque me sentía muy sola en casa y no tenía con quien jugar. Quizás, papá esperaba un varón,° pero se

male

puso muy contento con la noticia. Te pusieron Nara, porque [mamá y papá] se conocieron en una ciudad del Japón que se llama así, cuando estaban becados, estudiando. A mí me llamaron Alicia, como mamá.

dio... *gave way*

Al día siguiente, la alegría dio paso° a la tristeza y yo no entendí por qué. Mamá volvió a casa contigo, pero se pasaba las horas llorando. Pregunté si estabas enferma, pero me dijeron que no. Ibas y venías al pediatra con mamá, una y otra vez, durante meses. Tardaste en caminar, en hablar... pero sonreías siempre, y comías mucho, tanto que a los diez meses era casi imposible alzarte en brazos.°

alzarte... *lift you up*

Un año después entendí que eras especial. Que las palabras tardarían en salir de tus labios, que tu sonrisa de niña sería eterna, que caminar te costaría más que a otros niños, que vivir a tu lado sería una aventura para todos. No sé quién de los dos fue el más fuerte, si ella o él, pero escuché sus discusiones durante noches interminables, e incluso varios portazos de papá en plena madrugada.° Una vez, me levanté para ir al colegio, y él estaba en la hamaca del jardín, donde había amanecido° con los ojos abiertos.

portazos... *Papa slamming the door in the early morning greeted the dawn*

disabilities

Fue mi madrina, quien les convenció de que fueran a una charla para padres de niños con ciertas discapacidades.° Les hizo bien, creo que les ayudó a aceptar su realidad, y empezaron a verte con otros ojos. Entonces, la vida fue más fácil para todos. Cuando cumpliste cuatro años, mamá estaba esperando otro hijo. Llegaron dos, Juan Pablo y Juan Ignacio, y papá casi murió de la emoción. Vos y yo la ayudamos a mamá a cuidarlos, porque eran muy inquietos, vos les atajabas las piernitas, mientras yo trataba de ponerles los pañales.° Más de una vez, uno de ellos nos orinó° en la cara, en pleno trajín,° y nos hemos destornillado° de la risa, juntas.

diapers

urinated / en... *right in the middle of the job* nos... *we cracked up*

Crecimos felices, Narita. Claro, yo siempre fui un poco la mamita de ustedes, porque mamá tenía mucho trabajo en casa y en su oficina, entonces yo le ayudaba a Cornelia, para que no se acerquen a la cocina o no se lastimen, porque entre los mellizos° y vos, la casa era un torbellino.° Por las noches era una fiesta, porque nos reuníamos todos en la mesa para atacar la cena, como caníbales, y papá traía helados y golosinas° y nos embadurnábamos las caras y las manos.°

twins / whirlwind

candy, sweets

nos... *we got them all over our faces and hands*

Ahora, los mellizos ya están grandes y dan menos trabajo. Y vos estás aprendiendo a leer, despacito, pero estás aprendiendo. Tu profesora dice que tenés una inteligencia extraordinaria, y que antes de los quince, vas a poder leer bastante bien. Siempre me preguntás si te quiero, con esa sonrisa enorme que te marca toda la cara, y yo te digo que sí. ¿Cómo? preguntás, y te digo que como tres mil cielos. Todos te queremos Narita, tres mil cielos por tres mil tierras multiplicado por tres mil mares. Mamá, papá, los mellizos y yo, tambén los abuelos y los perros. Todos.

agenda... *journal featuring a character named Pascualina*

Te voy a dejar esta carta, entre las hojas de tu agenda Pascualina.° Mañana me voy de viaje, voy a estar lejos durante cuatro años, y durante ese tiempo voy a estudiar, y cuando vuelva, vamos a seguir jugando y leyendo juntas. No tengas miedo, Narita, cuando papá y mamá ya no estén, yo te voy a seguir cuidando.

Milia Gayoso, *Dicen que tengo que amarte: Relatos con aroma adolescente* (Asunción: Editorial Servilibro, 2007). También incluido en Teresa Méndez-Faith, *Literatura Infanto-Juvenil Paraguaya de Ayer y de Hoy*, Tomo I (Asunción: Intercontinental Editora, 2011), pp. 323-325.

Preguntas

1. ¿Qué nos dice el título de este cuento? (¿Por qué se titula "Carta para Narita"?) Explique.

2. ¿Quién narra el cuento? ¿Y a quién se describe en los dos primeros párrafos?

3. ¿Qué detalles nos cuenta la narradora sobre el evento importante que tiene lugar en el primer párrafo? Comente.

4. ¿Cómo se llama la narradora? ¿Cuántos años tenía cuando nació su hermanita? ¿Qué nombre le pusieron a la bebé? ¿Por qué?

5. ¿Por qué, según Alicia, un día después del nacimiento de su hermanita, "la alegría dio paso a la tristeza"? Explique.

6. ¿Cuánto tiempo después de nacer Narita se dio cuenta Alicia de que su hermanita era especial? ¿Qué cosas o características de la niña serían indicaciones de que ella era y sería diferente a los demás niños? Comente.

7. ¿Cómo afectó a la familia la condición de niña especial de Narita? ¿Quién les convenció a sus padres de que fueran a una charla para padres de niños con discapacidades? ¿Fue un buen consejo? ¿Por qué sí o por qué no?

8. ¿Qué pasó cuando Narita tenía cuatro años? ¿Qué influencia tuvo ese evento en la familia? Comente.

9. Según Alicia, ¿tuvieron ella y sus hermanos una niñez y adolescencia feliz? ¿Por qué le dice a Narita que ella (Alicia) siempre fue "un poco la mamita de ustedes"? Explique.

10. Según lo que leemos en el penúltimo párrafo, ¿qué cambios ha habido en la vida de los hermanos, y especialmente en la de Narita? ¿Cuál es la pregunta que siempre le hace Narita a su hermana? ¿Y qué le responde Alicia? ¿Quiénes o qué miembros de la familia están incluidos en ese "Todos te queremos, Narita" con que Alicia contesta la pregunta de su hermanita?

11. ¿Qué importancia tiene el último párrafo del cuento? ¿De qué nos enteramos en ese párrafo final? ¿Qué relación hay entre el título del cuento y este último párrafo? Comente.

12. Si usted fuera el (la) autor(a) de "Carta para Narita" y quisiera agregar en una PD (similar a la PD del cuento de Luis Argueta en el capítulo 3) lo que pasa en la familia de Narita cuatro o cinco años después, cuando Alicia regresa de estudiar afuera, ¿qué agregaría? Escriba su PD adicional en un párrafo de ocho a diez oraciones con lo que usted piensa que va a pasar cuando Alicia termine sus estudios y vuelva a su casa.

 Busque "Milia Gayoso cuentos" si quiere leer otros cuentos o microcuentos de Milia Gayoso.

OTRAS PELÍCULAS

Mire una de las siguientes películas y escriba una reacción personal. ¿Cómo se compara con *Conversaciones con Mamá?*

Bar El chino
2003
Dirección: Daniel Burak
Guión: Mario Lion, Daniel Burak, Beatriz Pustilnik
Actuación: Juan Pablo Ballinou, Nuria Burak, Roberto Buzzone

Bella
2006
Dirección: Alejandro Monteverde
Guión: Alejandro Monteverde, Patrick Million, Leo Severino
Actuación: Eduardo Verástegui, Tammy Blanchard, Manny Pérez, Ali Landry

El hijo de la novia
2001
Dirección: Juan José Campanella
Guión: Juan José Campanella, Fernando Castets
Actuación: Ricardo Darín, Héctor Alterio, Norma Aleandro

Mi familia
1995
Dirección: Gregory Nava
Guión: Gregory Nava, Anna Thomas
Actuación: Jimmy Smits, Esai Morales, Edward James Olmos